DAFYDD HYWEL:

Hunangofiant Alff Garnant

DAFYDD HYWEL:

Hunangofiant Alff Garnant

Gomer

Cyhoeddwyd yn 2013 gan
Wasg Gomer, Llandysul, Ceredigion SA44 4JL
www.gomer.co.uk

ISBN 978 1 84851 537 6

Cyhoeddir gyda chymorth ariannol
Cyngor Llyfrau Cymru.

Argraffwyd a rhwymwyd yng Nghymru gan
Wasg Gomer, Llandysul, Ceredigion.

Dyfynwyd o 'Cân yr Ysgol' gan Dafydd Iwan drwy ganiatâd yr awdur.

Dyfynwyd o gyfrol Mike Parker Neighours From Hell? (Y Lolfa 2007)
drwy ganiatâd Y Lolfa.

Atgynhyrchwyd y llinellau o, 'If Ever You Go to Dublin Town' gan
Patrick Kavanagh allan o Collected Poems, gol. Antoinette Quinn
(Allen Lane, 2004), drwy ganiatâd caredig Ymddiriedolwyr Ystad y
diweddar Katherine B. Kavanagh, drwy'r Johnathan Williams Literaty
Agency.

Dyfynnwyd allan o How Green Was My Valley gan Richard Llewellyn
(Penguin Books 1939, 1951, 1990, 2001). Hawlfraint 1939 gan
Richard Llewellyn.

Dyfynnwyd o erthygl gan Lyn Ebenezer yn Y Cymro, Awst 2013, drwy
ganiatâd yr awdur.

Dyfynnwyd o araith a draddodwyd gan R. S. Thomas drwy ganiatâd
Kunjana Thomas.

I Llŷr a Catrin (plant gore'r bydysawd)
Betty, Sïan a'r wyrese, Anni a Mali

Rhagymadrodd

'Sdim lot 'da fi weud fan hyn – ma'r cwbwl wedi'i gywasgu mewn print rhwng gweddill tudalennau'r gyfrol. A jyst rhag ofon fod rhai ohonoch chi'n gofyn, 'Pam sgrifennest ti hunangofiant?' fydden i'n ateb trwy weud, 'Pam lai?' Fe fues i'n pwyso a mesur am wythnose cyn derbyn gwahoddiad Gwasg Gomer oherwydd, a bod yn hollol onest, ro'n i'n teimlo fod rhywbeth 'da fi ddweud.

I fi, ma'r degawde diwetha wedi bod yn rhai o lanw a thrai o ran profiade, o ran emosiyne, o ran digwyddiade a chyraeddiade. Profais uchafbwyntie yn 'y mywyd teuluol ac yn 'y ngyrfa fel actor, a do, fel sawl un arall, bu'n rhaid i fi geisio ymdopi bob hyn a hyn â stad o iselder yn sgil twpdra personol.

Ma'r cricedwr a'r sylwebydd adnabyddus Geoffrey Boycott yn amal yn gwylltio'i gynulleidfa drwy gyfeirio byth a hefyd at ei lwyddiant ar gaeau criced y byd. Ma fe'n hoffi atgoffa pawb o'r hyn ma fe wedi'i gyflawni fel batiwr i Swydd Efrog ac i Loegr – *fe* yw'r ffocws bob tro er bod yna bron i ddeugen mlynedd oddi ar iddo ymddeol o'r gêm. Pan o'dd e yn ei anterth ro'dd e'n amal yn defnyddio teipiadur y swyddfa griced yn Headingley i weithio gan fod yr 'I' yn stuck ar ei deipiadur e! Wel, yn wahanol i Boycott, fydd yna ddim gor-ganmol arna i yn y llyfr hwn.

Mawr yw 'niolch i Elinor Wyn Reynolds, golygydd diflino'r gyfrol am ei chyngor parod drwy gydol y cyfnod sgrifennu, ac yn naturiol i holl staff Gwasg Gomer am eu gwaith cymen gyda'r testun a'r llunie. Benthycwyd llunie gan ribidires o ffotograffwyr ar hyd a lled Cymru a rhaid diolch iddyn nhw a'u llongyfarch am eu manylder a'u harbenigedd. Ac yn ola i Bev am helpu 'da'r gwaith sgrifennu – yfwyd dege ar ddege o gwpane coffi yn y *services* ym Mhenllergaer! Gobeithio y gwnewch chi fwynhau'r hyn sy gen i weud.

Dafydd Hywel
Capel Hendre, Hydref 2013

Dim sôn am fugeiliaid . . .

Ddes i i'r byd ar 4 Rhagfyr 1945 yn ail fab i David Thomas Evans a Deborah Evans ac yn frawd i John 'Muscles' Evans o'dd wyth mlynedd yn henach na fi. Do'dd 'na ddim sôn am fugeiliaid a doethion, ond credwch chi fi, dyna o'dd y presant Nadolig perffeth ar gyfer David Tom a Dora, fel ro'dd pawb yng Nglanaman a Garnant yn eu nabod nhw. Gan fod mam yn 45 oed ar y pryd fe benderfynodd y doctor lleol ofyn i'r nyrsys yn yr uned famolaeth yn ysbyty Dyffryn Aman yng Nglanaman gadw llygad arni. Nawr, smo fi'n arbenigwr ar gynaecoleg ond ma'n debyg mai'r hena y'ch chi, y mwya tebygol yw hi y galle pethe fynd o whith.

Ro'dd yr ysbyty jyst lawr yr hewl o'n tŷ ni, a gan fod lle yn y llety, yno y ganwyd David Hywel Evans yn hwyr y nos. Do's dim ishe bod yn Bythagoras o fathemategwr i weithio mas 'mod i'n un o'r babis a gafodd eu cenhedlu adeg yr Ail Ryfel Byd ac a anwyd yn dilyn y dathliade yn Ewrop ym mis Mai 1945. Ar ddechre'r mis hwnnw derbyniwyd cadarnhad fod y Natsïaid diawledig wedi twlu'r sbwnj mewn ar ôl colli brwydr allweddol Berlin. Ma'n debyg fod yr enedigaeth yn hwylus a didrafferth a da'th pawb i wbod am yr ychwanegiad i'r teulu o fewn wythnos neu ddwy – 'by word of mouth' ma'n debyg, achos do'dd dim ffôn 'da ni, a do'dd dim gobeth caneri y bydde Mam a Dad wedi gwastraffu ceinioge prin ar ddodi hysbyseb yn y *Western Mail* neu'r *Guardian* – yr un lleol wythnosol, nid y *Manchester Guardian*, cofiwch – yn cynnig y newyddion llawen am ddyfodiad y babi.

Do'n ni ddim yn deulu cefnog; a bod yn onest ro'dd hi'n frwydr feunyddiol ca'l y ddou ben llinyn ynghyd. Do'dd Dad ddim yn drifo a fuodd 'na ddim car 'da ni erio'd. Yr unig wylie dda'th i ran John a finne o'dd tripie Ysgol Sul Capel Bethesda i Borthcawl a Tenby – ro'n i'n gwbod mai Dinbych-y-pysgod o'dd yr enw Cymra'g ar y lle ond bydde pawb yn y Cwm yn meddwl 'mod i'n snobyn 'sen i'n defnyddio'r enw hwnnw.

Gelen i ambell ddiwrnod 'da Dad lawr ar ga' criced Sain Helen yn yr haf hefyd yn watshan cewri'r Caribî ac artistiaid Awstralia yn creu hafoc yn yr heulwen. Cofiwch, tîm criced Morgannwg ga's y gore o'r brwydre yn erbyn Oz yn 1964 ac 1968 ac ro'n i yno yn 1968 gydag Wncwl Wil, brawd Dad, yn joio pob muned.

Rhaid cyfadde fod penderfyniad llywodraethe a chynghore i adeiladu mwy a mwy o dai cownsil wedi bod o help mawr i ni a sawl teulu arall yn ystod y cyfnod. Stad dai cyngor Penybont o'dd y cartre teuluol a ro'dd 'da ni ddŵr a letric yn ogystal â stafell folchi a thoiled a'r cwbwl o fewn pedair wal y cartre – lycshyri. Ro'dd hyn yn wahanol iawn i'r tai teras a adeiladwyd ar ddarne tir o Gwm Gwendraeth yn y gorllewin i Gwm Llwyd yn y dwyrain adeg y gofyn mawr am lo ledled byd ar ddiwedd y bedwaredd ganrif ar bymtheg a dechre'r ugeinfed ganrif. Ro'dd tenantiaid a pherchnogion y rhesi diddiwedd o'r tai unffurf yma yn dal i ddibynnu ar bwmpie dŵr a lampe paraffin, a'r hen a'r ifanc yn gorffod paradan 'nôl a mla'n ddydd a nos i'r tai bach a adeiladwyd mas o gerrig ar waelod eu gerddi. Ac os y'ch chi wedi ymweld â Stryd Rhyd-y-car yn Amgueddfa Werin Sain Ffagan fe fyddwch chi'n gwbod fod gofyn gwaredu'r carthion cyn mynd i gysgu bob nos. 'Sdim rhyfedd fod shwd winwns da ambytu'r lle 'radeg hynny!

Cyfaill i'r gweithwyr

Mae'n bwysig i chi'r darllenwr ga'l gwbod rhywfaint o hanes yr ysbyty lle ces i 'ngeni. 'Sdim byd gwa'th na darllenwyr anwybodus, o's e? Yn wreiddiol, tŷ preifat o'dd Ysbyty Dyffryn Aman o'r enw Frondeg ar Heol Horney, yr Heol Folland presennol, yng

Nglanaman. Adeiladwyd y lle yn ail hanner y bedwaredd ganrif ar bymtheg yn gartre i reolwr gwaith tunplad Dyffryn Aman yn y Garnant, sef William Gwilym Rees a'i deulu. Ar droad y ganrif prynwyd y tŷ a'r tir o gwmpas gan Henry Folland, gŵr o'dd yn fawr ei barch yn y diwydiant tun. Nid bachan o Ddyffryn Aman o'dd e. Fe'i ganed yn fab i deulu dosbarth gweithiol yn Waunarlwydd tu fas i Abertawe yn 1878. Galle fe fod wedi digalonni'n llwyr a cholli diddordeb ym mhob dim ar ôl colli'i fraich mewn damwain ddifrifol adeg plentyndod.

Ar ôl bwrw prentisiaeth yng ngwaith tun y Melyn ger Castell-nedd, symudodd Henry Folland i waith tun y Raven yng Nglanaman a cha'l ei ddyrchafu'n rheolwr mewn byr amser. Ro'dd ei ddawn â ffigyrau, ei wybodaeth gyffredinol, yn ogystal â'i frwdfrydedd a'i egni, yn golygu ei fod e gam ymla'n ar bawb arall yn y diwydiant. Ro'dd e'n gyflogwr poblogaidd a'r gweithwyr yn fodlon mynd drwy ddŵr a thân drosto. Ro'dd penaethiaid cwmnïau eraill yn gwbod yn nêt am ei ddawn fel gŵr busnes a diwydiannwr, ac o fewn rhai blynyddo'dd dyrchafwyd Henry Folland yn bennaeth grŵp o'dd yn berchen ar weithfeydd tun pentrefi'r Garnant a Glanaman, lawr drwy Pantyffynnon, Gorseinon, Pontarddulais, Hendy, ac at y Melyn a Threforys.

'Mewn undod y mae nerth' medd y ddihareb, ac ymhen rhai blynyddo'dd da'th Henry Folland yn gyfarwyddwr a phennaeth ar un o gwmnïau tunplad mwya llwyddiannus Ewrop. Ro'dd hyn yn dilyn penderfyniad cwmni Folland a chwmni Richard Thomas i rannu'u gweledigaeth â'i gilydd ac uno o dan yr un ymbarél. Rhyfedd meddwl fod Henry, drwy ymdrech a dyfalbarhad wedi cyrradd y brig yn ei faes a'i fod e wedi dod o ddim – stori tylwyth teg o'dd hi, *from rags to riches*.

Yn dilyn afiechyd, symudodd y teulu Folland o Lanaman i blasty Llwynderw yn ardal Blackpill, ger Abertawe, a Henry ei hun yn treulio cyfnode hir o'r flwyddyn yn yr Aifft gan fod yr

11

heulwen crasboeth yn help iddo esmwytháu ei boenau corfforol. Ond ei ddymuniad o'dd gweld Frondeg yn ca'l ei gyflwyno'n rhodd i'r gymuned yn Nyffryn Aman a'i addasu'n ysbyty ar gyfer y gymdogaeth. Yn dilyn marwolaeth sydyn Henry Folland o drawiad calon yn 1926, mewn gwesty yn ymyl y pyramidiau yn ninas Cairo, ac ynte ond yn 47 mlwydd oed, gwireddwyd breuddwyd y diwydiannwr craff gan weddill y teulu. Serch hynny, profodd y profiad o drosglwyddo'r stad yn un hir a phoenus; ro'dd yna anghydweld ynglŷn â chostau cynnal a chadw'r ysbyty, a thipyn o ddrwgdeimlad o fewn y gymdogaeth ynglŷn â'r hyn y dylsai'r ysbyty'i gyflawni yn ôl y gwasanaethau. Ro'dd rhai am ei weld yn cynnig triniaethau brys gan fod cyment o weithfeydd glo a diwydiannau trwm eraill o fewn y dalgylch ond mynnai eraill mai ysbyty i'r henoed o'dd yr angen yn lleol.

O'r diwedd, ar ôl dadle am ddegawd, dim ond yn Nyffryn Aman galle'r fath gwmpo mas fod wedi digwydd dros shwd gyment o amser, a diolch i amynedd teulu'r Folland a phenderfyniade pwyllgor lleol o dan gadeiryddiaeth y Parchedig Myles Griffiths o Gapel Calfaria, Garnant, cyhoeddwyd y bydde'r agoriad swyddogol ar 3 Mehefin 1936. Y diwydiannwr Syr William Frith (ffrind agos i Henry Folland ac i Aneurin Bevan, sylfaenydd y Gwasanaeth Iechyd) fydde'r gŵr gwadd ar gyfer yr achlysur.

Da'th pobol yn eu cannoedd ar gyfer y seremoni gan fod holl drigolion yr ardal wedi cyfrannu drwy fynychu cyngherdde, trefnu dawnsfeydd yn Neuadd y Palais yn y Garnant a chodi arian drwy wahanol ffyrdd. Ro'dd y ddou aelod seneddol, James Griffiths a Lewis Jones, yn bresennol a'r dathliade wedi mynd yn eu blaenau tan yn hwyr y nos. Cyfrannodd teulu Henry Folland yn ariannol – y plant Dudley Folland a Pattie Eugenie Taylor yn trosglwyddo £5,000 yr un i goffrau'r ysbyty – a Leah Norah Folland, sef gwraig Henry, yn cyflwyno offer a chyfarpar meddygol.

Mae'n ddiddorol i rywun fel fi, sydd â diddordeb mawr ym

myd y campau, i ddarllen am hanes y mab, Dudley Folland. Fe enillodd e ei 'las' mewn pêl-droed dros Brifysgol Caergrawnt yn ei ddyddie coleg, yn ogystal â bod yn brif sgoriwr ceisiau tîm rygbi Abertawe yn ystod tymhore 1931–32 ac 1932–33. Bu'n aelod o fwrdd tîm pêl-droed Abertawe yn y tridege cyn troi ar ôl y rhyfel i ganolbwyntio'n llwyr ar rasio Ferraris, Aston Martins ac MGs a chystadlu'n gyson yn Le Mans yn Ffrainc a Goodwod yn Lloegr. Dudley Folland o'dd y Cymro a'r Prydeiniwr cynta i fod yn berchen Ferrari, ei 166 Spyder Corsa o liw *British racing green* â dwy ddraig ar drwyn y cerbyd.

O'r holl byncie wi wedi astudio yn y gorffennol, hanes yw'r un sy wedi cydio yn 'y nychymyg i fwya. Do, fe gawson ni ddos sylweddol o hanes Cymru 'da Eifion George a John Elgar Williams yn Ysgol Ramadeg Dyffryn Aman, er mai'r blynyddo'dd 1715-1832 o'dd y maes llafur ar gyfer lefel O a lefel A. Ond, pam, o pam nad o'dd addysgwyr y gorffennol wedi canolbwyntio'n fwyfwy ar hanes lleol? Yr atgof sy 'da fi o'r blynyddo'dd a dreulies yn ysgolion cynradd Glanaman a Garnant o'dd ca'l ein bombardio â gwybodaeth am frwydr Hastings yn 1066 a hanesion am ddigwyddiade yn Lloegr fel yr Armada yn 1588 a'r Magna Carta 1215, yn hytrach na chanolbwyntio ar yr hyn a'n mowldiodd ni fel cenedl y Cymry. Bellach, un ysgol sy yn y Garnant a Glanaman a gobeithio fod plant Ysgol y Bedol yn derbyn gwybodaeth am yr hyn a gyflawnodd Henry Folland a'r cefndir i'r diwydiannau a roes fodolaeth i'r gymuned glòs y maen nhw'n byw ynddi a lle bues i'n byw hefyd.

Mam

Wi'n wahanol i'r mwyafrif ohonoch chi. Am flynyddo'dd o'n i'n genfigennus o'n ffrindie ysgol o'dd yn cyfeirio'n gyson at eu mamgus a'u tad-cus.

'Wela i ddim o' ti fory, Hywel, achos ry'n ni'n treulio'r diwrnod 'da Mam-gu a Tad-cu.'

'Hywel, dere draw i weld y set Meccano ges i 'da Mam-gu a Tad-cu ar 'yn ben-blwydd.'

'Bydda i ddim gartre am bythefnos achos ni'n mynd ar ein gwylie i garafán Tad-cu yn Trecco Bay, Porthcawl.'

Ro'dd y ddwy fam-gu a'r ddou dad-cu wedi marw cyn i fi ga'l 'y ngeni a rhaid cyfadde bod hynny wedi achosi poen i fi drwy gydol 'y mywyd. Licen i fod wedi'u nabod nhw; licen i fod wedi ca'l gwbod mwy am eu cefndir nhw; licen i fod wedi treulio amser yn eu cwmni nhw. Un o ardal Llandeilo yn Sir Gâr o'dd Mam ac ro'dd hi'n un o ddeunaw o blant, er y bu whech farw yn ystod y blynyddo'dd cynnar. Dyna fel o'dd pethe yn y gorffennol; do'dd fawr o sôn am ddulliau atal cenhedlu, a'r mwyafrif o wragedd yn feichiog bob whip-stitsh ac oherwydd hynny'n gaeth i'r cartre a'r dasg o godi llond tŷ o blant.

Ro'dd Annie, mam-gu yr actores ddawnus Sharon Morgan a'i brawd Paul, sy nawr yn cynllunio setie i'r theatr, yn un o chwiorydd Mam – meddyliwch, wi'n wncwl iddi, ac yn edrych yn dda ar hynny 'fyd. Ro'dd Fred Nicholson, gŵr Annie, yn filwr adeg y Rhyfel Byd Cynta ac wedi ymladd ym mrwydr waedlyd y Somme. Dim ond â Paul fydde fe'n siarad am ei brofiade. 'Na chi sant o ddyn. Whâr arall o'dd y soprano adnabyddus Madam Jennie Cynwyl Jones a gipiodd gwpanau eisteddfodol ledled Cymru 'nôl sha'r pumdege.

Ro'dd Hetty yn whâr arall, ac yn grefyddol iawn ac ro'dd hi'n byw yn Heol Coelbren Uchaf yng Ngwauncaegurwen. Wi'n cofio clywed Gareth Edwards a Huw Llywelyn Davies yn gweud droeon eu bod nhw'n cadw llygad ar y cloc ar nos Sul pan fydden nhw mas yn cico pêl ar yr hewl achos ro'dd rhaid diflannu marced saith o'r gloch cyn i Hetty gyrradd gartre o'r oedfa. Petai'r ddou yn dal yno fydde 'na bregeth lem i'r dihirod am dorri un o'r Deg Gorchymyn.

Brawd ifanca Mam o'dd Jac, gŵr a gafodd ei ddylanwadu'n drwm gan Lenin a Stalin ac a o'dd, fel sawl undebwr arall y cyfnod yn Nyffryn Aman, yn Gomiwnist brwd a phenstiff – wi'n siŵr fod tipyn o wa'd Jac ynddo i! Brawd arall i Mam o'dd Wncwl Ceri a briododd Anti Annie a mynd i fyw ym Mrynaman. Ro'dd e'n ŵr dymunol ond bu farw'n ifanc a gadael bwlch mawr ar ei ôl. Ma'r plant Rhian a Roy wedi colli anwyliaid yn ystod y blynyddo'dd ond ma nhw'n gymeriade cryf a phenderfynol sy wedi brwydro'n ddewr i gynnal eu teuluoedd a gorchfygu anawstere. Wi'n tynnu 'nghap iddyn nhw.

Gyrrwr trên o'dd Tad-cu, a'i deulu'n byw, ar ôl symud o Landeilo, yn Heol Bryncethin yn y Garnant. Ma'n rhyfedd, hyd yn oed heddi, pan 'ych chi'n gofyn i fechgyn, 'Beth chi am fod ar ôl tyfu lan?' yn amal iawn fe gewch chi'r ateb, 'Drifwr trên . . .' A dyna o'dd Tad-cu. Fe fuodd e'n fishi am fisoedd yn cario cerrig o bob maint a siâp i blot o dir ar Heol Cowell, Glanaman, gyda'r bwriad o godi tŷ, ac ymhen amser fe lwyddodd e a gwireddu ei freuddwyd. Yn ôl y sôn ro'dd 'na dwll ar waelod yr ardd yn y cartre newydd lle ro'dd gwythïen o lo caled wedi dod i'r wyneb. Gan fod amgylchiade'n anodd i lawer yr adeg hynny, cytunodd 'y nhad-cu i adael i gymdogion lenwi llond wilber o lo i fynd gartre gyda nhw er mwyn cynhesu'u cartrefi. Gwrthododd dderbyn ceiniog am y cynnyrch. Ymhen sawl wythnos, clywodd Tad-cu fod rhai ohonyn nhw'n carto'r glo o gwmpas y gymdogaeth ac yn ei werthu am arian sylweddol. Fe gaeodd e'r twll o fewn orie.

Do'dd Mam ddim yn sôn rhyw lawer am y gorffennol – ai oherwydd ei bod am anghofio caledi'r dauddege a'r tridege, neu am ei bod am ddishgwl mla'n yn hyderus i'r dyfodol? Pwy a ŵyr? Ma gen i gof fod un whâr arall wedi gadael Cymru a mynd fel cenhades i ben pella'r byd, a finne'n meddwl amdani pan fydden ni'n cnoco dryse yn y pumdege a chasglu i'r genhadeth ar ran Capel Bethesda. Ac o, fel ma'r rhod yn troi; bellach ma cenhadon o ynys Madagasgar, China a gwledydd eraill y dwyrain yn treulio cyfnode yng Nghymru fel arweinwyr Cristnogol i'n cynorthwyo ni! Ma'r emyn 'Draw, draw yn China' wedi dyddio braidd erbyn hyn. 'Cofiwch gyfrif eich bendithion.' Ro'dd y geirie'n atseinio o gwmpas festri Bethesda adeg yr ysgol Sul a'r Band of Hope ond yn golygu fawr ddim i blentyn o oed ysgol gynradd. Ond y dyddie 'ma, tra 'mod i'n rhamantu am y gorffennol, wi'n fythol ddiolchgar am ga'l fy ngeni i'r rhieni gore ar wyneb daear. Ro'dd Mam yn santes; y capel o'dd ei bywyd hi, a finne'n blentyn yn gorffod ei dilyn hi i'r oedfa foreol ac i'r ysgol Sul yn y prynhawn, a hyd yn oed Dad weithie yn chwyddo'r gynulleidfa bob hyn a hyn, a do'dd e ddim yn gapelwr selog a gweud y lleia. Ac ro'n i'n bictiwr ar y Sul – y siwt Harris Tweed o'r Co-op, y Brylcreem ar y gwallt, a'r sgitshe, o'dd wedi derbyn hanner tun o bolish Cherry Blossom, yn brawf pendant fod yr Evansiaid yn parchu'r diwrnod sanctaidd. Y dyddie 'ma, yn anamal iawn wi'n gwishgo siwt – dim ond i briodas, angladd, neu pan fydd angen un ar gyfer rhan mewn cynhyrchiad arna i.

Ac os oes yna nefo'dd, yna ma Mam wedi ca'l mynediad. Ro'dd ei bywyd hi'n troi o gwmpas y capel ond do'dd hi ddim yn gul ac unllygeidiog. Ro'dd hi'n Gristion drwy gydol yr wythnos, nid dim ond ar y Sul; do'dd hi byth yn beirniadu eraill ac ro'dd hi'n barod iawn ei chymwynas. Ro'dd yna un adeg pan ddatblygodd rhywfaint o anghydfod yn dilyn marwolaeth aelod o'r teulu – chofia i ddim pwy – a nifer o'r tylwth yn cwmpo mas ynglŷn â'r ewyllys. Do'dd Mam ddim am ymyrryd, na chwaith am fynnu unrhyw siâr o'r arian.

Ro'dd ganddi lais canu swynol, yn perfformio fel unawdydd yn y capel yn gyson ond yn ddigon hapus i fod yn y cefndir neu'n rhan o gôr hefyd. Ro'dd hi'n wraig hawddgar, gwên barhaus ar ei hwyneb, a'r croeso i unrhyw un a alwai heibio yn gynnes a diffuant. Bu farw'n gymharol ifanc yn ei saithdege cynnar ar ôl diodde o effeithie'r clefyd dieflig Alzheimer. Ro'dd yna gyfnode pan o'n i yn gorffod ei golchi hi yn y bath, am na fedre hi neud ei hunan; gweithred anodd i fab. Hithe'n diodde'n enbyd a finne'n ei gweld hi mewn shwd gyflwr bregus. Ro'n i yn 'y nagre ac allen i ddim llai na meddwl amdani yn y cyfnod pan o'dd hi yn ei hanterth ac yn llawn bywyd.

Wi'n cofio mynd i'w gweld hi yn ysbyty meddwl Caerfyrddin a hithe mewn cyflwr difrifol erbyn hynny. Bu Betty 'ngwraig a finne, John 'y mrawd a'i wraig Julia, yn trafod tan orie mân y bore beth fydde ore iddi yn sgil yr afiechyd ond bore drannoeth da'th galwad ffôn yn gweud ei bod wedi marw. Claddwyd Mam ym mynwent heddychlon Hen Bethel ar lethre'r Mynydd Du gyda gweddill y teulu. Hedd, perffaith hedd, achos dyna o'dd hi'n ei haeddu.

. . . A Cliff Harris at eich gwasanaeth i'ch claddu!

Siop Nellie – y tships gore yn hemisffer y gogledd; dou barlwr hufen iâ lle ro'dd modd ca'l *ice cream* cartre mewn llestri *glass*, sef Frank Dalavalle yn y Garnant a café Carpanini ar sgwâr Glanaman; garejys Brooklands a Jac y Gof lle ro'n nhw'n gwerthu petrol National Benzole; siop bapure Dan-y-bryn isha ac ucha; cantîn gwaith Gelliceidrim (rial *feed* am nesa i ddim byd – jiw, wi'n dechre barddoni nawr); clwb snwcer Goronwy y barbwr lle ro'dd ein criw ni o ffrindie'n hala hanner ein hamser; ffatri fatris Crompton Parkinson; Mol y Baker; y bwtseriaid John Lewis a

Morgan John; Jac y lla'th; siop daffish Mrs Heathcote; Co-op Alltwen a Phontardawe a Co-op Rhydaman (lle ro'dd Mam yn derbyn *dividends*), siope'r ddou Trevor – un yn gwerthu dillad dynion a'r llall yn gwerthu bwydydd – Dic Fuller yr *ironmonger*; Evans y Chemist; ysbyty; tafarndai'r Farmers, Half Moon, Colliers, Prince Albert, Cross Keys, Globe, Plough & Harrow, Angel, Amman Hotel, Raven; siop baent a phapur wal Gerwyn Zachariah; Roberts y Baker; llyfrgell; melin goed Fred Thomas; campws *concrete blocks* Bobby Hunt; a dwy sinema unigryw – sedde dwbwl cyfforddus yn Siew Sam yng Nglanaman ar gyfer y bobol ifanc o'dd yn caru, a llofft serth Hall y Cwm lle ro'dd bron angen abseilo lawr i'r sedde ar waelod y balconi. Dyna 'myd i gyd yn grwn pan o'n i'n tyfu lan. Yn Siew Sam gwmpes i mewn cariad â Marilyn Monroe a Maureen O'Hara; yn Hall y Cwm weles i John Wayne, Richard Widmark, Robert Mitchum a Ray Milland, heb feddwl am funed y bydden i'n ennill bywoliaeth yn neud yr un math o beth ond am lot llai o arian siŵr o fod. Ar y pryd do'dd 'da fi ddim syniad fod Mr Milland yn dod o Gastell-nedd ac yn ôl pob sôn wedi ca'l *affair* 'da Grace Kelly, un o'r merched perta fu erio'd.

Ro'dd Siew Sam yn nefo'dd ar y ddaear i blentyn ifanc gan fod y sinema ar agor ar foreau a phrynhawnie Sadwrn ac ar gyfnod gwylie ar gyfer *matinées*. Ro'dd sinemâu Dyffryn Aman – ac ro'dd saith ar ga'l yn y pumdege yn cyflwyno'r diwylliant Eingl-Americanaidd ar sgrin fowr anhygoel i ni. Bydde sêr y cyfnod yn ein swyno liw nos yn y Saesneg, ond yn rhyfedd ro'dd y trafodaethe am y perfformiad ar y ffordd gartre i gyd yn Gymra'g – y trin a'r trafod a'r datgan barn yn digwydd yn iaith y nefo'dd.

Ro'dd pentrefi Garnant a Glanaman yn ymestyn o dafarn y Globe ar waelod Tyle'r Waun i Lyn-moch, pellter o ryw dair milltir – bron mor hir â phentre Llanllwni ger Llanybydder, sy'n ddiddiwedd, ac yn ôl y *Guinness Book of Records* yn un o'r pentrefi hira ym Mhrydain. Ma 'na reswm 'mod i wedi rhestru'r siope a'r busnese ar ddechre'r bennod – cyfle i egluro fod bron pob dim ar ga'l yn ein milltir sgwâr yn y pumdege; o'dd dim ishe mynd ymhellach. Yr unig reswm fyddech chi'n mentro ar hyd Fflats Glyn-moch ar fws James neu United Welsh i Rydaman o'dd i brynu Morris 1000 yn Castle Garage, neu Ford Anglia (Zodiac os o'ch chi'n gyfoethog) yng ngarej David Jones, neu het ar gyfer y Gymanfa yn Marcia Stuart. Ro'n ni yn Nyffryn Aman, fel cyment o bentrefi eraill Cymru, yn hunangynhaliol – popeth ar ga'l yn lleol ar gyfer byw, a chwmni Cliff Harris at eich gwasanaeth i'ch claddu chi hefyd!

Sgitshe 'oelon

Tŷ cownsil ym Mhenybont ar Heol Aman yng Nglanaman, ddim ymhell o ffatri fatris Crompton Parkinson, o'dd 'y nghartre i am wyth mlynedd o 'mywyd tan i Mam a Dad fforco mas yn sylweddol a phrynu bwthyn yr Hafan ar yr hewl fawr yn y Garnant rhwng Bakery Mol a'r Swyddfa Bost. Breuddwyd y ddou am flynyddo'dd o'dd prynu tŷ eu hunen, ac er nad o'dd yr Hafan yn fawr o ran maint, ro'dd e'n balas i David Tom a Dora – a nhw o'dd bia pob bricen. Ond er taw bach o'dd y tŷ, galle'r National Trust fod wedi prynu'r ardd gan ei bod hi'n anferth a Dad wrth ei fodd yn tyfu llysie a ffrwythe o bob math, yn ogystal â chadw ffowls. Drws nesa ro'dd siop losin Maggie Jones, ac ar ôl ei marwolaeth prynodd John 'y mrawd, a Julia ei wraig y lle. Ar adege wi'n dal i flasu losin Maggie yn 'y ngheg – Parma Violets, Spangles, Bonbons, sherbet lemons, flying saucers, Gobstoppers a Toffees Lovells, ac ro'dd tîm pêl-droed 'da'r cwmni o Gasnewydd, sef Lovells Athletic, o'dd yn whare yn y Southern League.

Ma' 'da fi atgofion melys o'r cyfnod ym Mhenybont gan fod yr hewl tu fas yn berffeth saff i ni gryts whare tan yn hwyr y nos. A phan dda'th gole *sodium* i Lanaman do'dd dim stop ar ein brwdfrydedd. Ro'dd Manchester United yn dadorchuddio llifoleuade mewn gêm yn erbyn Bolton yn 1957 ond o'dd bois Glanaman wedi cyfarwyddo â goleuade o'r fath o gwmpas 1955! A chyn i'r cyngor benderfynu adeiladu ar bob modfedd sgwâr o dir yn y cwm, gellid gweud â sicrwydd mai'r caeau o gwmpas ein cartre ni o'dd Parc yr Arfau, Wembley, Sain Helen a Lord's. Yr anrheg Nadolig ore ges i erio'd o'dd pêl rygbi pan o'n i'n rhyw saith oed a John 'Cisco' Francis, canolwr yr Aman ar y pryd, yn mynd â fi mas i gico'r bêl ar gaeau o'dd yn wyn â haenen dene o eira. Bues i'n gofalu'n gariadus am y bêl 'na; rhwbo *dubbing* yn y lleder er mwyn ei chadw mewn cyflwr da a dishgwl yn fanwl ar Dad yn tynnu'r lasen bant â theclyn pwrpasol pan fydde ishe pwmpo aer i grombil y bladren tu fewn. Ro'dd angen amynedd i ailosod y lasen; ro'n i'n lwcus fod Dad yn dipyn o grefftwr – dodi'r lasen yn sownd wrth y teclyn a'i thynnu'n araf drwy gyfres o dwlle. Bydde fe'n cymryd ache. Smo plant heddi yn gwbod pa mor lwcus y'n nhw!

Wi'n dal i gofio pob dim am ein cymdogion – Mr a Mrs William John Davies a'u plant Tommy a Dai yn byw ar bwys, ac Eira, whâr Dad, a'i gŵr Iorwerth yn byw drws nesa. Fydde dullie Iorrie o ladd ieir ddim wedi plesio cymdeithasau gwarchod anifeiliaid – sawl tro fe weles i iâr yn rhedeg ambytu heb ben! Pêl-droed o'dd diddordeb mawr Willie John Davies; ro'dd e wedi ca'l prawf 'da Wolves cyn i Sheffield Wednesday gynnig cytundeb iddo. Ond ro'dd yr amgylchiade'n anodd a bu'n rhaid iddo aros yn Nyffryn Aman a mynd i weithio dan ddaear.

Yn y pumdege dechreuodd Willie dîm yng Nglanaman o'dd yn whare ar Barc Grenig, a nifer o fechgyn Dyffryn Aman yn whare iddo, fel William Pritchard, Tommy Davies, Dai a John 'Manora', Vernon a John Pugh, Alwyn Davies, Vernon Rees, John Rees, Brian Probert o Gwmllynfell a Jeff Thomas, cyn-gadeirydd tîm pêl-droed Caerfyrddin. Ond, o bell ffordd, ei fab Dai o'dd y disgleiria o gyn-chwaraewyr y clwb; enillodd y golwr amryddawn hwn dros hanner cant o gapie i Gymru ac ennill bywoliaeth am bymtheg tymor a mwy i glybiau Abertawe, Wrecsam ac Everton. Nid 'y 'mod i'n ffan o bêl-droed ond wi'n cofio gweld *Match of the Day* un nos Sadwrn a gweld Dai yn whare i Everton yn erbyn Leeds. Nawr tîm Don Revie o'dd Manchester United y cyfnod, a'r sylwebydd a'r *experts* y noson hon yn y stiwdio yn canmol Dai i'r cymyle yn dilyn un arbediad anhygoel. Blaenwr Leeds, Allan 'Sniffer' Clarke, yn closio at Dai cyn gwyro i'r chwith er mwyn taro'r bêl i ganol y rhwyd. Ond rhywsut llwyddodd Dai i blygu'i gorff yn acrobataidd a chipio'r bêl yn ddramatig o fla'n tro'd chwith ymosodwr Leeds. Majic!

Un arall o ffrindie bore oes ar stad dai Penybont o'dd Roderick Morgan, sy'n dal i fyw 'na, ma'n debyg. Rhai blynyddo'dd yn ddiweddarach, a ninne yn yr ysgol ramadeg yn Rhydaman, Roderick o'dd yr unig un i broffwydo buddugoliaeth i Cassius Clay adeg y ffeit fawr yn erbyn Sonny Liston yn Miami ym mis Chwefror 1964; bu ymchwiliad yn dilyn penderfyniad y pencampwr, Liston, i aros yn ei gornel ar ôl chwe rownd. Wi'n dal i deimlo fod rhywfaint o ddrwg yn y caws wedi bod yn dilyn yr ornest honno.

Ysgol Gynradd Glanaman o'dd yr academi leol a ddysgodd yr ABC i DH. A wi'n dal i gofio rhai o'r llyfre darllen – Y Llyfr Coch, Y Llyfr Gwyrdd a'r Llyfr Glas, ac ma 'na nifer o frawddege wedi aros yn y cof o lyfre darllen eraill Adran y Babanod:

> Hwch a chwech o foch,
> Hwch yn gwaeddu'n groch
> Soch, soch, soch.
>
> Papur, pupur pop
> Popeth yn y siop,
> Papur, pupur, pys
> Yn siop fach Poli Prys.

Ro'dd Mrs Olwen Richards yn athrawes ardderchog ac yn gerddor o fri hefyd. Er ei bod hi bellach yn closio at ei nawdege, ma hi'n dal fel bwtwn ac yn parhau yn organyddes yng Nghapel Bethel Newydd, Garnant. Ces i foddhad mawr o'i chlywed yn canu'r organ yn angladd mam Jeff Thomas yn ddiweddar. Er mai'r Gymra'g o'dd yn ca'l y flaenoriaeth yn addysgol yn Adran y Babanod, Saesneg o'dd y prif gyfrwng yn yr Adran Iau, a phob athro ac athrawes yn torchi llewys i baratoi'r disgyblion ar gyfer yr 11+ diawledig. Saesneg o'dd iaith y dosbarth i radde helaeth, ond Cymra'g o'dd iaith yr iard. Fydden ni ddim yn meiddio cyfathrebu yn Saesneg ar yr iard, ac os o'dd disgyblion yn cyrradd bob hyn a hyn o'r ochor arall i Glawdd Offa ro'n nhw'n rhugl eu Cymra'g o fewn misoedd ac yn derbyn yr iaith oddi wrth y plant yn hytrach na'r athrawon yn y dosbarth! Wel, do'dd dim dewis 'da nhw.

A ninne wedi symud i bentre'r Garnant pan o'n i'n wyth oed, fe newides i ysgol a chofrestru yn Ysgol Gynradd Garnant, yn New School Road. Setles i ar unwaith diolch i Alan Timothy Jones, neu Tims fel o'n i'n 'i alw fe, o'dd yn byw drws nesa ond dou i ni. Ma Tims yn dal yn ffrind agos, yn byw yn ardal Bargoed, a fe, ei wraig Karen – Saesnes a ddysgodd y Gymra'g yn rhugl – a'r teulu yn Gymry i'r carn. A bod yn onest, ro'dd bywyd yn y pumdege yng Nghwmaman yn nefo'dd ar y ddaear – amgylchedd ddiogel a phlant naw a deg oed yn gallu whare heb bresenoldeb oedolion tan iddi dywyllu.

'Sdim amheuaeth 'mod i'n grwtyn drygionus ond do'dd Mam a Dad ddim yn ca'l rhyw lawer o ofid mawr 'da fi – 'sgersli bilîf' yw ymateb rhai ohonoch chi'r darllenwyr, wi'n siŵr! Wi'n cyfadde, ro'n ni'n dwgyd fale a whare Dai Bach y Knocker ond do'dd yna ddim byd afiach ac annymunol yn digwydd a alle achosi cnoc ar y drws o gyfeiriad y bobi lleol. Ro'n i siŵr o fod yn dishgwl fel 'sen i wedi camu mas o *Just William* – cap â phigyn, pâr o fresys i ddala'r trowsus lan, a sgitshe 'oelon i brofi 'mod i'n un o'r gang!

Nosweth mas yng nghyfnod plentyndod o'dd tships lan yn Siop Nellie yn ardal Gors-y-Garnant; y peirianne'n ca'l eu cynhesu gan dân glo, a'r tships fel wedodd Bryan Eynstone unwaith yn 'cowin' lush'. Ac i olchi'r cwbwl lawr, poteled o Tizer, Cream Soda, neu Vimto. I rai, trip i'r Ritz yn Piccadilly amdani, ond Siop Nellie o'dd hi bob tro i blant y Garnant.

Fuodd 'na ddim pwyse arna i i lwyddo yn arholiad yr 11+ a diolch i'r drefen fod y system greulon wedi dod i ben bellach; ffrindie'n gwahanu am weddill eu hoes yn sgil perfformiade mewn arholiade dros ddeuddydd. Do, fe lwyddes i – diolch i hwb ychwanegol yn fathemategol o gyfeiriad Anti Linor. Ro'dd Mam a Dad yn reit falch bod eu plentyn yn sgolar, ond pan weles i liw y *blazer* a'r cap o'n i'n gorffod eu gwishgo ar gyfer y diwrnod cynta yn Ysgol Ramadeg Dyffryn Aman bues i bron â hwdu! Smo fi'n credu fod un sefydliad arall ym Mhrydain gyfan wedi dewis siocled a melyn fel lliwie gwisg ysgol. Ych-a-fi.

Y lle mwya bishi yn y byd!

Na, falle nad o'dd car 'da ni, ond a bod yn onest, weles i fawr o ishe un gan fod pentre'r Garnant yn y pumdege ar wythïen drafnidiaeth brysur ac yn ein cysylltu â gweddill y byd. Ro'dd dwy stesion yn ein pentre ni: y Great Western Railway yn pwffian ei ffordd lawr o'r Gwter Fawr neu Brynaman fel ma'n ca'l ei alw ac o Wauncaegurwen i gyfeiriad Rhydaman a Phontarddulais lle ro'dd modd cysylltu â naill ai Abertawe neu Lanelli. Ro'dd y lein hon wedi'i hagor yn 1840 gan y Llanelli Railway and Dock Company er mwyn cludo glo caled o ansawdd uchel i borthladd Llanelli. Ar ddechre'r ugeinfed ganrif llwyddodd gweithfeydd tun Brynaman, Garnant a Glanaman i sicrhau cytundebau hael â chwmni Nestlé ar gyfer cynhyrchu a marchnata tunplad o Ddyffryn Aman, ac yn ôl pob tebyg, yn nauddege'r ugeinfed ganrif, trac sengl Dyffryn Aman o'dd y mwya bishi yn y byd! Anodd credu. Rhyfedd meddwl fod y tins o *condensed milk* ac *instant coffee* neu coffi cachad fel ro'dd rhai yn ei alw fe a werthwyd gan Nestlé o San Francisco i Sydney ac o Sao Paulo i Stockholm wedi'u cynhyrchu â thunplad o weithfeydd tun lleol.

Ro'dd 1957, fy mlwyddyn gynta yn Ysgol Ramadeg Dyffryn Aman, yn un gofiadwy gan fod plant Ystradowen, Cefnbrynbrain, Brynaman, Garnant a Glanaman yn teithio'n ddyddiol i ysgolion uwchradd Rhydaman ar y trên ond da'th yr antur a'r cyffro i ben ar ddiwedd y flwyddyn ysgol pan benderfynwyd nad o'dd y gwasanaeth i deithwyr yn neud digon o elw. Serch hynny, ma'r lein o Dairgwaith a'r Waun a thrwy Ddyffryn Aman yn dal ar agor ac yn cario glo o'r gwaith glo brig yn Nhairgwaith i gwsmeriaid sy'n cynnwys y gwaith dur ym Mhort Talbot.

Fe dda'th gweithwyr yn eu miloedd i Ddyffryn Aman yn y bedwaredd ganrif ar bymtheg gan fod angen glowyr yn y pylle glo a dyfai'n sydyn, dros nos bron, fel madarch o Frynhenllys yng Nghwmllynfell i'r Wernos yn Nhŷ-croes. Ro'dd yna dri gwaith glo sylweddol yn Nhairgwaith, sy'n *cul-de-sac* o bentre, ger Gwauncaegurwen – y Maerdy, yr East Pit a'r Steer Pit. Pan o'dd y gweithfeydd yma ar eu hanterth cyflogwyd tua dwy fil o lowyr, a'r glo yn ca'l ei allforio o ddocie de Cymru i bellafoedd byd, yn enwedig i Ganada a'r Unol Daleithiau. Hwyliai'r llonge a'u cynnyrch ar hyd Forffordd y Saint Lawrence rhwng y ddwy wlad ac ar hyd y Llynnoedd Mawr a llif rhwydd y farchnad yn ca'l ei rwystro yn y gaea pan fydde'r llynnoedd wedi rhewi'n galed. Ro'dd ardaloedd yng Ngogledd America yn dibynnu ar lo caled o Ddyffryn Aman, a stôfs yn ca'l eu gwerthu a'r geirie USE GCG COAL ONLY wedi'u gosod arnyn nhw mewn llythrenne bras. Meddyliwch am Al Capone yn twymo o fla'n tanllwyth o dân glo o Ddyffryn Aman yn ninas Chicago!

Nid dim ond trene o'dd ar ga'l i ni eu defnyddio; ro'dd bysys mor niferus â chyrens mewn pwdin Nadolig hefyd – y Western Welsh yn teithio o Hwlffordd i Gaerdydd ac yn stopo yn ymyl tafarn y Raven o'dd o fewn dou gan llath i'n tŷ ni. Druan o'r rheiny o'dd yn teithio'r holl ffordd o Sir Benfro i'r brifddinas! Ac ro'dd bysys James yn gyson bob awr; un yn cylchu drwy Frynaman, Cwmllynfell, Ystalyfera a Phontardawe i Abertawe, ac un arall yn mynd yn syth i Gastell-nedd drwy'r Waun a Chwmgors. O'dd, ro'dd Garnant ar y map!

Dad

'Gallwch chi ddim dewis eich rhieni ond ma modd 'da chi ddewis eich ffrindie!' Geirie pwy? Pwy a ŵyr? Ond rwy'n hoff iawn o gasglu dyfyniade ac yn cynnwys y rhai mwya bachog mewn llyfryn bach personol sy'n teithio ambytu gyda fi. Ma'r dyfyniad uchod yn hynod berthnasol i fi oherwydd ro'dd David Thomas Evans, fy nhad, yn digwydd bod yn un o'n ffrindie gore ac fe barodd y cyfeillgarwch tan ei farwolaeth. Ar hyd taith bywyd ma nhw'n gweud mai rhieni, cyfeillion, arweinwyr cymdeithasol ac athrawon sy â'r gallu i ddylanwadu ar bobol ifanc mewn amrywiaeth eang o feysydd. Dyma'r rhai sy'n agor cil y drws ac yn cyflwyno creffte, hobïe a diddordebe i blant a phobol ifanc a rhaid i fi gydnabod yn gwbwl agored mai Dad sy'n gyfrifol am y cariad angerddol sy gen i at y campau, yn enwedig rygbi, criced a bocsio. Diolch, Dad!

Teulu o'r ochor draw i'r Mynydd Du, o bentre Gwynfe, o'dd yr Evansiaid, ac fel cyment o deuluoedd o Shir Gâr a Cheredigion yn y bedwaredd ganrif ar bymtheg a dechre'r ugeinfed ganrif, yn sgil y tlodi a'r dioddefaint, dyma nhw'n penderfynu symud i'r ardaloedd diwydiannol i whilo am waith. Heol Tircoed yng

Nglanaman o'dd cartre teulu ochor Dad, a rhywsut do'dd e ddim
yn siarad rhyw lawer am ei blentyndod, yn benna oherwydd ei
atgasedd o'i lystad o'dd yn fachan creulon a dideimlad.

Ro'dd Dad
yn fowliwr addawol, ac a'th e yn ŵr ifanc am gyfnod i whare criced
yng Nghynghrair Sir Gaerhirfryn gan fod clybiau'r Lancashire
League, fel y'i hadnabyddir ledled byd, yn talu'n dda ac yn gofalu
am eu cricedwyr drwy whilo am waith iddyn nhw. Fuodd Dad
ddim yno am fwy na phythefnos cyn dychwelyd i Ddyffryn Aman
ar ôl clywed fod ei lystad wedi bod yn clatsho'i fam. Da'th e gartre
i gadw llyged ac i amddiffyn ei fam. Ro'dd llond tŷ o blant yn
Nhirco'd, ac o hynny mas ro'dd pob un ohonyn nhw'n dishgwl
lan i David Tom ac yn fawr eu parch amdano. Bu farw 'nhad-cu
pan o'dd Dad yn ifanc iawn. Ma'n debyg ei fod e'n bysgotwr o
fri ac yn treulio gormod o amser ar lan yr afon mewn pob math
o dywydd. Bu farw o niwmonia. Claddwyd teulu Dad i gyd ym
mynwent Capel Hen Bethel, oni bai am y llystad, sydd wrth ei
hunan ym mynwent Capel Bethesda. Ces i lun ohono gan Gloria,
merch Wncwl Wil – ro'dd rhai yn gweud ei fod e'n debyg i fi. Fe
losges i'r llun.

Symudodd dege ar ddege o deuluoedd o bentre Gwynfe i
gymoedd Aman a Thawe. Llwyddodd un bachan o'r pentre,
Thomas Richards, i ga'l gwaith yng Nglofa'r Primrose yn Rhos ger
Pontardawe. Treuliodd rai blynyddo'dd yn cerdded yn gynnar ar
fore Llun dros y Mynydd Du ac yn ei fla'n i Gwm Tawe. Treuliai'r
wythnos yn lletya yn yr ardal a dychwelyd i Gwynfe ar ôl i'r
hwter ganu ganol dydd ar y Sadwrn. Bydde fe'n mynychu'r capel
deirgwaith ar y Sul cyn paratoi unwaith eto ar gyfer y daith hir yn
ôl i'r gwaith. Ar un adeg ro'dd yna stryd yn ardal Dan-y-graig o'r
Alltwen lle ro'dd pob un o'r trigolion yn dod o Shir Gâr. Ma dou
gapel yn Gwynfe: Capel Jerusalem a ddylanwadodd ar nifer fawr
o'u haelode i fentro fel cenhadon i Fadagasgar, a Chapel Maen,
lle ma cofeb yn cofnodi'r teuluoedd lleol a ffarweliodd â'r ardal

i whilo am waith yn y cymoedd glofaol. Un arall a symudodd o Wynfe o'dd tafarnwr y Griffin, William Rees, fu'n cadw'r hen dafarn ar yr hewl fawr rhwng Brynaman a Llangadog am 69 o flynyddo'dd cyn symud i'r Garnant i fyw gyda'i ferch. Bu farw William Rees yn 103 oed – prawf pendant bod cwrw'n dda i chi!

Do'dd Dad byth yn sôn rhyw lawer am ei waith, un fel 'na o'dd e. Buodd yn rhaid iddo adael ysgol yn dair ar ddeg oed a mynd i weithio am rai blynyddo'dd mewn cwar ar lethre'r Mynydd Du. Ro'dd galw mawr am galch ar gyfer amaethu ac ar gyfer diwydiant – ffermwyr lleol am wella cyflwr y tir a pherchnogion y gweithfeydd alcan o dur yn sylweddoli fod y cemegyn hwn yr un mor bwysig â glo a mwyn haearn yn y broses gynhyrchu. Ond y cof sy gen i o 'nhad yw sŵn clep drws y ffrynt yn cau am gwarter i bump y bore a'i glywed e'n anadlu'n ddwfwn cyn cerdded y llond llaw o lathenni draw i ddala bws preifat James a fydde'n ei gludo i gampws y Royal Ordnance Factory ar y twyni tywod ym Mhenbre, ddim yn bell o Borth Tywyn. Gwaith powdwr gwn o'dd yno'n wreiddiol ond yn 1914 datblygwyd y lle ar gyfer cynhyrchu TNT i ymladd yr Almaenwyr yn ffosydd Fflandrys. Ddiwedd y tridege a dechre'r pedwardege ro'dd tua 2,000 yn gweithio yno'n paratoi arfau rhyfel i ymladd y frwydr yn erbyn y Natsïaid. Ro'n i'n amal yn aros am y bws am whech y nos, a Dad a gwên lydan ar ei wyneb o weld ei fab ar ôl diwrnod diflas ac undonog arall. Dim unwaith ofynnes i'r cwestiwn, 'Shwd a'th hi yn y gwaith heddi?' Ro'dd ei gerddediad yn gweud y cwbwl ac yn mynegu wrtha i shwd a'th 'i ddiwrnod e. Iddo fe, jobyn o waith o'dd e; cyfle i neud yn siŵr ein bod ni fel teulu yn lled gyfforddus ein byd a wi'n diolch iddo fe am hynny.

Wi'n cofio gweld rhaglen *Panorama* un nos Lun 'nôl ar ddechre'r chwedege a gwrando ar y cyflwynydd yn cwestiynu rhai o'r crefftwyr o'dd wrthi'n ailadeiladu Eglwys Gadeiriol Coventry yn dilyn dinistr y Luftwaffe yn ystod yr Ail Ryfel Byd. 'Dwi'n adeiladu wal gerrig,' o'dd sylw un miswn. 'Ennill fy mara menyn a chadw'r teulu'n gysurus,' o'dd datganiad plastrwr, ond wi'n cofio un saer coed o'dd yn ymhyfrydu yn ei waith yn datgan â balchder, 'Dwi'n adeiladu eglwys gadeiriol.' Yn anffodus, ennill bywoliaeth o'dd y diben i'r rheiny o'dd yn paratoi TNT a gwrtaith ym Mhenbre, ac er i Aelod Seneddol Llanelli, James Griffiths, frwydro i'r eitha i gadw'r lle ar agor, caewyd y drysau yn 1962. Bellach do's yna ddim tystiolaeth ar ga'l o fodolaeth y safle 570 erw; ma'r Comisiwn Coedwigaeth wedi gweddnewid y dirwedd yn llwyr erbyn heddi, a miloedd o dwristiaid yn cyrradd bob haf i fwynhau cyfleustere Parc Gwledig Pen-bre.

Ma cefnogwyr y bat a'r bêl yn amal yn sôn am *all rounders* – y chwaraewyr sy â'r gallu cynhenid i fatio, bowlio a maesu, ond ta pryd fydda i'n clywed y term wi'n meddwl am y Rayburn o'dd yn gwresogi'r gegin fach, yn twymo'r dŵr ac yn gwbwl angenrheidiol ar gyfer cwcan. Mam o'dd Fanny Craddock ein tŷ ni, a'r unig dro fyddech chi'n gweld Dad yn cyfrannu at waith y gegin o'dd ar y Sul – achos fe fydde'n golchi lan! Ro'dd e'n fachan mawr am 'fara the', dyna beth fydde ar y fwydlen i David Tom bob bore a bob nos cyn mynd i'r gwely, ac er nad o'dd e'n berson duwiol do'dd e byth yn mynd lan stâr heb weud ei bader – yr un frawddeg bob nos, 'Diolch i Ti Dduw am y gwely unwaith eto'.

Pan o'n i'n blentyn, ro'n i mynd gydag e i bobman; mynd i lefydd fel Sain Helen i weld Morgannwg yn whare criced yn yr haf, a pharhau 'nath y traddodiad hwnnw tan ddiwedd y saithdege pan fydde Wncwl Wil a fi yn joio peint o gwrw yn y bar yn ymyl hen reilffordd y Mwmbwls a Dad yn ddigon hapus â'i lemonêd, er bydde fe'n yfed poteled o Mackeson bob hyn a hyn hefyd. Ond ro'dd e wrth ei fodd â'i Woodbines ac yn amal yn prynu baco ac yn rowlio'i sigaréts gyda help pecyn o Rizla.

Un tro, pan o'n i tua wyth oed, a'th e â fi i Siew Sam i weld Buck Jones mewn ffilm gowboi. A medden i wrtho fe ar y ffordd mewn,

'Dad, ma Buck Jones yn sinema Brynaman heno hefyd!' Da'th ei ateb e â dagre i'n lyged i, 'Paid â bod mor dwp, achan. Ma hynny'n amhosib – mae e fan hyn. Gall e byth â bod mewn *dou* fan ar yr un pryd!'

Bu farw yn 85 oed o ganser. Ro'n i 'dag e pan fuodd e farw, ei anadl ola'n arwain at fochyndra yn llifo mas o'i geg e. Dyna'r diwrnod y dechreues i beidio â chredu bod Duw i ga'l. Ro'dd 'y mrawd John yn rhy *upset* i fod yno a galla i ddeall 'ny 'fyd. Cyfaill a chymeriad o'dd Dad, a'r ddou ohonon ni feibion yn meddwl y byd ohono.

Ma'r gân 'The Old Man' yn 'y mhen i'n amal pan wi'n meddwl am Dad:

> The tears have all been shed now
> We've said our last goodbyes
> His soul's been blessed and laid to rest
> And it's now I feel alone.
> He was more than just a father, a teacher, my best friend…
>
> As a boy he'd take me walking
> by mountain, field and stream
> and he showed me things not known to kings
> a secret between him and me.

Gari, Cliff a Cassius a'r ffeit yn y Bronx

Y radio o'dd y teclyn trydanol pwysica yn ein tŷ ni – Mam yn gwrando ar y newyddion a'r rhaglenni cerddorol ar y Welsh Home Service a o'dd, whare teg, yn cynnwys mwy a mwy o raglenni Cymra'g eu hiaith o flwyddyn i flwyddyn. Bob nos Fawrth ro'n i'n rhedeg ffwl pelt 'nôl o'r ysgol er mwyn ca'l te cyn setlo yn y gader esmwyth yn y parlwr am ddeg muned wedi pump i wrando ar

SOS Galw Gari Tryfan – cyfres antur i blant a grewyd gan Idwal Jones. Ro'n i wrth 'y modd â'r rhaglen, yn gwirioni ar gampau Gari, Alec ac Elen. Ddeng mlynedd ar hugen yn ddiweddarach y fi o'dd Gari Tryfan pan benderfynodd BBC Radio Cymru atgyfodi'r gyfres. Y cyfarwyddwr Aled Jones 'nath gysylltu â fi i ofyn a nelen i whare rhan Gari, a rhaid gweud mai pleser pur yw cydweithio ag e bob amser. Yn fwy diweddar ces gyfle i weithio gydag Aled eto a chymryd rhan yn nrama Sion Eirian, *Peintio Heol Sardis*, ar gyfer BBC Radio Cymru. Rhaid cyfadde 'mod i'n teimlo balchder rhyfeddol pan ges i'r alwad ffôn i gadarnhau'r cytundeb. Ro'dd e fel 'sen i'n ca'l ail-fyw holl gynnwrf a breuddwydion plentyndod eto.

Chwaraeon o'dd yn mynd â bryd Dad ar y radio. Pan fydde tîm rygbi Cymru yn whare gêm ryngwladol ro'dd sylwebaeth G. V. Wynne-Jones yn treiddio o'r Hafan mas i Heol Cwmaman, ac enwe megis Cliff Morgan, R. H. Williams, Bryn Meredith, Rex Willis a Malcolm Thomas yn dod yr un mor adnabyddus i fi â Richard Burton, Aneurin Bevan a'r bocsiwr Dai Dower. Cofiwch chi, chwaraewyr Clwb Rygbi'r Aman o'dd arwyr y cyfnod, yn enwedig Richie Bundock, John 'Cisco' Francis, Ieuan Evans a Dennis Davies, un o'r props caleta ar wyneb daear! Flynyddo'dd yn ddiweddarach ymunes i â Dennis yn rheng fla'n yr Aman; dyna o'dd un o uchafbwyntie 'y mywyd fel chwaraewr rygbi.

Ond prif gamp Dad o'dd bocsio. Ro'dd *no entry signs* ar ddryse'r parlwr yn tŷ ni pan fydde ffeit yn ca'l ei darlledu ar y *BBC Light Programme* a rhaid cyfadde fod y sylwebydd, Raymond Glendenning – Cymro o Gasnewydd – â'i sbectol 'gwaelod-potel-bop' a'i fwstásh Jimmy Edwards yn feistr â geirie ac yn neud i ni deimlo'n bod ni yno gyda'r ddou focsiwr yn y sgwâr. Ro'dd y bartneriaeth sylwebu rhwng Eamonn Andrews a J. Barrington Dalby yn un chwedlonol hefyd; yr adrenalin yn llifo drwy wythienne'r ddou sylwebydd pan fydde ergydion yn ca'l eu hyrddio fel bwledi, yn ogystal â chynhyrfu'r ddou o'dd o fewn modfeddi i'r hen set Murphy ar seld parlwr yr Hafan, yn y Garnant. Wi'n cofio un ffeit yn anad yr un arall, sef yr un a gynhaliwyd ar 25 Chwefror 1964, yn Miami, a'r pencampwr Sonny Liston yn ymladd y 'new kid on the block', Cassius Clay. Ro'dd pawb yn proffwydo nad o'dd gobeth caneri 'da'r crwt o Kentucky. Clay a'th â hi ond o'dd rhai yn meddwl am flynyddo'dd fod yna ryw ddrwg yn y caws pan benderfynodd Liston aros yn ei gornel ar ddiwedd y wheched rownd a gwrthod codi i ymladd yn y seithfed. Ysgrifennodd y cyn-focsiwr a'r gohebydd Tommy Farr, drannoeth yr ornest; 'The early bird catches the worm but today they caught two slugs!'

Do'dd Dad byth yn blino ail-fyw un ffeit o'r tridege, o 1937 a bod yn fanwl gywir, clasur o ornest pwyse trwm rhwng y 'Brown Bomber', Joe Louis, a'r Cymro o'r Rhondda Fach, Tommy Farr. Ma geirie'r hen foi yn dal i fod mor glir â'r grisial yn 'y nghof i: 'Der i ni ga'l deall un peth, Hywel – ma'n rhaid i ti sylweddoli fod Joe Louis yn un o'r cewri ym myd bocsio ac o'dd rhaid i Tommy Farr, o'dd yn yffach o focsiwr, fynd mas i ymladd Louis yn ei filltir sgwâr 'i hunan, yn Yankee Stadium, y Bronx, yn ninas Efrog Newydd o fla'n degau o filo'dd o Yanks o'dd yn dwlu arno fe. Diawch, fydde Tommy ddim wedi dod mas o 'na'n fyw petai e wedi ennill. Ond cofia di, fe fydd yna siarad am y ffeit honno mewn can mlynedd a mwy!'

Ac ar y radio, am ddeg muned i dri y bore, ar hen set Bakelite â batris bron mor fawr â brics Rhiwabon, da'th gwefr a chyffro'r achlysur yn fyw at glustie David Thomas Evans. Ro'dd e'n taeru mai Farr ddylse fod wedi ennill yr ornest a'i fod wedi ca'l cam gan y dyfarnwr Americanaidd:

'Louis a'th â hi, Hywel bach, ond dim ond o drwch papur Rizla ar ôl pymtheg rownd ffyrnig a chystadleuol a'r pencampwr 'i hunan yn cyfadde mai hon o'dd yr ornest galeta 'nath e wmladd erio'd. Da'th Tommy Farr 'nôl yn arwr a chlywed fod canno'dd ar ganno'dd wedi bod wrthi'n canu 'Hen Wlad fy Nhadau' o fla'n Neuadd y Gweithwyr yn Clydach Vale am bedwar o'r gloch y bore. 'Na beth o'dd ffeit!'

Flynyddo'dd yn ddiweddarach, a finne'n ennill bywoliaeth fel actor, bu'n rhaid i fi alw heibio yng Nghanolfan Deledu Harlech ym Mhontcanna ar gyfer gwrandawiad. A dyna lle ro'dd Tommy Farr! Ro'dd dou ohonon ni'n aros yn amyneddgar yn y cantîn am awr solet yn yfed te – fi a Tommy Farr. Wir nawr! Ro'dd y bocsiwr yn aros i'w ffrind, Moc Rogers, ac yn naturiol fe achubes i ar y cyfle i dreulio amser hynod ddifyr yn ei gwmni yn trin a thrafod y gamp. Ro'dd *rhaid* gofyn un cwestiwn iddo cyn ffarwelio, 'Tell me – did you beat Joe Louis, Mr Farr?'

Ma ei ateb wedi'i serio ar 'y nghof i, ac ro'dd gan Tommy Farr lais tawel tawel, bron fel sibrwd: 'I'll tell you now, it was very close but Joe was just that little bit better.'

Tyse Dad wedi bod dal yn fyw fydden i wedi rhedeg 'nôl bob cam i Ddyffryn Aman i weud wrtho 'mod i'n un o ffrindie Tommy Farr!

'Sdim siâp arnyn nhw!

Penstiff ac unllygeidiog. Geirie sy wedi ca'l eu defnyddio fwy nag unweth ar hyd y blynyddo'dd i ddisgrifio natur a chymeriad David Hywel Evans o Ddyffryn Aman, sef y fi! Fe fydd y rheiny ohonoch chi sy'n fy adnabod yn sefyll yn gegagored ac yn ffaelu â chredu 'mod i'n fodlon datgan yn ddiflewyn-ar-dafod, 'Chi o'dd yn iawn! Ro'n i'n rong!' Dy'n nhw ddim yn eirie sy'n dod yn rhwydd i fi. Cofiwch, anamal ydw i *yn* anghywir, ond ma hen ffrind ysgol, Alan Timothy Jones – Tims i'w ffrindie – yn fy atgoffa'n gyson am un bw-bw anferthol 'nes i.

Mam-gu a Dad-cu, Rachel a John Evans – gwrddes i ddim â nhw erio'd.

Mam a Dad yn joio yng nghwmni'i gilydd yn yr haul ar drip ysgol Sul.

Mam a Dad a fi, Hywel, yn 'yn siwt –
o'n i newydd ddechre yn Ysgol
Ramadeg Dyffryn Aman.

Yr Hafan, y tŷ lle geson
ni'n magu – roedd hi'n
aelwyd hapus tu hwnt.

Priodas John 'y mrawd â Julia – fi o'dd y *best man*.

Newydd ddechre yn Ysgol Gynradd Garnant o'n i, sha 1955. 'Yn ffrind Alan Tims, sy nesa ata i ar y chwith.

Fi yn 'y nghot ledr.
O'n i'n dwlu ar y got 'na.

Y trên i'r ysgol ar draws y cwm yn 1957.

Tîm rygbi dan bymtheg ardal Dyffryn Aman yn 1960-61 cyn mynd bant i Rydychen.
Fi o'dd y capten.

Tîm cynta rygbi Ysgol Ramadeg Dyffryn Aman yn 1963-64, gyda John Pugh yn gapten.

MARTIN BELL MP

HOUSE OF COMMONS
LONDON SW1A 0AA

3 March 97

Dear D.H. Evans

Forgive me for addressing you so formally. My
thanks for a most delightful letter. We share the
distinction of being the only two people who ever
defeated Neil Hamilton in an election. I don't know
what your experience was: mine was that he was not
a gracious loser!

Best wish

Rik

Y llythyr dderbynies i oddi wrth Martin Bell AS yn cadarnhau nad oedd Neil Hamilton yn gollwr da.
Ro'dd e'n amlwg yn dal i fod yr un gyment o flagard a phan o'dd e'n yr ysgol.

Hall y Waun – y fan lle'r o'dd
breuddwydion crwtyn ifanc
yn dod yn fyw, yn enwedig y
rhai am Brigitte Bardot . . . O,
Brigitte . . . Brigitte!

John a Dai 'Manora' Thomas – efeillied a chwaraewyr rygbi disglair – dou ffrind triw.

Tîm rygbi Coleg Abertawe, 1966-67 'Y brothel ar y bryn'. Mae'r anfarwol Mervyn Davies yng nghanol y rhes gefen a Bleddyn 'Bach' Jones (333 o gêmau i Deigrod Caerlŷr) ar ben y rhes flaen ar y dde.

Dad, Mam ac Wncwl Wil yn jacos reit ar y soffa.

Fi a'n frawd, John 'Muscles' Evans. O'dd e'n ca'l ei alw'n 'Muscles' ar gownt y ffaith ei fod e mor dene.

John a'i wraig Julia, ddim yn hir cyn i John farw. Dangosodd Julia dynerwch a gofal mawr tuag at Mam a Dad dros y blynydde. Diolch iddi.

Betty yn Hof, yr Almaen mewn gŵyl ffilm sha 1987. O'dd y daffodils yn neud i ni feddwl am adre.

Llŷr a Cats, y plant, wedi taclu lan i fynd i Ysgol Gymraeg Coed-y-gof.

Little hope for actor in school-change bid

SOUTH Glamorgan's education chief yesterday held out no hope for the latest parent to challenge a county ruling over a school choice.

The parent, Welsh speaking actor Dafydd Hywel, of the duel action Pobol y Cwm, presented his rejection claim at the...

But the director of education, Mr Lyn Cule, said yesterday the matter was closed since an appeal committee last week upheld the decision of an admissions panel that Coed-y-Gof school in Fairwater was full.

He said Emyr, six, had been allowed a place there on appeal because it was medium primary and the nearest Welsh-medium school.

It was made clear to the parent at the time that this did not give any rights to brothers or sisters.

Parents have been picketing the school to support of two-year-old Catrin the week because the...

Dafydd Hywel, whose full name is Dafydd Hywel Evans, of Plasturton Avenue, Cardiff, has applied for legal aid and if successful will to the Divisional Court in London to challenge the country ruling.

Mr Cule yesterday said the hope of a place in the...

By JON HIBBS, Education Correspondent

Actor fails again in school legal battle

ACTOR DAFYDD HYWEL EVANS yesterday lost a court bid to get his daughter accepted temporarily at a Welsh-medium primary school while he took his dispute with education chiefs to a full hearing.

Michael Davies said he would otherwise have an alternative but could not guarantee...

Father takes Welsh school appeal to High Court

Western Mail Reporter

WELSH ACTOR Dafydd Evans yesterday appealed to a High Court judge for the right to have his young daughter, Catrin, educated at the Welsh language school of his choice.

He asked Mr Justice Forbes in London to quash a decision of South Glamorgan Education Appeal Committee refusing to admit Catrin, aged five, to Ysgol Cymraeg Coed-y-Gof, Fairwater, Cardiff.

Mr Evans, aged 37, of Plasturton Avenue, Pontcanna, Cardiff, accused the committee of "erring in law" when it decided last January that admitting Catrin would be "prejudicial to the provision of efficient education" at the school because it was already full.

Mr Evans said the decision was unreasonable because Catrin's brother, Emyr Llyr, aged six, had already been accepted to the school.

He argued that in the present case the appeal committee had determined the question of prejudice, but failed to appreciate that it had discretion to decide whether or not Catrin should be admitted to the school.

Mr Pugh said it was accepted that sufficient space, equipment and teaching staff were available at the school to allow Catrin to be admitted. There was no objection from the headmaster or staff to his admission.

No one from the school had been called to give evidence to the appeal committee. The only evidence was of a general nature as to the education authority's general policy that admission of one child in a class of over 30 would be prejudicial to education at the school.

Actor loses court bid on daughter

School bar on girl challenged

PARENTS OF pupils at Coed-y-Gof school, Fairwater, Cardiff, will picket the school today until further notice in protest at the education committee's decision to refuse admission to a girl whose brother is a pupil at the school.

The committee of the school's parents' association decided to give full backing to Dafydd Hywel Evans, a star of S4C's Pobol y Cwm, in his fight to enable his daughter Catrin, aged four, to join her six-year-old brother Emyr Llyr at the Welsh school.

Mr Evans said that unless the decision was reversed parents would have to...

Dispute father waits

● ABOVE: Mr Dafydd Hywel arriving at Coed-y-Gof Welsh School, Pentrebane, Cardiff, today with his children Catrin and Llyn. His daughter has been refused admission to the school but Mr Hywel is continuing to take her there. She has been allowed to remain at a desk in the foyer area which her father waits outside for her. Report page one.

● Actor Dafydd Hywel teaches his daughter Catrin in the foyer of Ysgol Coed y Gof yesterday.

Actor risks gaol over daughter's schooling

By JON HIBBS, Education Correspondent

WELSH actor Dafydd Hywel risked the prospect of a prison sentence yesterday when he defied a court order banning him from the school he wants his daughter to attend.

And after again taking four-year-old Catrin to the Welsh-language school...

● Catrin's mother, Mrs Betty Evans, at the school yesterday.

Friday night for a parent-teacher association meeting, which one would regard as perfectly proper."

Mr Hywel's protest follows a case last year when a mother continually prevented her son at the school being sent to the school in his older sister despite a ruling to the contrary.

Education chiefs eventually relented and an independent admissions panel gave her the place.

SMILING mum Mrs Betty Evans with her children outside their home today.

Rates squandered

● From page 1

give up gracefully, acknowledge they had lost and spare the parents the agony of facing further hearings before they know whether or not Catrin can enter Coed y Gof.

"They should let the...

Today as a jubilant Mr and Mrs Evans, of Plasturton Avenue, Pontcanna, expressed their "elation and relief" after the judge's decision, Mr Jones said he would be writing to education director Mr Lyn Cule asking that the...

BRWYDR CATRIN

Er bod gŵr a gwraig o Gaerdydd wedi ennill achos pwysig yn yr Uchel Lys yn Llundain, fel rhan o'u brwydr i ddarfon eu merch fach i Ysgol Gynradd Gymraeg o'u dewis, does dim sicrwydd pryd y caiff fynd i'r ysgol honno.

As yn awr mae i okau boi y brwydr brofi o oefyn y drefn yn dilyn honno, yn datwg o beryglu fe rowy o bidin o dyfod.

Mae brwydr yr actor Dafydd Hywel a'i wraig Betti, yn myrad yn 30 ol cyn byr i'w tychen fach i Ysgol Gynradd Gymraeg yn hawl presaidd ei un i Aeuofen eu merch fach Catrin fynd i Ysgol Gymraeg Coed-y-Gof. Ile'r oedd eu mab Emyr, chwech oed, yn ddisgybl.

Opel gyrrhwdodd Awdardod Addysg y De, Mae garenag yr hawl, Cae rin, i find yn yr ysgol rin, i find yr hynny og o honno. Mynyal y rygol honno Myouya'y Aeuofen fod roi tuler y ffand yn y bchen Baod i.

Ateb Dafydd Hywel fu herio'r Awdurdod gan fynd a'i ferch fach fynd bob dydd ae ysgy i...

gwasthrgu yn y difyn hennaf fod ys deriyni wasanaeth ne a'dny gwasaaneth ne o'r althreweenei y'y'h fydfni am y dotharths deyfyn, ysg Nghoedy-Gof, Mrs Birlyn Davies.

Mae'r cyfregind ar yngelben Cymraeg i ddi nas yn llawer fynaofn erald wedi a'r nifer yn y nokerthradun darbyn yn ot atoryu ysyg a gwli Nol aes refragio a gwli ar y sailer yn yr yagolinn Cadbulug

Er ldde a'r o wraig santhu ychan, mae Dafydd Hywel yn talm hi'n chwerw iawn. "Bawdd gur Dde Morygapawe. Mae'r ffeni atet a Ciyagpr wedi en ffania ganowg gylaowarn gan y ysgenn i na'r byn Barzyfrieshiewr gan yr ychnne hawl yn a cymexys John Morgan Upynareww, ne uu a ir cyn-Ygaryfennydd crabldar yn yr ysgn cyn y myri bysyg un i Cymru, se mae ann ra Co ffrn Mar- myned i gastin drus rang ne cyfgig cyf bulo- £10,000 i'r treibiol- lach honog oed olesiddwg oyr' rnardesi

Joy and bitterness as family win school battle

By NIGEL STEPHENSON

A CARDIFF mother cried tears of joy when she heard her year-long fight to have her daughter taught at the school she had longed for had ended in victory.

As soon as possible. "Tomorrow, I hope," she said.

But her husband said: "It's very difficult to say how long it will have her daughter taught at the same school so her son had ended in victory.

"It was a lovely bitter feeling actor Mr Dafydd Hywel Evans, of Plasturton...

committee shows the good sense that the chairman and deputy chairman of the admissions committee so signally failed to show on Monday when they turned Catrin down."

Unanimous

Catrin's appeal failed in January but the decision was overturned by a High Court judge in London on Monday. He ruled that the county council had not passed Catrin's presence would genuinely prejudice education director Mr...

allowed in on appeal a month later.

Hanes y frwydr gafon ni i ga'l lle i Catrin yn yr un ysgol a'i brawd. O'dd e'n gyfnod anodd i ni ond fe gafon ni gyfiawnder yn y diwedd.

Llŷr a Cats yn joio cwmni'i gilydd yn ein cartre yn Linden Grove, Caerffili.

'Mam', sef mam Betty – menyw annwyl, ro'n i'n lico'i chwmni hi a dethon ni'n ffrindie mawr ar ôl sbel.

Y capten. Un o'n hoff lunie i o Catrin ar wylie yn y Norfolk Broads – y gwylie gore gafon ni fel teulu erio'd a hynny yng nghwmni'n ffrindie mawr Allan a Judith Lewis, a'u plant Emyr a Nerys.

Dafydd Hywel, yr actor ifanc.

Ryan, 'maer Rosebush' a fi. Ro'dd Ryan a Dils ei wraig yn byw drws nesa i fi yn y Teras.

Llun o Sioni'r ci a fi. Wel, ma fe'n un o'r teulu!

O, bihafia! Fi fel Austin Powers yn mynd i barti gwisg ffansi yn Llan-non. Unrhyw beth am damed bach o hwyl.

Llŷr a Catrin fel ma nhw nawr – wi mor browd ohonyn nhw. Ond o ble ddiawl dda'th Llŷr?
'Co 'i seis e!

Yr wyresau – Anni a Mali – canhwyllau llyged eu tad-cu.

Ro'dd Tims yn byw drws nesa ond un i ni ar Heol Cwmaman cyn iddo symud i Heol Stepney o'dd rhyw ergyd Viv Richards bant lan yr hewl. Ro'dd y ddou ohonon ni'n gyfeillion yn Ysgol Gynradd Garnant, yn rhannu'r un diddordebe ac yn yr un dosbarth am flynydde yn Ysgol Ramadeg Dyffryn Aman. Mynd i'r Coleg yng Nghaerllion 'nath Tims ond ta pryd o'dd e 'nôl ar wylie bydde'r ddou ohonon ni'n cymdeithasu fel 'se dim wedi'n gwahanu ni. A fel 'na ma hi hyd heddi – miso'dd, blynyddo'dd yn mynd heibio falle ond y ddou ohonon ni'n ca'l ein tynnu at ein gilydd fel picwns at bot jam.

Ta beth, 'nôl yn 1963 a'r ddou ohonon ni'n dechre cymeryd diddordeb mewn cerddoriaeth, yn ogystal â mynd i ddawnsfeydd yn y Palais yn Garnant a'r Regal a'r Drill Hall yn Rhydaman, fe ddigwyddodd Tims weud un noson bod y Beatles yn *brilliant*. A'th hi'n ffra' rhyngddon ni. Finne'n bychanu'r grŵp o Lerpwl a Tims yn colli'i dymer yn llwyr, 'Mae e'n wir i wala Hywel – ma hyd yn oed David Jacobs wedi'u canmol nhw i'r cymyle ar *Juke Box Jury!*' Anghytunes i â fe'n syth, gan weud eu bod nhw'n blydi *hopeless*. Fe brofodd John, Paul, George a Ringo mai Tims o'dd yn iawn a 'mod i'n broffwydwr anobeithiol. Pan wela i Tims nesa, well i fi ymddiheuro, sbo.

Y maestro o dalaith Louisiana

Pob un â'i gleme yw hi. Ry'n ni gyd yn wahanol. Ma rhai'n lico galafantan mewn carafán i lefydd gwahanol ac eraill yn treulio'u hafau yn ymlacio'n llwyr a cha'l eu maldodi mewn gwestai swanc yn yr haul. Gin a thonic i rai, a photeled o Sauvignon Blanc i eraill. A do's neb yn rhannu yr un tast mewn cerddoriaeth.

Fe glywes i un cerddor nid anenwog yn gweud unwaith mai dim ond dou fath o gerddoriaeth sy – cerddoriaeth sy'n hawdd i wrando arni a cherddoriaeth sy'n arwain at wallgofrwydd. Ac ma hyd yn oed y meistri clasurol o bryd i'w gilydd yn gyfrifol am gyfansoddi cerddoriaeth sy'n gwbwl erchyll! O safbwynt personol, ma 'da fi ddou ffefryn, sef Jerry Lee Lewis a David Lloyd.

Fe ges i'r record *Great Balls of Fire* 'da John, 'y mrawd, yn anrheg pen-blwydd pan o'n i'n rhyw dair ar ddeg oed, ac o'r funed y clywes i'r llais ar y chwaraewr recordie Dansette yn ystafell ffrynt yr Hafan, datblygodd yr Americanwr o dalaith Louisiana yn arwr personol i fi. Ma fe'n berfformiwr heb ei ail; ma fe'n bianydd dawnus, yn gyfansoddwr talentog a'i lais unigryw wedi'i neud e'n icon i genedlaethau ledled y byd. Gallwch chi stwffo'ch Mozart! Jerry Lee i fi bob tro. Ro'dd e'n ca'l ei gysylltu â nifer o fawrion *rock 'n roll* a chanu gwlad ei gyfnod – pobol o stamp Elvis Presley, Johnny Cash, Carl Perkins, Little Richard, Roy Orbison a Chuck Berry, ond i nifer, 'The Killer', fel yr o'dd Jerry Lee yn ca'l ei nabod ar hyd ei oes, yw'r maestro. Ma'n rhyfedd ei fod e'n dal yn fyw oherwydd a'th e rywfaint dros ben llestri yn y pumdege a'r chwedege – bwrw'r botel bron bob nos, yn cymeryd cyffurie fel 'sen nhw'n Smarties a chae'l ei labelu'n ferchetwr o fri. Rhyfedd ei fod e'n dal yn fyw!

Cafodd ei bardduo a'i fychanu 'nôl yn y chwedege pan dda'th hi i'r amlwg ei fod e wedi priodi Myra Gale Brown, ei gyfnither pymtheg oed. Ro'dd rhai'n mynnu ei bod hi'n ifancach na hynny. Fe drodd y byd yn ei erbyn ac ro'dd hynny'n ddealladwy – dyna o'dd sgandal yng ngwir ystyr y gair. O hawlio deg mil o ddoleri y noson am berfformiad mewn clybiau *glitzy*, bu'n rhaid i Jerry Lee fodloni ar ddou can doler mewn clybiau'r stryd gefn. Wi'n cofio cyfarfod â'i whâr, Linda Lee Lewis, ar y rhaglen *Heno* yn Llanelli ar ddechre'r nawdege a'i chlywed yn disgrifio gelynion ei brawd, y rhai o'dd yn ei feirniadu'n hallt am ei ddiffyg moesau, fel rhagrithwyr. Mynnodd Linda fod ca'l cyfathrach rhywiol â merched pymtheg oed yn gyffredin yn ardaloedd tlawd Louisiana yn y cyfnod ac nad o'dd ei brawd yn ddim gwell na dim gwa'th na'r gweddill. Ma'r feirniadaeth ohono yn un deg ond peidied ag anghofio fod cerddorion adnabyddus, rhai ohonyn nhw'n ca'l eu cydnabod yn wir gewri, wedi torri'r Deg Gorchmyn droeon a thro. Do'dd Mozart ei hunan ddim yn angel o bell ffordd.

Treuliodd Lewis ei blentyndod mewn amgylchiade truenus yn nwyrain Louisiana yn fab i Elmo a Mamie Lewis. Serch y tlodi, penderfynodd y rhieni forgeisio'i fferm gyntefig er mwyn prynu piano i'w mab. Fe aberthon nhw gryn dipyn, a'i anfon i Athrofa Feiblaidd yn Waxahachie, Tecsas, ond cafodd ei wahardd am ganu fersiwn *boogie-woogie* o 'My God is Real'. Gydol ei oes gellir dweud fod crefydd yno yn ei isymwybod ond, flynyddo'dd lawer ar ôl ei waharddiad soniodd wrth ffrind fod bron pob eglwys efengylaidd yn yr Unol Daleithiau bellach yn canu ac yn cyflwyno emynau yn yr un modd â Jerry. Dyn o fla'n ei amser o'dd e.

Yn ystod y blynyddo'dd, mynychais ryw wyth o berfformiade byw gan Jerry Lee Lewis a hynny ar hyd a lled Prydain a'r mwyafrif ohonynt yng nghwmni'r teulu ac ma Llŷr y mab yn dipyn o ffan hefyd. Ma Jerry Lee yn ŵr o ychydig eirie, fel 'nath Betty, Pws a finne ffindo mas mewn cyngerdd yng Nghasnewydd 'nôl yn y saithdege. Dewi'n ei gyfarch â'r geirie, 'Croeso i Gymru. Welcome to Wales.' Jerry'n ei ateb drwy ddweud ond yr un gair, 'Yeah!'

Rhai blynyddo'dd yn ôl a'th Catrin, Llŷr a Sïan, ei bartner, a finne i gyngerdd y gŵr o Louisiana ym Manceinion a rhaid gweud fod yna 'Whole Lotta Shakin' Going On' o hyd! Ma'r byd wedi bod yn erbyn y maestro ar sawl achlysur ond ma fe'n dal i ganu a chreu cyffro – ei garisma'n heintus ar ôl taro'r nodyn cynta. Bob tro fydda i'n teimlo'n ddiflas, dim ond un feddyginiaeth sy – dianc i'r parlwr yng nghwmni glased o Jack Daniels a whare caneuon Jerry Lee tan orie mân y bore.

Yn ystod y blynyddo'dd diwetha y norm i Jerry Lee yn ei fywyd o'dd rholio'r deis mewn casinos, yfed chwisgi Tennessee a thoncan ar y piano weithie ond ma 'i seithfed wraig, Judith Brown, yn berson dylanwadol, sy'n llawn perswâd ac erbyn hyn ma'r hen foi bron yn ei wythdege ac wedi bywiocáu'n rhyfeddol. Agorodd glwb ar lannau'r Mississippi yn Memphis, da'th yr hen Harley-Davidson mas o'r garej, a phenderfynodd barhau i ddiddanu cynulleidfaoedd.

A phetai modd i fi wahodd tri am bryd bwyd yn Nhafarn Sinc yn Rosebush, yna'r tri fydde: Twm Carnabwth (ar stepyn ei ddrws e), David Lloyd (y tenor gore erio'd) a Jerry Lee Lewis. Diawch, bydde gofyn neud yn siŵr fod y silffoedd a'r seler yn llawn i'r ymylon!

'Cofia wraig Lot'

Actor! Ro'dd meddwl am ennill bywoliaeth yn acto ar lwyfan neu am gymeryd rhan mewn cynhyrchiad ar deledu neu ar lwyfan, neu hyd yn oed breuddwydio am neud hynny 'nôl yn y chwedege yn gwbwl afresymol a gwallgo. Ro'dd yna *hysterics* yn ein tŷ ni bob tro fydde Mam yn sôn am ddysgu adnod ar gyfer y gwasanaeth fore Sul yng Nghapel Bethesda. Yn syml, do'n i ddim yn berfformiwr, ac yn hwyr ar nos Sadwrn fydde'r ddou ohonon ni'n cyfaddawdu ... 'OK, Mam, adnod; gyda'i bod hi'n adnod fer, 'na i gyd.' Licen i ddim gwbod sawl gwaith wedes i, 'Da yw Duw i bawb' a 'Cofia wraig Lot' o'r sêt fawr.

Ie, brawddege bach byr a bachog o'dd yn apelio yn nyddie 'mhlentyndod a Mam yn mynnu mai bloeddio, 'E'en Po'!' o stand tu fas i stesion Abertawe neu gynorthwyo Jac y Rhacs drwy uchelseinydd fydde'r dyfodol i rywun mor benstiff â fi! Ond wherthin 'nes i a gweud fod pawb am fod yn Jac y Rhacs y dyddie 'ma, fe brofodd Steptoe a'i fab hynny yn y chwedege.

Fe wellodd pethe, yn benna am 'y mod i'n hoff o gerddoriaeth ac yn ddigon parod canu solo yn y capel ac yn yr ysgol. Ac yn y cefndir o'n i adeg y cynyrchiade Nadolig, yn cytuno bod yn fugail, yn un o filwyr Herod, neu i floeddio'r geirie, 'Sdim lle!' pan fydde Joseff yn cnoco drws y llety.

A bod yn onest, do'dd fawr o gyfle i acto yn Ysgol Ramadeg Dyffryn Aman. Yn y lle cynta do'dd yna ddim drama ar y cwricwlwm, a phan fydde cynhyrchiad achlysurol, yn benna ar ddiwedd tymor yr hydref, Saesneg o'dd y cyfrwng. Un o'r unig ddramâu weles i ar lwyfan yr ysgol o'dd drama tair act gan John Galsworthy, *Strife* – rhyfedd fod cyment o Gymry Cymra'g ar staff yr ysgol ar y pryd a neb yn meddwl am ymladd eu cornel dros y Gymra'g. Ond dyna fel o'dd hi bryd 'ny, ac ysgolion uwchradd o Gaergybi i Gaerdydd yn ddigon parod i ni siarad yr iaith ar yr iard ond yn neud fawr ddim drosti o fewn y bedair wal.

Yr 11+

Fe dorres i'r record am redeg y cwarter milltir ar y diwrnod pan gyhoeddwyd canlyniade'r 11+ yn Ysgol Gynradd Garnant ddechre Mai 1957. Fydde Charles Jenkins o'r Unol Daleithiau, enillydd y fedal aur yn y 400m ym Mabolgampau Olympaidd Melbourne yn 1956, ddim wedi 'nal i! Ro'n i mor hapus â'r gog, ac yn gwbod fydde Mam, Dad a John 'y mrawd yn browd ac yn llawn emosiwn ar ôl clywed y newyddion. 'Rwyt ti shwd sgolor,' o'dd ymateb Mam. Ro'dd yna gyfnod o 'mywyd yn dirwyn i ben a phennod arall ar fin dechre ym mis Medi pan fydden i'n dal yr un trên i Rydaman â John Cale (y cerddor a ffurfiodd y grŵp roc *The Velvet Underground* yn Ninas Efrog Newydd yn 1964) a Maureen Timothy (y ferch berta yn y Cwm) ac yn derbyn addysg academaidd yn Ysgol Ramadeg Dyffryn Aman.

Finne'n dathlu ac eraill yn anobeithio. Ie, dyna o'dd canlyniad creulon yr arholiad a sawl un peniog naill ai'n aros blwyddyn ychwanegol yn yr ysgol neu'n treulio blwyddyn yn Ysgol Fodern Rhydaman cyn ca'l ailsefyll yr arholiad. A diolch i'r tad y da'th y gyfundrefn i ben yn Nyffryn Aman ryw bymtheng mlynedd yn ddiweddarach. Do'dd fawr o sens mewn gweld ffrindie'n ca'l eu gwahanu yn ddeg ac un ar ddeg oed, ond ar hyd y blynyddo'dd dy'n ni'r Cymry ddim yn ca'l ein cysylltu â synnwyr cyffredin! Wi'n amal yn clywed am unigolion sy wedi llwyddo'n academaidd ac ennill graddau doethuriaeth ond heb blesio'r arholwyr adeg yr 11+! Pa sens sydd yn hynny?

Fawr o ffan o'r Roials

O'dd hi o gwmpas canol Mai 1960 a'r prifathro O. J. Evans yn cyhoeddi o lwyfan neuadd yr ysgol fod 'na hanner diwrnod o wylie am fod ymhen wthnos. Gallwch chi ond dychmygu'r ymateb tan i ni glywed nad o'dd modd cilo sha thre, wath ro'dd angen *rent-a-crowd* ar y brif stryd yn Rhydaman er mwyn cyfarch y Dywysoges Margaret a'i gŵr Antony Armstrong-Jones, ffotograffydd o Ynys Môn, yn dilyn eu priodas yn Abaty Westminster ar 6 Mai 1960. Ro'dd confoi o geir yn pasio drwy'r dre ac angen cyment â phosib i ddala baneri a cheisio cyfleu parch a chariad at y pâr priod newydd cariadus a thalu gwrogeth. Talu gwrogeth, myn yffarn ni! Bu'n rhaid i ni aros ar ein tra'd am ddwy awr a hithe'n pisho'r glaw, a hi, mei ledi'n paso heibio mewn Rolls Royce Silver Cloud yn gwbwl ddideimlad heb hyd yn oed godi'i braich a rhyw ffugio gweud, 'Helo Hywel'. Dyna o'dd dechre a diwedd 'y mherthynas i â'r teulu brenhinol!

Ro'n i'n un o'r ychydig rai o'dd heb weld seremoni'r coroni ar deledu yn 1953. Ma'r mwyafrif o Gymry a Phrydeinwyr o oedran arbennig yn dueddol o weud mai coroni Brenhines Elisabeth yr Ail o'dd y peth cynta iddyn nhw weld ar y sgrin fach. Diolch i'r drefen fod yr Evansiaid wedi osgoi'r dathliad a mynd am bicnic lan i Hen Fethel.

Fel wedodd Mike Parker mor dda yn ei gyfrol *Neighbours From Hell*:

> If the royals think of Wales at all, it is most likely in the same way that you'd think of a persistent itch: hard to get shot of, needs paying a bit of attention and occasionally flares up into something really annoying. So Wales gets occasional pantomimes, like the 1969 Investiture in Caernarfon, or 21-gun salutes as the Queen opens the Senedd in Cardiff, but they're mere away-days for the royals, before they scuttle quickly back across the border. Sometimes, that is even quicker than planned: to this day Aberystwyth remains the only place in the world where, in all her half-century on the throne, the Queen has had to cut short a visit due to protestors. To them, it's a disgrace. To many in Wales, (gan gynnwys Alff Garnant) it's a source of national pride.

Ma hi bob amser yn bleser 'da fi weud mai'r peth cynta a weles i ac a glywes i ar deledu o'dd y tenor David Lloyd yn canu 'Dafydd y Garreg Wen' ar set Regentone teulu 'nghyfnither Doreen draw ar Faes-yr-Hendre. Ers hynny bu David Lloyd yn arwr i fi.

Da'th priodas Margaret ac Antony i ben yng nghanol y saithdege a bywyd y dywysoges druan yn dirywio'n gyflym o ganlyniad i or-ddibyniaeth ar sigaréts ac alcohol. Serch hynny, rhaid gweud fod ei phlant, Viscount Linley a Lady Sarah, yn wahanol i gyment o *hangers-on* y teulu brenhinol, wedi bwrw mla'n â'u bywyde ac ennill bywoliaeth broffidiol diolch i'w hymdrech a'u penderfyniad eu hunain.

Mae'r cyfeiriad at Viscount Linley yn fy atgoffa am gamgymeriad anfarwol fy ffrind Ray Gravell yn fyw ar Radio Wales (mwy am Ray nes mla'n). Fe ffoniodd e fi'n syth ar ôl y rhaglen a finne yn fy nwble'n wherthin. Fe a'th y sgwrs rwbeth fel hyn:

'Hywel, fe ddylsen i fod wedi gwrando mwy astud yn y gwersi Saesneg yn y "Gram" yn Gyfyrddin. A bod yn onest, wi ddim yn cofio defnyddio'r enw 'ma yn y gorffennol achos 'sdim rhyw lawer o Syrs a Madams acha Cwm Gwendraeth, heb sôn am Viscounts. Ta beth, ar y rhaglen *Streetlife* y bore 'ma, da'th gair ysgrifenedig oddi wrth y cynhyrchydd i ddymuno pen-blwydd hapus i George Thomas, neu Viscount Tonypandy, a heb feddwl, heb ofyn am gyngor, fe wnes i ei longyfarch yn gynnes ac ynganu'r teitl crand yn y dull a fydde wedi bod yn naturiol i bob un o drigolion Mynydd-ygarreg sef V-I-S-C-O-U-N-T yn hytrach na V-I-C-O-U-N-T. O fewn eiliad da'th llais ar yr hen headphones i 'nghywirio i, "Ray, for God's sake, it's Vi(s)count Tonypandy! Don't pronounce the s. Correct your mistake immediately or the Director General of the BBC will be on the phone!" A heb feddwl dim fe wnes i adrodd y llinell anfarwol,"*Listeners, can I apologise for my earlier mistake. I should have said V-I-C-O-U-N-T not V-I-S-C-O-U-N-T but somebody has spelt is V-I-S-C-O-U-N-T on the card in front of me!*"

Weda i wrthoch chi, gymerodd e amser i 'nhrowser i sychu ar ôl clywed honna. Dim ond un Grav sydd.

The Magnificent Seven

I'r byd a'r betws; Yul Brunner, Steve McQueen, Charles Bronson, James Coburn, Robert Vaughn, Brad Dexter a Horst Buchholz o'dd y *Magnificent Seven*. Ond ganol y chwedege, i bobol Betws ger Rhydaman a thrigolion Dyffryn Aman, y *Magnificent Seven* o'dd Dai 'Manora', Huw 'Doc' Davies, Hywel Williams, Owen Jones, Peter Cameron, Alan Rees, John Pugh a finne – tîm saith bob ochor Ysgol Ramadeg Dyffryn Aman. Yn 1965, o dan gapteniaeth Alan Rees, llwyddodd y saith efelychu holl gampau Yul a'i griw drwy ennill cystadleuaeth saith bob ochor yn erbyn Coleg Llanymddyfri – a do'n nhw ddim yn hapus ynglŷn â hynny alla i weud wrthoch chi. Hefyd, da'th y saith o fewn trosiad i guro Ysgol Fonedd Millfield yn rownd derfynol Cystadleuaeth Saith Bob Ochor Llanelli a chipiwyd tlws Ysgolion Uwchradd Cymru yn y gwynt a'r glaw ar gae Sain Helen yn Abertawe.

Am sawl tymor, Ysgol Ramadeg Llanelli o'dd *crème de la crème* y gêm saith bob ochor. O dan arweiniad ei hyfforddwr craff a chreadigol, Hywel Thomas, ro'dd yr ysgol wedi maeddu goreuon Prydain Fawr yn nhwrnamentau Rosslyn Park a Rhydychen, cystadlaethau o'dd yn derbyn tipyn o sylw yn nhudalennau ôl y *Daily Telegraph* adeg y Pasg. Ro'dd cefnogwyr yn tyrru yn eu miloedd i'r lleoliadau i wylio'r whare a wi'n cofio Ysgol Millfield yn gwrthod caniatâd i Gareth Edwards gynrychioli Ysgolion Uwchradd Cymru yn 1965 er mwyn iddo hybu ymdrech yr ysgol breswyl adnabyddus yn Rosslyn Park. Enillwyd y gystadleuaeth honno deirgwaith yn olynol gan fois Llanelli, diolch i chwaraewyr o safon Geoff Davies, Brian a Ken Denman, Michael a Gwyn Williams, Dennis Thomas, Stuart Davies, Wyn Richards a'r cawr o'r Hendy, Terry Price.

Yn 1963, a fynte'n dal yn y wheched dosbarth, ro'dd Terry wedi whare i Lanelli yn erbyn Seland Newydd. Dychmygwch y peth. Terry yn cnoco ar ddrws y prifathro ac yn gofyn yn garedig am ganiatâd i whare i'r Scarlets yn erbyn y Cryse Duon! Os y'ch chi'n siarad am dalent naturiol, os y'ch chi'n sôn am *superman* o ran y campau'n gyffredinol, yna Terry yw'r boi. Ro'dd popeth gydag e ac ro'dd e'n feistr ar sawl camp.

Whareues i yn ei erbyn e droeon ond ma un gêm yn sefyll mas, sef rownd derfynol Cystadleuaeth Ysgolion Uwchradd Cymru yn 1964 a'r gêm rhwng ysgolion gramadeg Dyffryn Aman a Llanelli. Ro'dd pum mil ar hugen yn bresennol ar Barc yr Arfau a'r ffefrynne Llanelli'n fuddugol o bymtheg pwynt i dri. Ond hanner can mlynedd wedi'r goten, ma 'na un digwyddiad sy'n dal yn fyw yn seler y cof.

Terry Price – o'dd e'n gwlffyn cryf a chyhyrog a hynny cyn iddo ddechre gwishgo trowsus hir – yn safle'r maswr yn torri fel cylleth o'i ddwy ar hugen gan rwygo amddiffyn bregus Dyffryn Aman yn rhacs. Rhedodd fel gwibiwr 200 metr am y llinell gais.

Pan sylweddolodd e fod saith Dyffryn Aman yn dal i loetran yn segur o gwmpas hanner ffordd fe benderfynodd Terry sefyll ble'r o'dd e ac aros i rywun mewn crys siocled a melyn (ie, ni – ac o'n, ro'n nhw'n lliwie erchyll ar diawl) redeg ar ei ôl i'w rwystro fe. Yn sefyllian yn ei ymyl o'dd y dyfarnwr Bill Heard o Fro Gwŷr ac edrychodd ar ei watsh ar ôl rhai eiliade a chosbi Terry Price am ymddygiad anfonheddig. Ro'dd y dorf yn rhyfeddu at y penderfyniad a ninne fel chwaraewyr yn *gobsmacked*.

Ro'dd saith Llanelli wedi gadael am borfeydd brasach erbyn 1965 ond ro'dd saith Dyffryn Aman flwyddyn yn hŷn ac yn hyderus ynglŷn â'u gobeithion. Yn anffodus, cheson ni ddim gwahoddiad i gystadlu yn Rosslyn Park a herio ysgolion megis Cowley, Ampleforth, Millfield, Rugby a Choleg Sant Edward, Lerpwl. Ond, fel ddwedes i, enillon ni dwrnament Coleg Llanymddyfri a dod o fewn dim (3–5) i faeddu Millfield yng Ngŵyl Llanelli. Ro'dd ein gobeithion yn uchel ar gyfer Cystadleuaeth Ysgolion Cymru a gwireddwyd y freuddwyd o gyrradd y rownd derfynol am yr eildro mewn dwy flynedd drwy ennill gêmau rhagbrofol ar gaeau Ysgol Ramadeg Castell-nedd ar fore Cystadleuaeth Saith Bob Ochor Snelling yn Abertawe.

Dôi miloedd ar filoedd i wylio'r Snelling Sevens a gynhelid ddiwedd pob tymor naill ai ar Sain Helen, Rodney Parade, neu ar Barc yr Arfau. Ro'dd pawb yn cyrradd wedi'u llwytho â digon o frechdane – spam fynychaf – i fwydo byddinoedd, a galwyni o Tizer, Kia Ora neu Cream Soda a theisennod Kunzle.

Chwaraewyd y rownd derfynol rhwng Nant-y-glo a Dyffryn Aman ar ga' Sain Helen a phymtheg mil yn ca'l eu diddanu gan ddou dîm wedi'u trwytho'n broffesiynol ar gyfer yr achlysur. Gwelwyd chwaraewyr ar brynhawn diflas o ran y tywydd yn dawnsio, gwyro, ochrgamu a gwibio, a'r dorf wrth eu boddau'n edmygu'r holl gampau. Uchafbwynt y prynhawn heb unrhyw amheuaeth o'dd cais asgellwr Dyffryn Aman, Dai 'Manora' Thomas. A'r gwynt a'r glaw ar ei waetha fe benderfynodd ein maswr, Owen Jones, godi cic i'r entrychion. Rhoddodd Owen – 'Housey' i bawb yn yr ysgol – gic fel asyn ac fe hedfanodd y bêl Gilbert leder lan i gyfeiriad y cymyle o liw piwter o'dd yn hofran yn fygythiol isel dros y ca'. Ma amheuaeth 'da fi os o'dd Dai 'Manora' ar yr asgell yn gallu gweld y pyst o'i fla'n e heb sôn am y bêl ond fe gwrsodd e ar ei hôl hi fel petai SatNav wedi'i wau yng ngholer ei grys e. Heb arafu, a heb newid ongl, fe ddisgynnodd y bêl yn gyfforddus i'w gôl ac fe wibiodd fel rhyw filgi ar drac a phlannu'r bêl o dan y pyst. Ro'dd pob cefnogwr yn yr eisteddle – a ddylse fod wedi'i chyflwyno i Sain Ffagan pan dda'th yr amser, yn hytrach na'i dymchwel gan beiriannau chwalu Mike Cuddy, gyda llaw – ar eu traed yn wyllt i gydnabod camp Dai. Ro'dd y gymeradwyaeth o gwmpas y maes yn fyddarol.

Ryw flwyddyn yn ddiweddarach, yn dilyn gêm glwb yng Nghaerdydd, fe gwrddodd Owen â Bleddyn Williams, un o hoelion wyth y gêm yng Nghymru. A'th y sgwrs rhywbeth yn debyg i hyn:

Bleddyn Williams: I'm sure I've met you somewhere before.
Owen Jones: I doubt it, sir. This is certainly the first time I've been in your presence.
Bleddyn Williams: Where do you live?
Owen Jones: I live on a farm in the Amman Valley and attend the local grammar school.

Bleddyn Williams: I remember. You instigated that quite remarkable try at St Helen's in the Welsh School Sevens – a high 'Garryowen' kick which resulted in your wing three-quarter catching the ball in spectacular fashion and sprinting for the try. That was one of the highlights of the season!

Ie, falle taw Dai o'dd Yul Brynner y tîm y prynhawn hwnnw ond ro'n i, fel bachwr, yn ddigon bodlon cymeryd rhan Bronson neu McQueen.

Ffugetholiad 1964

Ddechre Hydref 1964, yn ystod fy mlwyddyn ysgol ola yn yr ysgol ramadeg yn Nyffryn Aman, awgrymodd Mr Alun Rees, pennaeth yr Adran Saesneg, y dylid cynnal ffugetholiad ar y prynhawn Gwener cyn yr etholiad cyffredinol. Cytunodd y prifathro, Mr O. J. Evans M.Sc., er mwyn profi i'r cynghorwyr Llafur lleol (ac os nad o'ch chi'n pleidleisio Llafur yn Nyffryn Aman yn y chwedege, ro'dd rhaid bo' chi ar restr gyfrinachol MI5) fod gan bobol ifanc yr ysgol ddiddordeb mewn gwleidyddiaeth.

Ro'dd gan yr ymgeiswyr bythefnos i baratoi ar gyfer y ffugetholiad ac aethpwyd ati â brwdfrydedd i blastro walydd y coridorau di-liw â lliwiau'r ymgeiswyr, yn ogystal â chynnwys manylion sgrifenedig am eu polisïau. Ro'dd yna naws ac awyrgylch drydanol o gwmpas y lle; falle mai'r ymgeiswyr o'dd yn gyfrifol am greu'r cyffro ond 'nath y disgyblion ymateb yn rhyfeddol drwy wishgo *rosettes* lliwgar a dangos eu cefnogaeth i wahanol unigolion drwy lafarganu'u henwau yn ddiddiwedd o gwmpas y coridorau adeg egwyl. Ro'dd OJ yn dechre difaru'i fod e wedi rhoi sêl bendith i'r fath bantomeim!

Y fi a Huw Doc o'dd ymgeiswyr Plaid Cymru ac o'n i ar dân dros 'y ngwlad, diolch yn benna i ddylanwad Dad. Wi'n ei gofio fe'n sôn am y *Welsh Not* a'r ffaith ei fod e wedi derbyn stŵr yn ysgol Glanaman yn y dauddege am siarad iaith y nefo'dd. Ro'dd yna sawl athro yn yr ysgol yn Rhydaman yn gefnogol i Blaid Cymru, yn enwedig ein athro hanes, Eifion George o Gefneithin.

Ro'dd yna gyfarfod cyhoeddus gan y Blaid Lafur yn y sinema ym Mrynaman rai diwrnode cyn yr etholiad cyffredinol yn 1964 ac a'th nifer ohonon ni o'dd yn gefnogol i Blaid Cymru draw o'r ysgol, i heclo prif siaradwr y noson, sef Gwilym Prys Davies. Ro'dd e yno i gefnogi ymgeisydd Llafur Shir Gâr, y Foneddiges Megan Lloyd George. Ta waeth, ar ôl bloeddio'n gyson ar draws ymdrechion aflwyddiannus y siaradwr i ddweud ei weud, gofynnwyd i ni adael y cyfarfod – mewn geirie eraill, fe geson ni'n towlu mas! Ro'dd nifer o hoelion wyth Plaid Lafur Cwarter Bach ym Mrynaman yn anfodlon â'n hymddygiad ac fe gafodd Philip Hicks ac Alun Wyn Bevan amser caled am feiddio creu anniddigrwydd yn un o gadarnleoedd y Blaid Lafur.

Ro'dd nifer o ymgeiswyr o ddifri ynglŷn â'r ffugetholiad, a'r rheiny'n cynnwys Neil Hamilton, Aelod Seneddol Tatton yn Swydd Caer, rhwng 1983 ac 1997. Ro'dd aelode Toriaidd mor brin â gwiwerod cochion yn Nyffryn Aman yn y chwedege. Fe aned Neil Hamilton ym mhentre Fleur-de-Lys yn Sir Fynwy lle ro'dd ei dad yn beiriannydd glofaol. Anodd credu fod ei ddou dad-cu yn lowyr ond ro'dd Master Hamilton yn Dori rhonc – yn Dori o ran pryd a gwedd, yn Dori o ran anian, yn Dori o ran syniadaeth, a phawb yn gwbod ei fod e'n Dori o'r eiliad yr agorai ei geg! Ymunodd â'r Blaid Geidwadol yn bymtheg oed ac yn 1964 cyhoeddodd o lwyfan yr ysgol ei fod e, a'i *right hand man*, Roy Davies, yn aelode swyddogol, cydnabyddedig o blaid Syr Alec Douglas-Home.

Y gŵr o'dd â'i fryd ar ennill y sedd dros y Blaid Gomiwnyddol o'dd y boi tal, tene o Frynaman, Alun Wyn Bevan. Nawr, nid

Communist o'dd Bev; ro'dd ei dad yn berchen gwaith glo ar Fynydd y Gwrhyd ac yn drifo'r un math o Jaguar ag o'dd 'da Inspector Morse. Petai Stalin wedi ca'l ei ffordd fydde Bev a'r teulu wedi ca'l eu hanfon i Siberia am fod yn rhan o'r Gyfundrefn Gyfalafol! Cofiwch, mewn cwm lle ro'dd nifer o'r hen stejyrs wedi dangos teyrngarwch i'r Kremlin, fyddech chi'n dishgwl y bydde *rhywun* wedi gwirfoddoli i fod yn 'Comrade' ac wedi ymladd y sedd yn ei le fe. Ro'dd Ianto Red, tad yr hyfforddwr rygbi Ieuan Evans, yn *commie* tanbaid, ac aelode niferus o glwb y Pick and Shovel yn Rhydaman yn dangos eu cefnogaeth i'r blaid. Ond, 'na fe, falle mai ymuno o'n nhw am fod y cwrw'n rhatach nag yn unman arall . . .

Ond fe dderbyniodd Bev yr her o ddifri a threulio pob amser whare ac amser cinio yn dylanwadu'n dawel ar ddisgyblion ifanca'r ysgol. 'Ma'ch pleidlais chi'n bwysig,' o'dd ei gyngor iddyn nhw, a phetai *bookie* wedi bod ar dir yr ysgol, fe fydde'r *Muscovite* yn ffefryn clir ar gyfer cipio'r sedd. Cerddai o gwmpas y campws a chopi dyddiol o'r *Morning Star* o dan ei gesail a rhaid cyfadde 'mod i, ac yn sicr cynrychiolwyr y Blaid Lafur, yn dechre gofidio. Rywsut ro'dd e wedi ca'l gafel mewn cot aea' hir drwchus o'dd yn debyg i'r un a wishgodd Omar Sharif yn y ffilm *Doctor Zhivago*; chi'n gwbod, y got 'na gadwodd Julie Christie yn gynnes ar blatfform stesion rywle sha Minsk. Ac ar ddiwrnod yr etholiad fe gerddodd mei lord ar y llwyfan yn ei got, yn ogystal â gwishgo het ffwr a nodweddai'r *Cosacs* am genedlaethau. Ro'dd y diawl bach wedi llwyddo i gasglu degau ar ddegau o bleidleisiau cyn i'r areithie ddechre!

Cofiwch, ro'n i'n hyderus. Ro'dd hi'n gyfnod cyffrous i Blaid Cymru yn Shir Gâr, rhyw ddwy flynedd cyn buddugoliaeth Gwynfor Evans yn 1966. Ro'dd nifer fawr o drigolion Dyffryn Aman yn barod i gefnogi plaid arall heblaw'r blaid Lafur. Yn amal ma plant yn dilyn eu rhieni a falle dyna ddigwyddodd y prynhawn hwnnw oherwydd pan aethpwyd ati i gownto'r pleidleisiau, Plaid

Cymru a'th â hi o drwch blewyn gyda'r Comiwnyddion yn ail. Yn rhyfedd, do'dd y Blaid Lafur ddim yn y ras. Yn ei araith danbaid fe addawodd Bev dunnell o lo i bawb a bleidleisiai iddo! Fe fydde'i dad, fel Syr William Paxton yn Sir Gaerfyrddin yn 1802, wedi mynd yn *bankrupt*! Diawch, bues i bron â phleidleisio drosto fe'n 'unan!

Fe a'th pethe'n itha personol ar y llwyfan – Neil Hamilton yn winad mai ond pedair pleidlais dda'th i ran y Toris, ac o'dd rhai yn gweud fod y prifathro O. J. Evans yn bendant wedi bwrw pleidlais iddo; Bev yn pwynto bys ata i, yn bychanu'n araith i, ac yn gweud wrtho i am fynd 'nôl i Sorrento! Chi'n gweld, fe ddes i'n ail yn yr Unawd Bechgyn dan 18 yn Eisteddfod Genedlaethol yr Urdd Brynaman yn 1963 ac ro'dd pawb yn yr ysgol yn 'y nghysylltu i â'r gân 'Torna a Surriento' neu 'Dewch 'nôl i Sorento'. Ro'dd hon yn un o'r caneuon yn fy *repertoire*.

Ro'dd y ffugetholiad yn 1964 yn sicr wedi creu cryn gyffro oherwydd yng nghofnodion presennol Cymdeithas Hanes ac Archaeoleg Dyffryn Aman ma 'na gyfeiriad at yr hyn ddigwyddodd. Atgofion melys!

O. N.
Ar ôl ymgyrchoedd aflwyddiannus yn Abertyleri, gogledd Bradford a gorllewin Bournemouth, penderfynodd trigolion Tatton ethol Neil Hamilton yn Aelod Seneddol yn 1983. Ond yn ddiweddarach, yn dilyn achos llys, cyhuddwyd Mr Hamilton o ymddygiad amheus yn dilyn y sgandal 'Cash for Questions' yn San Steffan. Ro'dd cyn-ohebydd rhyfel y BBC, Martin Bell, yn wallgo ynglŷn â'r digwyddiade, yn meddwl bod ei ymddygiad y tu hwnt o anfoesol, a phenderfynodd herio Hamilton yn etholiad 1997. Etholwyd Mr Bell i San Steffan ar ran Tatton â thros 11,000 o fwyafrif. Ro'dd gyrfa wleidyddol Neil Hamilton ar ben. Anfones i lythyr at Martin Bell yn ei longyfarch, gan ychwanegu'r cymal

fod rhywbeth 'da ni'n gyffredin – sef bod y ddou ohonon ni wedi rhoi crasfa i gyn-ddisgybl Ysgol Ramadeg Dyffryn Aman mewn etholiad! Ges i gyment o bleser o dderbyn ymateb twymgalon o swyddfa Martin Bell yn cymharu nodiade.

Rhaid cripad cyn cered!

'Cofia weud y gwir!'

Cyngor a dderbynies pan o'n i'n grwt bach ac yn ddisgybl ifanc mewn trowser byr yn ysgol y babanod Glanaman, a rhaid cyfadde 'mod i, ar y cyfan, wedi bod yn driw i orchymyn Mam a Dad a'r athrawon drwy gydol 'y mywyd. Neu dyna wi wedi trial neud beth bynnag. A finne'n ail-fyw'r dyddie yn yr ysgol ramadeg nawr, ga i gydnabod mai diog a difater o'n i yn ystod y blynyddo'dd cynnar yn y sefydliad academaidd ar lannau afon Aman. Yn syml, do'n i byth yn mynd i ddilyn llwybrau Albert Einstein – sgrabyn mewn i'r ysgol wnes i! Ma ffrind agos i fi, Garth Morgan o Frynaman, sy'n gymeriad a hanner, yn gweud yn amal mai dyna i gyd 'nath e gyda'i amser yn yr ysgol uwchradd fodern o'dd shapo pethe mas o Plasticine. Cofiwch chi, ma'n amlwg 'nath yr athrawon waith da â'r hen Garth, gan ei fod e erbyn hyn bron yn gystal sâr â Joseff ei hunan, ac yn ennill dipyn mwy o arian na fi 'ed!

Trefen yr uwch athrawon yn y flwyddyn gynta o'dd gosod y sgolars yn nosbarth A, y plant addawol yn nosbarth B a'r gweddill yn nosbarth C; a gyda set y *stragglers* C fues i tan i fi sefyll lefel O bum mlynedd yn ddiweddarach. A bod yn onest, o'dd yn rhaid i fi dreulio blwyddyn ychwanegol yn y pumed dosbarth ac ailsefyll lefel O oherwydd i fi ga'l canlyniade siomedig, ond dynnes i 'mys mas yr eildro a chyrradd y wheched dosbarth yn ddisgybl dipyn mwy aeddfed a phenderfynol.

Ddim yn amal ma rhywun yn gwbod cyfanswm ei farc cyn i'r papure arholiad ga'l eu dychwelyd. Ond yn dilyn arholiad Algebra

yn 1961 ro'n i'n gwbod yn nêt taw *zero* fydde'r cyfanswm – do'n i
ddim wedi dangos unrhyw ddiddordeb yn y pwnc, heb ymdrechu
o gwbwl, y llythrenne yn *double Dutch* ac yn llawn haeddu pryd o
dafod gan yr athro a'r prifathro. A bod yn deg â'r athro, Llewelyn
Williams, neu Llew i'r disgyblion – fe alwodd e fi mas o fla'n y
dosbarth a sibrwd yn 'y nghlust, 'Sori, Hywel. Fe dries i 'ngore
i ga'l un marc i ti.' Yn eironig ddigon, ma Catrin y ferch erbyn
hyn yn bennaeth yr Adran Fathemateg yn Ysgol Gyfun Gymra'g
Llangynwyd ym Maesteg – ma'n amlwg ga'th hi *frains* ei mam!

Ond er nad o'n i'n disgleirio yn yr ystafell ddosbarth ro'n
i'n mwynhau bywyd yn Rhydaman gan fod y diddordeb o'dd
gen i yn y campau a cherddoriaeth yn golygu 'mod i'n cymeryd
rhan mewn ystod eang o ddigwyddiade yn ystod fy amser yn yr
ysgol. Ro'n i'n gapten tîm rygbi Ysgolion Dyffryn Aman dan 15
a gyrhaeddodd rownd gyn-derfynol Tarian Dewar, yn fowliwr
cyflym ac yn dipyn o glatshwr yn nhîm criced yr ysgol, yn ogystal
â bod yn unawdydd adeg cyngherdde ac eisteddfode'r ysgol a'r sir.
A'th tîm rygbi'r ardal ar daith i Rydychen yn ystod fy mlwyddyn
i fel capten, a Brian 'Pedrick' Thomas (asgellwr a gynrychiolodd
Gymru dan bymtheg a thîm ieuenctid Cymru'n ddiweddarach)
a finne'n aros dros nos gyda theulu yn y ddinas. Fe drion nhw'u
gore glas i ga'l ni'n dou i fyta hadog melyn i frecwast – do'n i erio'd
wedi gweld pysgodyn o'r fath a buodd rhaid i fi wrthod. Do'dd
Brian ddim am fod yn anghwrtais a chytunodd i flasu'r blincin
pysgodyn a theimlo'n ddiflas weddill y bore. Dyna ni felly, gwers
arall wedi'i dysgu, cadwch bant o bysgod melyn.

A bod yn onest do'dd dim llawer o amser i werthfawrogi
prydferthwch merched yr ysgol tan o'n i yn y wheched dosbarth.
A do's dim amheuaeth 'da fi mai'r diddordeb yn y pethe ar yr
ymylon 'nath sorto fi mas yn academaidd.

Yn 1963, a finne yn y pumed dosbarth am yr eildro,
llwyddes i gipio'r wobr gynta yn eisteddfode cylch a sir yr

Urdd a chynrychioli Shir Gâr yn Eisteddfod Genedlaethol yr Urdd ym Mrynaman. Fel arfer ma cystadleuwyr yn ca'l teithio milltiroedd ar fws ac aros yng nghartrefi pobol ddierth mewn rhannau gwahanol o Gymru ond taith fer ar fws James lan tyle'r Waun i bentre'r Gwter Fawr o'dd y wobr dda'th i'n rhan i! Ta beth, ro'dd Mam ac Anti Jennie, o'dd yn byw ar Hewl Llandeilo ym Mrynaman, ac athrawon yr ysgol yn hynod bles pan ges i lwyfan. 'Duw a Fedd y Dwyrain Maith' o'dd yr unawd, gydag Iwan Guy yn hawlio'r wobr gynta a finne'n dod yn ail. Fe ddes i'n drydydd ym Mhorthmadog ymhen blwyddyn ac yn ôl pob tebyg fe arhosodd criw o ffrindie ar ôl yn 'rysgol i wrando ar y gystadleuaeth ar y radio. Yr adeg honno, 'nôl yn y chwedege, do'dd yna ddim wthnos o wylie i blant Shir Gâr fel sydd heddi – tridie, ac ro'n nhw 'nôl yn yr ysgol. Da'th 'y ngyrfa i fel unawdydd i ben y diwrnod hwnnw; mwynhau'r canu, casáu'r cystadlu!

Dylanwadu ac ysbrydoli

Wi'n cyfadde fod y blynyddo'dd yn yr ysgol ramadeg wedi bod yn rhai hapus a dedwydd ac ma'r atgofion o gyfnod o'dd bron i hanner can mlynedd yn ôl yn dal yn rhai melys a chofiadwy. Rhyfedd meddwl fod ugeinie o ffrindie ysgol yn dal yn ffrindie agos ac ma'n braf gweud 'mod i'n eu gweld yn gyson ac yn meddwl y byd ohonyn nhw, o hyd. Ro'dd 'da fi feddwl mawr o'r athrawon hefyd – rhai yn arbenigwyr ar y grefft o drosglwyddo gwybodaeth i'w disgyblion, yn eu herio a'u hysbrydoli'n ddyddiol, ac eraill yn bobol barchus o'dd yn hynod boblogaidd oherwydd personoliaeth a natur ddymunol a'u cymeriad hynaws.

Ma dyn yn meddwl am Mr Roger Thomas, neu Tommy *Sci* fel o'dd e'n ca'l ei nabod gan y disgyblion, dyn a ddioddefodd amser caled yn ystod y Rhyfel Byd Cynta ond yn un o'r bobol fwya bonheddig a chwrtais a gwrddes i yn 'y myw. Un arall a greodd argraff arna i o'dd y dirprwy brifathro a'r athro Bioleg, Orlando Evans, cawr o ddyn o ran corff ac enaid. Ddysgodd e byth mohono i ond ro'dd pawb yn ei ganmol fel athro ac fe ddes i'w nabod e pan fydde fe ar ddyletswydd ar fore Sadwrn gyda'r timau rygbi a chriced. Ro'dd yna ymdeimlad pendant o gymuned yn yr ysgol, a'r athrawon o'dd yn benna cyfrifol am hynny.

Ro'dd 'na dîm pêl-rwyd llwyddiannus yn Rhydaman, a'r athrawes Marian Williams, a fu'n ddyfarnwraig ryngwladol, yn trwytho'r merched amser cinio ac ar ôl ysgol. Datblygodd cystadleuaeth iach rhwng y bechgyn a'r merched ar gownt y canlyniade, gyda hynt a helyntion y penwythnos yn ca'l eu cyhoeddi o lwyfan neuadd yr ysgol ar fore Llun. Llwyddodd Susan Hunt, Sheila Watkins (y bues i'n gariad iddi am gyfnod) a Carol Jones gynrychioli Cymru dan 18, a Carol yn mynd yn ei bla'n i whare dros dîm hŷn Cymru. O'dd y merched yn dda iawn, er sa i'n gwbod a fydden ni fois yn cyfadde hynny ar y pryd.

Tua 1963 penodwyd John Elgar Williams yn athro Hanes ac yn hyfforddwr tîm rygbi'r ysgol. Ro'dd e'n whare fel cefnwr i Lanelli ar y pryd, ac wedi whare mewn gêm brawf derfynol i Gymru ym Mhenarth. Disgrifiwyd John yn y *Western Mail* a'r *Evening Post* fel cefnwr o'dd yn hoffi gwrthymosod yn reddfol, yn ogystal â bod yn gwbwl ddi-ofn yn amddiffynnol. Ro'dd hyd yn oed papure Llundain yn ei ganmol am un dacl anhygoel ar wibiwr Lloegr a'r Llewod, John Young. Ro'dd asgellwr Lloegr, Young, yn cynrychioli Harlequins yn Twickenham yn erbyn y Scarlets ac yn rhedeg nerth ei dra'd i gyfeiriad y llinell gais. Ond, yn ôl y gohebydd nid anenwog Peter West, yn *The Times*, fe hedfanodd John Elgar ar draws y ca', amseru'r dacl yn berffeth a hyrddio Young druan i ganol byrdde hysbysebu Twickers. O dan ei arweiniad ef mynnodd John Elgar fod tîm cynta Ysgol Dyffryn Aman yn whare gêm anturus drwy rhedeg a bygwth o bob ran o'r ca'.

Un a dda'th â'r gore mas ohono i yn yr ystafell ddosbarth adeg lefel O o'dd yr athrawes Saesneg, Miss Celia Prout. Ro'dd hi'n lico acto, a'i dull anghonfensiynol, anffurfiol ynglŷn â'i thestun yn apelio'n fawr i rywun anghonfensiynol ac anffurfiol fel fi. Yn sicr, o dan ei harweiniad hi fe ddes i mas o 'nghragen a dechre datgan barn yn gyhoeddus am wahanol bethe. Rhyfedd shwd ma pobol yn yr ysgol a'r gymuned yn gallu agor drws i feysydd amgenach i bobol ifanc. 'Na pam ma hi mor bwysig bod pobol o bob oedran yn cymysgu ac yn dylanwadu ar ei gilydd.

Pennaeth yr Adran Hanes yn Rhydaman o'dd Eifion George a fe yn anad neb arall 'nath gynnau cannwyll cenedlaetholdeb yn 'y nghalon i. Ro'n i'n lico hanes fel pwnc, diolch i ymdrechion John Elgar yn y pumed dosbarth. Ond llwyddodd gwersi Mr George ar hanes Cymru yn y whech ed danio'r dychymyg a neud i fi deimlo 'mod i'n perthyn. Yr ail bwnc ar gyfer lefel A o'dd Ysgrythur neu Astudiaethau Beiblaidd a nifer o'n ffrindie yn fy mhoeni 'mod i wedi penderfynu astudio'r maes yn unig er mwyn sicrhau 'mod i'n ennill cap dros Gymru, wa'th ro'dd yr athro, Bryn Roberts sef tad y Parchedig Ganon Enid Morgan a thad-cu yr actor Geraint Morgan, yn un o ddewiswyr tîm rygbi Ysgol Uwchradd Cymru dan 18. Celwydd noeth o'dd hynny wrth gwrs! Do'dd yna ddim pwnc arall allen i fod wedi astudio! Ar ôl gwastraffu amser am chwe mlynedd fe benderfynes i dorchi llewys yn y whech ed dosbarth a'r canlyniade Lefel 'A' yn rhai boddhaol – gradd A yn Hanes ac C yn Ysgrythur.

Ond ro'dd yna un athro yn yr ysgol o'dd yn ffefryn personol 'da fi. A bod yn onest ro'dd e fel tad i fi ac yn dadol i bob plentyn a dda'th o dan ei ofal. Yn syml, ro'dd pawb – yn ddisgyblion ac yn athrawon – â pharch mawr tuag ato. Athro Addysg Gorfforol o'dd Glyn Adams, yn byw ar Hewl Wernddu yn Rhydaman ond yn hanu o Ystalyfera yng Nghwm Tawe. Ro'dd e'n deall ei bwnc yn gyfan gwbwl, yn paratoi yn gydwybodol ac wedi gorffen ei gwrs addysg yn Nenmarc, un o'r gwledydd cynta yn y byd i weddnewid ei chwricwlwm a chyflwyno addysg gorfforol i fechgyn a merched yn eu hysgolion. Ro'dd safonau uchel ganddo o ran disgyblaeth, yn mynnu fod y bois o dan ei ofal yn gwishgo'n drwsiadus yn y gampfa hyd yn oed. Ro'dd 'yn ffrind i, Dai 'Manora', yn dalentog mewn gymnasteg ond yn casáu gwishgo *jock-strap*, ac ro'dd ei weld e'n mynd tin-dros-ben ar y ceffyl a'i 'focs toys' yn y golwg i gyd ddim yn plesio Mr Adams, ddim un tamed.

Er ei fod e'n byw yn Rhydaman, ro'dd e'n ffyddlon i'w gapel yn Ystalyfera drwy gydol ei fywyd. Ddwywaith ar y Sul fydden i'n ei weld yn gyrru drwy bentre Garnant ar y ffordd i Gapel Jerusalem, Ystalyfera, lle ro'dd e'n flaenor ac yn organydd. Ro'dd e hefyd yn dysgu algebra i ddisgyblion y flwyddyn gynta, ac er nad o'dd e'n fathemategydd fel y cyfryw, ro'dd e'n athro dawnus, ac yn trosglwyddo ffeithiau yn glir a chryno. Rygbi o'dd y gamp i'r bechgyn yn Rhydaman ond fe sylweddolodd Mr Adams yn gyflym fod dawn arbennig gan Dai Davies ar y maes pêl-droed – 52 o gapiau yn y gôl i Gymru, o'dd e ddim yn rong, o'dd e? Felly a'th Mr Adams yn ei fla'n i drefnu sesiynau arbennig i Dai yn ei amser sbâr gan ei fod e'n gwbod ei stwff.

Ma 'na un digwyddiad adeg ein gwersi haf yn aros yn y cof o'r cyfnod hynny. Mas ar lain criced yr ysgol o'n ni, a finne'n bowlio i Alun Wyn Bevan gyda Mr Adams yn aros y tu ôl i'r wicedi fel dyfarnwr. Nawr, o'n i'n fowliwr itha cyflym a slipws y bêl gorc, galed, goch mas o 'ngafel i a mynd ar dipyn o gyflymdra i gyfeiriad pen y batiwr o Frynaman. Fe lwyddodd e i osgoi'r taflegryn, aros yn stond a bloeddio'n ddig arna i, '*Bloody hell*, Evans!' Yn syth, a heb feddwl dim, fe bwyntiodd Mr Adams at y ffin a datgan yn awdurdodol, 'Alun Bevan . . . bant! Ma iaith o'r fath yn *gwbwl* annerbyniol!' O'n i'n teimlo 'bach yn euog. Ma miloedd ar filoedd wedi ca'l eu hala bant yn whare pêl-droed a rygbi ond Alun Wyn Bevan yw'r unig un, am wn i, sy wedi ca'l y garden goch ar ga' criced! Ha, ha, ha!

Cân yr ysgol

Ond yn yr ysgol mi ges
Lesyns History, lesyns Geography,
Lesyns Inglish o hyd ac o hyd,
Ac ambell i lesyn yn Welsh, chwarae teg
Am mai Cymro bach oeddwn i.

Ar ôl iddo basio'r 11+ yn Ysgol Iau Brynaman, fe dreuliodd Dafydd Iwan flwyddyn yn Ysgol Ramadeg Dyffryn Aman cyn i'r teulu symud i Lanuwchllyn yng nghanol y pumdege. Ma'n rhai'n gweud mai'r profiad yn yr ysgol ar lannau afon Aman a esgorodd ar 'Cân yr Ysgol' lle ma Dafydd yn barnu'r system addysg a'r ysgol am eu safiad gwrth-Gymreig.

Fe ddechreues i yn yr ysgol uwchradd hon ym mis Medi 1957 a rhaid cyfadde mai Saesneg o'dd y cyfrwng dysgu ym mhob un pwnc heblaw am y Gymra'g. O leia ro'dd hynny'n rhywfaint o welliant o'r cyfnod pan o'dd Syr John Morris-Jones yn darlithio yn y Gymra'g ym Mhrifysgol Bangor a hynny drwy gyfrwng y Saesneg! Anodd credu, on'd yw e?

Ta waeth, dyna o'dd y drefen yng Nghymru 'nôl yn y pumdege a'r chwedege yn y mwyafrif o'r ysgolion yn y broydd Cymra'g a Chymreig. I radde helaeth, Saesneg o'dd iaith y dosbarth a Chymra'g yn iaith yr iard. Agorwyd yr ysgol uwchradd cyfrwng Cymra'g gynta, sef Ysgol Glan Clwyd, yn Llanelwy yn 1956, a Rhydfelen yn agor ei drysau ym Mhontypridd yn 1962.

Yn Nyffryn Aman, lle ro'dd tua naw deg y cant o'r boblogaeth yn Gymry Cymra'g rhugl yn 1961, Cymra'g o'dd cyfrwng dosbarthiade'r babanod yn yr ysgolion, ond erbyn i'r disgyblion symud i'r adran iau yn saith oed, ro'dd y pwyslais ar y Saesneg. Dyna o'dd y drefen yn ysgolion Dyffryn Aman oni bai am ffrydiau cyfrwng Saesneg yn Rhydaman, Parc-yr-hun a Thŷ-croes; felly ro'dd rhai plant yn cyrradd yr ysgol uwchradd yn 11 oed heb fawr o Gymra'g. Ond, yn rhyfeddol, gan gofio'r system ar y pryd, Cymra'g o'dd iaith yr iard, a phetai plentyn yn cofrestru yn ysgolion cynradd Dyffryn Aman o gefndir di-Gymra'g ro'n nhw'n gorffod ymdopi â'r iaith neu ga'l eu hanwybyddu gan eu cyfoedion. O ganlyniad, ro'n nhw'n rhugl mewn misoedd a'u cydddisgyblion yn benna cyfrifol am y trwytho.

Clywais droeon am esiamplau yng Nghymru lle ro'dd disgyblion wedi hen adael yr ysgol uwchradd cyn sylweddoli fod sawl aelod o'r staff yn medru'r Gymra'g yn iawn, yn hollol rugl. O leia, o 'mhrofiad i, do'dd hyn ddim yn wir am Ddyffryn Aman. Ro'n i'n gwbod yn nêt pwy o'dd y Cymry Cymra'g, a whare teg, ro'dd pob un ohonyn nhw'n defnyddio'r Gymra'g wrth sgwrsio ar goridorau'r ysgol, yn y cantîn ac yn gymdeithasol hefyd. Ac er na ddysgon nhw fi erio'd, Cymra'g o'n i'n siarad â phennaeth yr Adran Saesneg, Enoch Thomas, a phennaeth yr Adran Ffiseg, Euros Rees. Ond yn sicr, ro'dd angen Cymreigio'r sefydliad – falle ddylse'r Adran Gymra'g fod wedi ymladd ei chornel a brwydro'n galetach dros yr iaith. Ro'dd rhywfaint o Gymra'g 'da'r prifathro, O. J. Evans, ond ry'n ni'n sôn fan hyn am gyfnod pan o'dd neb yn cwestiynu'r system addysg, a rhieni byth yn meiddio cwestiynu dulliau a chyfrwng y dysgu.

Do's dim amheuaeth fod nifer fawr o Gymry Cymra'g yn ca'l cam pan fydde'r prifathro'n ymweld ar ddiwedd yr ail flwyddyn ac yn cymharu marciau arholiad y disgyblion o ran y Ffrangeg a'r Gymra'g cyn penderfynu drostyn nhw pa bwnc fydden nhw'n ei astudio o hynny mla'n. Ar ôl dwy flynedd, Ffrangeg neu'r Gymra'g o'dd y dewis. Anhygoel! Ro'dd tynged sawl ffrind o dop y Cwm yn ca'l ei benderfynu mewn amrantiad, a nhwythau ond yn dair ar ddeg oed.

Ro'dd y Gymra'g yn ca'l lle amlwg adeg Dydd Gŵyl Ddewi ac eisteddfod yr ysgol yn ddigwyddiad hynod bwysig. Ro'dd llysoedd Hywel, Llywelyn, Dewi a Glyndŵr yn brwydro am glamp o darian, ac am fis a mwy bydde'r capteniaid yn cymell holl blant yr ysgol i gystadlu'n frwd er mwyn cipio'r tlws. Bues i'n gapten ar Hywel yn ystod 'y mlwyddyn ola. Cynhaliwyd ymarferion amser cinio ac ar ôl ysgol, ac ambell blentyn yn cystadlu am y tro cynta yn eu bywyd.

Mewn ardal mor Gymreig a Chymra'g fe ddylse'r ysgol fod wedi boicotio'r diwrnod gan ddadle, 'Mae'n Ddydd Gŵyl Ddewi fan hyn drwy gydol y flwyddyn. Cymry y'n ni.' Ond nid fel 'na ro'dd hi. Ches i erio'd gyfle i gymeryd rhan mewn drama yn yr ysgol – ro'dd pob cynhyrchiad a lwyfannwyd yn ystod fy nghyfnod i yn digwydd yn y Saesneg.

Heddi, ma pethe'n dipyn gwahanol yn Nyffryn Aman fel mewn sawl cwm arall yng Nghymru – pyncie yn ca'l eu cynnig yn yr iaith Gymra'g a mwy a mwy yn cymeryd mantais o hynny, ond colli tir ma'r iaith fel iaith lafar. Smo hi'n iaith yr iard mwyach. Fe fydd plant yn siarad Cymra'g dros y bwrdd brecwast ond yn ymgolli'n llwyr yn yr iaith Saesneg ar ôl cau drws y bac ben bore. Cyn gêm ryngwladol yng Nghaerdydd, fe fydd saith deg mil a mwy yn canu nerth eu pennau, 'Ein gwrol ryfelwyr, gwladgarwyr tra mad . . .' ac yna'n cico'r iaith Gymra'g dros yr ystlys. Ma'r balchder dros ein hiaith, o'dd yn rhan annatod o'n gwneuthruriad ni yn y gorffennol, wedi breuo, datgymalu a datod.

Dechre torchi llewys!

Yn amal, pan wi'n ca'l anhawster cysgu, wi'n meddwl am ddyddie ysgol a choleg ac am gyfnode cofiadwy yn 'y mywyd i. Fel wi ishws wedi gweud, do'n ni ddim yn gyfoethog fel teulu ac ro'dd pob c'inog yn help mawr i gadw'r ddisgyl yn wastad gartre. Fe ddechreues i helpu Jac y Lla'th adeg gwylie ysgol pan o'n i'n rhyw un ar ddeg o'd, a Jac yn ddibynnol bryd hynny ar gart a cheffyl. Rhai blynyddo'dd yn ddiweddarach, ei fab, Wyn, brynodd y cerbyd letric cynta yn Nyffryn Aman, a ninne o ganlyniad yn cwpla'r rownd yn gynt. Ro'n i'n codi am hanner awr wedi pedwar y bore ac yn dod i ben sha canol y prynhawn. Rhaid gweud, do'n i ddim yn or-hoff o'r job o gasglu'r arian gan fod rhai wedi perffeithio'r grefft o raffu celwydde a rhestru esgusodion reit gredadwy. Ro'dd un fenyw yng Nglanaman am i fi ddod mewn i ga'l disgled o de 'da hi bob tro. Diolch i'r drefen 'nes i wrthod ne' fydden i wedi bod ar dudalen ffrynt y *Guardian* lleol wi'n credu! Fe redes i filltir gyflyma 'mywyd i un prynhawn pan sylweddolodd ei gŵr fod yna fil sylweddol i'w dalu; fe ges i'r arian ond wi'n dal i glywed e'n sgrechen at ei wraig druan.

Ces swydd ddou haf yn olynol fel porter yn ysbyty Glanaman yn helpu Ron James a Ron Timothy – y ddou Ron. Yn y chwedege ro'dd yr ysbyty yn lle bishi ac yn yr Uned Famolaeth y ganed holl fabanod Dyffrynnoedd Aman a Thywi a Chwm Gwendraeth. Un fantes fawr o weithio yno o'dd ca'l blasu *rissoles* Gwyneth y gogyddes, y rhai mwya blasus a dastes i erio'd. Des i nabod un o'r cleifion yn dda – yr hen Wbre, cymeriad a hanner; ro'dd e'n dodi cap ar ei ben yn y gwely ac yn mynnu gwishgo cap gwahanol ar ddydd Sul. Y newyddion da – mewn amser lle ma canoli a chau ysbytai'n digwydd yn rhy amal o'r hanner – yw gweld fod dryse Glanaman yn dal ar agor a'r ysbyty'n parhau i wasanaethu'r gymuned.

Erbyn hyn o'n i'n tyfu ac yn dechre datblygu'n gorfforol. Fe lwyddes i ga'l swydd dros dro adeg coleg gyda chwmni adeiladu Zammit o Lanelli, cwmni â'i wreiddiau ar Ynys Malta. Ro'n nhw wrthi'n lledaenu a chryfhau pont dros afon Garw ym Mrynaman. Ro'dd y gwaith yn galed ac yn egnïol, yn dreth ar y cyhyrau ond yr arian yn ardderchog, ac ar ddiwedd shifft ro'n i'n barod i fynd i'r gwely. Ro'n ni'n ca'l ein talu bob prynhawn dydd Iau a'r mwyafrif o'r gweithwyr yn galw yn nhafarn Tregib ar Hewl Cwmgarw i dorri'u syched, ond bu'n rhaid i fi fod yn ofalus! 'Gwitho'n galed ac yna rhoi'r enillion i goffre cwmni Buckley's? Nefer in Ewrop gw' boi!' Dyna o'dd ymateb Dad.

Nid Hywel a Blodwen, ond Hywel a Brigitte!

Tase Mam yn gwbod 'mod i wedi mentro i Hall y Waun ar 'y mhen 'yn hunan i weld Brigitte Bardot yn y ffilm *And God Created Woman*, fydde hi wedi ca'l haint. Pan ofynnwyd y cwestiwn, 'Ble ti'n mynd, Hywel?' wedes i ddim unrhyw anwiredd. Ro'dd yr ateb, 'I'r sinema,' yn gwbwl dderbyniol a Mam a Dad yn meddwl mai mynd i Siew Sam i weld rhyw gartŵn neu ffilm gowboi o'n i. Ond fe ddales i fws ar bwys y Raven i Wauncaegurwen gan obeithio fydde'r *cashier* tu ôl i'r ddesg yn caniatáu mynediad i fachgen pymtheg oed. Nid fi o'dd yr unig un dan oedran yno'n gwylio ffilm â golygfeydd rhywiol ar gyfer cynulleidfa o oedolion. Hall y Waun o'dd yr unig sinema ym mhen ucha Dyffryn Aman i ddangos ffilms *risqué*, achos, chi'n gweld, ro'dd diaconiaid a phobol barchus y gymuned ar bwyllgore rheoli sinemâu Cwmllynfell, Brynaman, Garnant a Glanaman!

Ro'dd nifer go dda lan llofft yn Neuadd y Gweithwyr, Gwauncaegurwen, ar y noson honno, a finne'n fachgen ifanc cegrwth yn tyfu lan mewn awr a hanner. Ro'dd Brigitte, ar ddechre'r chwedege, wedi disodli Marilyn Monroe fel *sex symbol* y cyfnod. Ro'n i am ei gweld, a rhaid gweud ei bod hi'n hynod osgeiddig, siapus a phrydferth. A bod yn onest, ro'dd y golygfeydd yn chwerthinllyd o ddiniwed o'u cymharu â beth ma'n pobol ifanc ni yn eu gweld heddi ar y sgrin fach, a hynny cyn naw y nos. Ond redes i yr holl ffordd lawr Tyle'r Waun y noson honno gan deimlo rhyw euogrwydd mawr ac o'n i'n argyhoeddedig 'mod i wedi pechu. Bydde Mam a Dad yn tampan petaen nhw wedi ca'l gwbod! Ma breuddwyd ges i'r noson honno'n dal yn fyw yn y cof – finne a Brigitte yn cyfarfod ar gomin y Waun ac yn cerdded law yn llaw i gyfeiriad yr East Pit yn Nhairgwaith! Ah . . . *C'est la vie!*

Fe dorres i'r gyfreth unwaith eto adeg yr holl gyhoeddusrwydd yn ymwneud â'r ffilm *Psycho*. Ro'dd pawb a phobun am weld y ffilm gyffrous o stabal Alfred Hitchcock, a phosteri lliwgar tu fas i Hall y Cwm yn denu sylw crwtyn ifanc fel fi. Ro'dd staff y sinema yn y Garnant yn gwbod yn nêt 'mod i o dan oedran ond fe snîces i mewn a cha'l llond twll o ofan pan 'nath y Ditectif Milton Arbogast gamu gan bwyll, slow fach, lan y stâr a'r fam yn ymddangos o rywle cudd . . . a'i ladd e! Dyna o'dd Hitchcock ar ei ore. Falle 'nath y ffilm ddylanwadu ar 'yn isymwybod a llywio 'nyfodol i fel actor.

Ar ras i'r ysgol Sul

Anghredadwy i chi, falle, ond ro'n i'n un o ffyddloniaid Capel Bethesda Glanaman yn ystod dyddie ysgol. Ro'n i'n bictiwr ar y Sul, yn gwishgo siwt a thei a'r sgitshie'n sheino fel *glass* ar gyfer yr oedfaon. Ro'dd Mam yn mynnu 'mod i'n bresennol yn y capel ond do'dd dim rhaid iddi weud dim ambytu mynychu'r ysgol Sul. Y fi fydde'r cynta i adael y tŷ! Ro'n ni'n griw lwcus ym Methesda gan fod yr athrawes, Mrs Beti Edwards, ymhell o fla'n ei hamser, a finne ynghyd ag Alan Jones Brynlloi, Dai Howells a ymfudodd i Awstralia, Ann Williams, Hywel Williams a Mair Howells y Chemist ac Yvonne Edwards yn fythol bresennol. Un arall o aelode'r dosbarth o'dd Vera Stephenson; wi'n ei chofio yn whare rhan Annie Oakley mewn operetta yn Hall y Cwm, ei llais peraidd yn swyno'r gynulleidfa. Do's 'na ddim tegwch yn yr hen fyd 'ma a phetai Vera wedi bod yn y man iawn ar yr amser iawn fe fydde hi wedi swyno'r West End a Broadway, 'sdim dowt 'da fi am hynny.

Cyfrinach Beti Edwards o'dd ei gallu i blethu problemau cyfoes y chwedege yng Nghymru â damhegion a storïau o'r Beibl. 'Pwy o'dd yr arwyr yn stori'r Mab Afradlon, a phwy o'dd y dihirod?' gofynnai Beti. 'A alle stori o'r fath fod yn berthnasol i ni yma yng Nglanaman heddi?' Ro'dd pob Wan Jac ohonon ni'n gwrando'n astud, ac o ganlyniad i'w dull cartrefol, yn cyfrannu'n helaeth i'r drafodaeth. Fe fydden ni'n trafod materion cyfoes gan gynnwys erthylu, tor-priodas, effeithiau alcohol a chyffuriau, *euthanasia*, problemau'r Trydydd Byd, ac yn y bla'n. Do'dd dim na allen ni drafod. Ac ro'dd gwleidyddiaeth yn amal yn codi'i phen, gyda phenderfyniade gwahanol lywodraethau, wrth drin a thrafod eu thrigolion, yn golygu ein bod ni fel pobol ifanc yn gorffod gwrando ar newyddion y dydd, a darllen y papure dyddiol er mwyn ffurfio barn a bod yn barod i drafod.

Diolch i ymdrechion Dr Frank a Mrs Muriel Powell, o'dd yn aelode yng Nghapel Bethel Newydd, ro'dd pawb ym mhentrefi Garnant a Glanaman yn gwbod pob dim am anghenion gwledydd y Trydydd Byd ac am y newyn a'r sychder o'dd yn lladd miliyne yn flynyddol. Ma'r ddou yma yn dal i gyflawni gwaith anhygoel ar ran Cymorth Cristnogol, a hynny dros gyfnod o ddegawde – casglu dros y genhadaeth o'n i fel plant ysgol, ond erbyn ein harddege ni, trueiniaid Affrica o'dd yn ca'l y sylw.

Gogleddwr, y Parchedig Tom Elis Jones, o'dd y pregethwr ym Methesda pan o'n i'n ddisgybl yn yr ysgol ramadeg ac ro'dd e a'i wraig, Helen Mary Jones, yn gaffaeliad i'r sefydliad a'r gymdogaeth yn ehangach. Pan o'n i'n grwt ifanc, y Parchedig Ddoctor I. D. E. Thomas o'dd wrth y llyw. Fe dda'th e'n adnabyddus i wrandawyr BBC Radio Cymru yn nes mla'n am ei ddarllediadau bachog a diddorol o Galiffornia yn yr Unol Daleithiau lle'r a'th e i ddilyn gyrfa fel pregethwr, darlithydd ac awdur. Ro'dd ganddo lyfre ar byncie anarferol megis estroniaid o'r gofod, neu *aliens*, a'i lyfr *The Omega Conspiracy* yn ddisgrifiad manwl o ymosodiad ola Satan ar Deyrnas Dduw. Diolch nad o'dd e'n athro ysgol Sul arna i, 'na'i gyd weda i.

Roll along Amman United, roll along

Roll along Amman United, roll along
To the top of the league where you belong,
With a little bit of luck
We will win the silver cup
Roll along Amman United, roll along.

A dewch i ni ga'l bod yn onest, o holl glybiau ail ddosbarth Prydain Fawr gellid gweud â sicrwydd fod yr Aman wedi meithrin a datblygu mwy o hoelion wyth ym myd rygbi nag unrhyw glwb arall – chwaraewyr o'dd yn ca'l eu cydnabod yn gewri yng ngwir ystyr y gair.

Os ewch chi i gadarnleoedd y gêm tri ar ddeg yng ngogledd Lloegr a gweud eich bod chi'n dod o Ddyffryn Aman, ac yn cefnogi Amman Utd, wnewn nhw sôn am athrylith Billo Rees, Ted Ward, a Dai 'Cefnder' Davies. Ma'r rheiny sy'n ymddiddori yn hynt a hanes y gêm yng Nghymru yn dal i ramantu am gyn-chwaraewyr y clwb; ffwtbolyrs o galibr a gallu Joe Rees, Jac Elwyn Evans, D. B. Evans, William Guy Morgan, Will 'Skeely' Davies, Tom Day, Jim Lang, Emrys Evans, Claude Davey, Trefor Evans, Gwyn Evans, a'r asgellwr gore erio'd, Shane Williams. Ma 'na bedigrî i'r clwb a 'ta pryd ma rhywun yn fy nghwestiynu a gofyn, 'Pwy wyt ti'n ei gefnogi?' byddaf yn ateb â balchder, 'Yr Aman, achan!' Petai'r Aman yn whare yn erbyn Cymru fe fydden i'n bloeddio dros yr Aman, bob tro.

Ro'n i'n driw i'r tîm yn ystod fy arddege, yn gweld y tîm cynta neu'r Quins yn whare ar brynhawnie Sadwrn a hyd yn oed yn cerdded lawr i dafarn yr Half Moon bob nos Iau i weld pwy o'dd wedi'u dewis i wishgo'r crys coch dros y penwythnos. Ro'dd yr enwe'n ca'l eu gosod tu ôl i shîten o wydr mewn blwch wedi'i gloi. Bertie 'Clerk' Davies o'dd ysgrifennydd y clwb, yn gymeriad chwedlonol o'dd yn gwbod shwd o'dd denu chwaraewyr i wishgo crys coch yr Aman. Ma'n debyg mai amlen frown yn cynnwys papure decpunt a llofnod *cashier* Banc Lloegr arnyn nhw nele'r tric. Un adeg, ar ddiwedd y pedwardege, tra o'dd e'n stiwdent ym Mhrifysgol Aberystwyth, fe wharaeodd Carwyn James dros y clwb. Ro'dd Bertie yn hala car i Aberystwyth ar gyfer ei gludo i'r gêm, ond ar ôl i Carwyn fethu cic adlam funed ola mewn gêm dyngedfennol, fe dda'th haelioni Bertie i ben yn ddisymwth, 'Fydd y Morris Eight ddim yn trafaelu i Aber ddydd Sadwrn, Carwyn.'

Bachwr yr Aman o'dd Trevor Jones ac ro'n i'n ei nabod e achos ro'dd ei wraig Yvonne yn ffyddlon yng Nghapel Bethesda. Lladdwyd Trevor mewn cwymp dan ddaear. Ro'dd yna dîm achub, yn ogystal â'i gyd-lowyr, yn trio'u gore glas i ddod o hyd iddo, ac er eu bod nhw'n clywed e'n bloeddio, 'Get me out!' Bu'r ymdrechion i ddod â fe mas yn fyw yn aflwyddiannus. Effeithiwyd ar y gymuned gyfan yn ddirfawr gan y drychineb, yn enwedig aelode Bethesda. Ma fe'n dal i ga'l effeth arna i hyd heddi, yn enwedig wrth feddwl am danchwa ofnadw Senghennydd.

Bachwr o'dd Trevor a bachwr o'n i 'ed, ac er nad o'n i'n rebel bryd hynny ro'n i yn ofergoelus. Bydde tîm Ysgol Dyffryn Aman a Ieuenctid yr Aman yn gwishgo shorts du a finne'n mynnu gwishgo rhai gwyn. Heb unrhyw amheuaeth un o uchafbwyntie 'mywyd i o'dd bod yn gapten ar dîm saith bob ochor yr Aman yng Nghystadleuaeth Saith Bob Ochr Cymru ym mis Mai 1967. Bwriad Undeb Rygbi Cymru o'dd gwahodd enillwyr y cystadlaethau rhanbarthol i gystadlu yn erbyn wyth o'r prif glybiau dosbarth cynta er mwyn codi proffil y gêm fer ledled gwlad. Ces i'r fraint a'r anrhydedd o arwain tîm yr Aman ar brynhawn cymylog diflas ar gae y Talbot Athletic o fewn pellter cic adlam i'r M4 ym Mhort Talbot.

Ro'dd y wasg a'r cyfryngau yn hyderus y bydde'r prif glybiau'n sgubo'r timau bychain ail ddosbarth o'r neilltu ond bu'n rhaid ailwampio'r sgript honno ar ôl i saith yr Aman faeddu Glynebwy o bwynt yn y rownd gynta. Ro'dd y tîm o Went 14–10 ar y bla'n a rhai gohebwyr ishws wedi incio Glynebwy mewn yn eu rhaglenni ar gyfer yr ail rownd tan i Ian Penman goroni symudiad ardderchog â chais yn agos i'r pyst. Chwythwyd y chwib ola yn dilyn trosiad llwyddiannus John Thomas.

Pen-y-bont ar Ogwr o'dd gwrthwynebwyr yr Aman yn yr ail rownd a cha'l a cha'l o'dd hi mewn gornest gyffrous. Ro'n ni 6–3 ar y bla'n a dim ond eiliade'n weddill pan dorrodd Colin Standing yn glir, ond llwyddodd John 'Bach' Thomas gwrso 'nôl, plymio yn ei hyd a rhwystro'r blaenwr cydnerth â'r cyffyrddiad lleia o gwmpas ei bigyrne.

Yn y rownd gyn-derfynol yn erbyn Castell-nedd chwythodd y dyfarnwr i ddynodi diwedd y gêm gan feddwl fod y Cryse Duon wedi ennill. Ond yn dilyn cais y maswr Owen Jones ro'dd trosiad o'r ystlys i benderfynu tynged y gêm. Syrthiodd y dyfarnwr ar ei fai ac yng nghanol yr holl bandemoniwm fe ganolbwyntiodd John Thomas ar y dasg yn gyfan gwbwl a chario'r Aman yn ysgubol i'r rownd derfynol i wynebu Coleg Addysg Caerdydd.

Yffach, ro'dd 'na ddrama yn y rownd derfynol gan fod efeilliaid am wynebu'i gilydd – arwr y dydd, John Thomas, yng nghrys yr Aman, ac un o hoelion wyth y gwrthwynebwyr, Dai 'Manora' Thomas, yn cynrychioli Coleg Caerdydd. Rhai munude cyn y gic gynta ro'dd neges ar yr uchelseinydd yn pledian ar i Dai Thomas fynd ar unwaith i stafell wishgo'r coleg. Mewn 'da ni'n siarad o'dd e, 'chweld. Y coleg a'th â hi o dri chais i ddou 11–10 o'dd y sgôr, ond ma'r atgofion yn dal yn rhai melys bron i hanner can mlynedd yn ddiweddarach. Er o'n ni'n dîm da, ro'n i yn lwcus fod 'da ni un seren yn ein plith, sef y mewnwr, John 'Bach' Thomas, ac fe a'th e mla'n i gynrychioli Llanelli fel canolwr am bedwar tymor. Ro'dd e'n real Jac-yn-y-bocs ffrwydrol ac yn gaffaeliad i ni fel tîm. Un bach o'dd e o ran taldra ond jiawch, o'dd e fel corgi o gwmpas y ca', wedi perffeithio'r weithred o daclo rownd y pigyrne. Ond yn ogystal â'r donie amddiffynnol ro'dd dwylo da gydag e a phan fydde cyfle i fylchu, y peth cynta ar ei feddwl o'dd rhyddhau rhywun cyflymach o'dd mewn gwell safle. Yn 1971, Llanelli o'dd enillwyr y Snelling Sevens yng Nghaerdydd a John o'dd chwaraewr y gêm. Y prynhawn hwnnw cyflwynwyd Tlws Bill Everson iddo am ei ddewiniaeth ar y ca'. Ro'dd ei gyd-chwaraewyr: Phil Bennett, Andy Hill, Roy Bergiers, Roy Mathias, Arwyn Reynolds a Hefin Jenkins yn llawn edmygedd ohono.

Gwireddwyd breuddwyd fawr i fi ddechre'r saithdege pan ges i 'newis yn gapten tîm cynta'r Aman. Pa whareues i i'r Aman am y tro cynta, Alan Thomas o Hewl Grenig o'dd y mewnwr a'r capten. Yn rhyfedd, ar ôl i fi dderbyn y gapteniaeth, Alan o'dd yr hyfforddwr ac yn un o'r hyfforddwyr gore o'i gyfnod hefyd. Fe alle Alan fod wedi hyfforddi ar y lefel ucha gan ei fod yn uchel ei barch o ran strategaeth a thechneg, ac yn bwysicach fyth, ro'dd e'n gwbod shwd o'dd trafod chwaraewyr. Yn ddiweddarach bu'n ddylanwad mawr ar yrfa Shane Williams pan o'dd yr asgellwr chwim yn ddisgybl yn Ysgol Gynradd Glanaman.

Yn 1971–72 fe ddethon ni o fewn dim i gipio Pencampwriaeth Gorllewin Cymru ar ôl ennill pob un o'n deunaw gêm yn y gynghrair. Ro'dd y rownd gyn-derfynol yn erbyn Llandybïe ar y Rec yn Rhydaman yn un gystadleuol a chlòs, gyda'r ddou dîm yn brwydro i'r eitha o fla'n torf o ryw ddwy fil o gefnogwyr. Llandybïe a'th â hi yn y diwedd, diolch i gic gosb o dro'd y maswr, Gwyn Ashby; bellach ma fe'n ffrind da i fi, ond y noson honno yn Rhydaman allen i fod wedi'i dagu e.

Ces i'r fraint a'r anrhydedd o gynrychioli tîm rygbi Pen-y-bont ddiwedd y chwedege a whare rhyw ddeg o weithie i'r clwb ar ôl i un o'i *scouts* nhw 'y ngweld i'n whare mewn gêm brawf ar y Gnoll yng Nghastell-nedd. Tipyn o brofiad o'dd whare yn y rheng fla'n a cha'l dou brop cydnerth bob ochor i fi, sef Brian Jones a chyngapten Cymru, John Lloyd. Licen i fod wedi aros ar Gae'r Bragdy yn hirach ond ro'dd 'y ngyrfa i fel actor yn golygu fod rhaid dewish rhwng galwedigaeth a byd y bêl. Ro'dd hi'n *no-brainer*; do'dd canolbwyntio ar fyd rygbi ddim yn mynd i dalu'r morgais, o'dd e?

Coleg Addysg Abertawe

Pedair ar bymtheg oed o'n i ac yn barod i adael cartre a dilyn gyrfa fel athro yng Ngholeg Addysg Abertawe. 'Ti'n gwbod beth ma'n nhw'n galw'r lle, on'd dwyt ti?' medde rhywun wrtho i unweth. 'Y brothel ar y bryn!' A dyna'r math o enw o'dd yn ca'l ei roi ar golegau merched yn unig; enwe a ddefnyddiwyd yn gyson ar golegau addysg, megis Cartrefle yn Wrecsam, Coleg y Santes Fair ym Mangor, y Coleg Gwyddor Cartre yng Nghaerdydd a Choleg Abertawe, yn ardal Townhill o'r dref, cyn i'r bois ga'l eu derbyn yn y chwedege cynnar. Ro'n i'n aelod brwd o sawl cymdeithas, yn whare pêl-fasged, ac wedi penderfynu o'r cychwyn cynta y bydden i'n cynrychioli tîm rygbi'r coleg yn hytrach na theithio 'nôl i whare i'r Aman ar benwythnosau – o'dd yn benderfyniad anodd, rhaid gweud. Ond drwy neud hynny, fe whareues i'n gyson yn yr un timau pêl-fasged a rygbi â Mervyn Davies, neu 'Merv the Swerve', un a dyfodd i fod yn un o gewri'r byd rygbi o ganlyniad i'w gampau mas yn Seland Newydd yn 1971 ac yn Ne Affrica yn 1974. Merv o'dd capten Cymru pan enillon ni'r Gamp Lawn yn 1976.

Ro'n i hefyd yn driw i'r Gymdeithas Gymra'g ac yn cofio'n glir am un digwyddiad yn ystod 'y mlwyddyn gynta, digwyddiad fu'n drobwynt yn 'y mywyd. Ro'n ni fel Cymdeithas wedi trefnu bws i drafaelu ar hyd yr hen A48 i'r Barri er mwyn gweld perfformiad o'r ddrama *Y Crochan*, cyfieithiad John Gwilym Jones o waith Arthur Miller, gyda Myfanwy Talog a Gwyn Hughes Jones yn rhan o'r cast. Ar y ffordd 'nôl y noson honno, ar ôl peint neu ddou (neu dri), soniodd Peter Fahey o Frynaman fod Emyr Jones, sef tad Arthur, Dafydd a Garmon Emyr, am dorri tir newydd ac am lwyfannu drama yn Gymra'g yn y coleg yn Abertawe. Gofynnodd os o'n i am gymryd rhan. Cytunais, effaith yr alcohol siŵr o fod, ac er mai ond tair lein o'dd gen i, fe fwynheues i'r profiad yn fawr.

A diolch i Mati Rees a Vic John, y penaethiaid, o'dd wedi synhwyro, falle, fod rhyw fflach o rwbeth ynddo i yn rhywle; flwyddyn yn ddiweddarach fe ges i ran yn *Doctor Er Ei Waethaf*, sef cyfeithiad Saunders Lewis o ddrama *Sganarelle* gan Molière, ac erbyn y drydedd flwyddyn gofynnwyd i mi whare'r brif ran yn *Y Cymro Cyffredin*, sef comedi mewn tair act gan Tom Richards.

Un a ddylanwadodd yn fawr arnaf yn ystod fy mlwyddyn ola o'dd Vic John, a ddyrchafwyd i swydd pennaeth yr Adran Gymra'g yn sgil ymddeoliad Mati Rees, a fe, yn fwy na neb arall, 'nath 'y mherswadio i i drio am swydd gyda Chwmni Theatr Cymru ym Mangor. Dyna drobwynt yn 'y mywyd i; fysech chi ddim yn darllen y gyfrol hon heblaw am beth ddigwyddodd, ffact i chi. Ro'n nhw wedi penderfynu mabwysiadu cynllun hyfforddi ar gyfer actorion ifanc ac fe ges i'r fraint a'r anrhydedd o ga'l 'y nerbyn ar gyfer yr arbrawf uchelgeisiol hwn gyda Mike Povey, Gwyn Parry, Grey Evans a Dylan Jones – un o'r bobol neisa, ac un o'r actorion gore a ddes i ar ei draws erio'd.

Un o fois y Gwter Fawr o'dd Vic, neu Mr John, yn ŵr tawel, diymhongar, o'dd yn ddarlithydd gwych ac yn meddu ar bersonoliaeth glòs a chynnes. Ro'dd e'n fawr ei barch fel pennaeth yr Adran Gymra'g ond eto'n un ohonon ni a'r myfyrwyr yn meddwl y byd ohono. Pan ofynnir y cwestiwn i fi, 'Dafydd Hywel, shwd ddest ti'n actor?' wi'n amal yn rhamantu a chofio 'nôl i gyfnod Coleg Abertawe ac yn ddigon fodlon cyfadde fod gen i ddyled i Peter Fahey, Mati Rees, Emyr Jones, ac yn enwedig i Vic John. Un noson, a finne'n ansicr ynglŷn â'n nyfodol, dreulies i awr yn rwm ffrynt Mr John yn ei gartre ym Mhenlle'r-gaer, yn gwrando'n astud ar y darlithydd hynaws yn gweud ei weud. Fe awgrymodd e 'mod i'n mentro i fyd y theatr a wi'n fythol ddyledus iddo am gymeryd diddordeb ac am ei gyngor doeth. Ma Mererid Morgan, un o ferched Mr John, yn dal i gofio'r noson pan gnoces i ar ddrws eu cartre. 'Ro'n ni gyd yn rhyfeddu fod Dad wedi gwahodd myfyriwr i'r tŷ ac yn enwedig i'r stafell ffrynt, o'dd yn rhyw fath o deml sanctaidd yn ystod y cyfnod. Fe fu'r ddou wrthi am amser yn parablu, a rhai misoedd yn ddiweddarach wi'n cofio Dad yn gweud yn gyhoeddus fod yr ymwelydd wedi derbyn ei gyngor ac yn sicr o neud ei farc fel actor.'

Un o aelode'r Gymdeithas Gymra'g yn ystod y flwyddyn gynta yn y coleg o'dd Tudur Jones, sydd erbyn hyn yn berchen ar gaffi yn Llanymddyfri. Ro'dd e wedi meistroli'r grefft o osgoi darlithiau, ro'dd rhyw gnec yn bod arno fe byth a beunydd. Ro'dd ei gyfraniad i'r Noson Lawen yn arwrol: 'Os y'ch chi'n desperet fe gana i "O Dwed wrth Mam" gyda Hywel.' Fe fuodd Tudur yn bencampwr trotian am flynyddo'dd ond rhaid cyfadde fod antics y Gymdeithas Gymra'g yn lot o sbri. Drwy fynychu'r nosweithie hynny des i nabod gwir gymeriadau difyr – Hafina Scourfield, Moffty sef Morfudd y Mochyn Du, Mari Davies, Prydwen, Sir Aberteifi, Alan Rowlands o bentre Bancffosfelen a Siân Lewis sef whâr yr unigryw Elfed Lewis. Fe gyrhaeddes i Abertawe gan feddwl ma bat a phêl fydde'n rheoli 'mywyd, ond mewn coleg o'dd yn fôr o Seisnigrwydd, fe lwyddodd criw ohonon ni i fatio dros y Gymra'g a dangos i'r byd a'r betws ein bod ni yma o hyd.

Daw eto haul ar fryn

Pan dda'th canlyniade'r arholiade terfynol ym mis Mehefin 1967 do'dd hi fawr o sioc i glywed 'mod i wedi ffaelu'r arholiad Hanes. Ffawd o bosib. Rhai diwrnode ynghynt ro'dd Mam a finne wedi trafaelu i Forgannwg Ganol i whilo am le i fi fyw gan fod Panel Penodi Athrawon y Sir wedi cynnig swydd i fi yn ardal Pontypridd. Ofer fu pob ymdrech ar ein rhan. I radde, ro'dd canlyniad yr arholiad Hanes yn anochel gan gofio fod y darlithydd Hanes, Mr Phelps, a finne ddim yn gweld lygad yn llygad. Fydde neb wedi 'nghyhuddo i o fod yn rebel yn Ysgol Dyffryn Aman ond erbyn yr ail flwyddyn yn Abertawe ro'n i'n barotach o lawer i ddatgan barn a chwestiynu'r rheiny mewn awdurdod. Mr Thomas o'dd pennaeth yr Adran Hanes yn ystod 'y mlwyddyn gynta, gŵr gwybodus a chyfeillgar, o'dd yn fwy na bodlon clywed barn un o'i fyfyrwyr ac yn falch fod rhywun yn barod i anghytuno â'r gred gonfensiynol, er mwyn ca'l 'bach o drafodaeth.

Nid felly Mr Phelps! Ffurfiwyd barn bendant am gynnwys y cwricwlwm hanes cynradd pan o'n i ar fy ymarfer dysgu ola ac yn enwedig ar ôl i fi gyflwyno gwers ar y Rhufeiniaid i blant Cwmllynfell. Ro'n i wrth fy modd yn dysgu plant cynradd, ac er i'r wers ei hun ddwyn ymateb positif o gyfeiriad y disgyblion do'n i ddim yn hapus â'r testun y gofynnwyd i mi ei gyflwyno. Fe ddwedes i hynny'n blwmp ac yn blaen wrth Mr Phelps mewn darlith hanes yn dilyn yr ymarfer dysgu, 'Pam dysgu am gwymp Ymerodraeth Rufain i blant Cwmllynfell pan ma cyment o hanes diddorol i'w ga'l yn eu pentre nhw? Meddyliwch am yr ymateb petaen ni wedi bwrw golwg ar hen dip gwaith Cwmllynfell a gofyn i'r plant ddod â llunie ac offer i'r ystafell ddosbarth. Fe allen ni fod wedi gwahodd glöwr mewn i sôn am ei brofiade ynte.' Do'dd y ddou ohonon ni ddim ar yr un donfedd a fe a'th hi'n ddadl reit ffyrnig rhwng dou o'dd yn gwrthod ildio. Ro'n ni'n gwbod y prynhawn hwnnw fod fy nyfodol fel athro yn y fantol, o'dd yn beth annheg o gofio 'mod i wedi disgleirio yn y pwnc adeg lefel A yn yr ysgol.

Ro'n i'n teimlo'n gryf y dylse hanes ar gyfer plant cynradd ddechre gyda'r hyn o'n nhw'n gyfarwydd ag e. Ro'dd gwir angen cyflwyno'r pwnc gyda hanesion am eu milltir sgwâr i ddechre cyn symud at orwelion ehangach. Ffurfiwyd y fath deimlade cryfion pan o'n i'n ddisgybl yn y wheched dosbarth a finne'n gweud un diwrnod wrth Eifion George, yr athro Hanes, 'Chi'n hwpo Napoleon, William Pitt a Thomas Charles lawr ein gyddfe ni a ni'n gwbod dim am yr hyn ddigwyddodd yn hanesyddol yn Nyffryn Aman!"

'Ti'n berffeth iawn,' o'dd ateb pwyllog yr athro. 'Sgrifenna lythyr at y Cyd-Bwyllgor Addysg yng Nghaerdydd gan ychwanegu'r gair PWYSIG ar ffrynt yr amlen.' Trueni na fydde Mr Phelps wedi mabwysiadu agwedd o'r fath yn lle ymladd ei gornel ynfyd. Ac ro'dd fy nghyd-ddisgyblion yn Abertawe wedi synhwyro 'mod i'n un i ddatgan barn yn ddiflewyn-ar-dafod ar bob math o byncie hefyd.

Yn ystod 'y mlwyddyn gynta fe dreulies i ddeufis gwych yn Ysgol Iau y Gnoll yng Nghastell-nedd a dod o dan ddylanwad athro ysbrydoledig. Ro'dd Greville James o Gwmafan yn fawr ei barch yn y proffesiwn a hyd yn oed heddi pan wi'n ail-fyw'r cyfnod hwnnw wi'n fythol ddiolchgar iddo am ei gyngor, yn ogystal â'i sylwadau am shwd ma plant yn dysgu.

'Hywel bach, ma popeth o bwys i blentyn naw oed.'

'Cauwch eich llygaid, dychmygwch eich bod chi 'nôl mewn amser,' o'dd un dechneg a ddefnyddiai gyda'i ddosbarth. Ro'dd Grev hefyd yn feistr ar ddysgu Cymra'g fel ailiaith ac yn ystod ei yrfa treuliai orie yn hyfforddi oedolion, yn ogystal â'u trwytho yn hanes Cymru a'i thraddodiadau. Un o ffrindie mawr Grev o'dd Richard Burton ac fe alla i ddychmygu'r ddou'n trafod pyncie'r dydd tan orian mân y bore mewn tafarn ym Mhont-rhyd-y-fen.

Wi'n cofio clywed merch o'r Wyddgrug o'r enw Eleri Wyn yn siarad ar BBC Radio Cymru un bore ac yn disgrifio'i phrofiade'n dysgu Saesneg fel ailiaith mas yn China.

'A fydda i'n dysgu Saesneg o'r cychwyn cyntaf?' o'dd ei chwestiwn i'r awdurdode ar ôl cyrradd Beijing. 'Na. Byddwch chi'n treulio'r misoedd cynta'n dysgu am hanes a thraddodiadau'r wlad,' o'dd ymateb un o'i chyflogwyr. 'Mae'r dasg yn fwy na dysgu iaith; ma'r ymdeimlad o berthyn yn allweddol.' A dyna'n syml o'dd athroniaeth Grev; os o'ch chi'n teimlo'ch bod chi'n perthyn, wel o'dd y frwydr wedi'i hennill ishws.

Ca'l a cha'l o'dd hi i baso'r arholiad Mathemateg yn 'y mlwyddyn ola. Nid syms fydde fy mhwnc dewisol i ar *Mastermind;* rhaid gweud, ac ro'n i'n becso cryn dipyn am arholiad y flwyddyn ola. Fel droiodd pethe mas ro'n i'n ishte gyferbyn â ffrind agos o Shir Benfro, Tony Collins, o'dd yn seren â ffigyre a phethe fel'ny, a whare teg fe ddododd ei bapure ar gornel cyfleus o'i ddesg er mwyn i fi weld pob fformiwla a phob rhif. Pan dda'th y canlyniade ro'dd Tony yn ddigon ples â'i 94%, ond y fi o'dd ar dop y rhestr â 95%!

Y rhyw deg! Ie . . . Oni bai am un wydjen yn yr ysgol, Sheila Watkins o Frynaman, do'n i ddim wedi talu llawer o sylw i'r merched. Ac ro'dd yna resyme digon dilys am hynny. Ro'n i'n treulio'r gaea'n whare rygbi a'r haf yn canolbwyntio ar griced, yn bato a bowlo i glwb griced Brynaman. Yn ystod 'y nghyfnod fel myfyriwr fues i'n caru 'da Marilyn Williams o Frynaman a Carol Ann Davies o Dairgwaith, merched grêt, ond do'dd hi ddim yn debygol y bydden ni'n codi pac a chyrradd Gretna Green chwaith.

Un o uchafbwyntie'r tair blynedd dreulies i yng Ngholeg Abertawe o'dd llwyddiant y tîm criced ym Mhencampwriaeth

Criced Colegau Cymru. Coleg Normal Bangor o'dd y ffefrynne yn y rownd derfynol ond fe faeddon ni nhw'n gyfforddus ar eu tomen eu hunen yng nghysgod Pont Britannia ar lannau afon Menai. Iesgaeth, o'dd 'da ni dîm da – Dill Samuel o Ystalyfera yn fatiwr clasurol o'dd yn sgorio'n rhwydd, Ken Harries o Bontardawe yn fowliwr lled-gyflym â'r gallu i symud y bêl yn glou drwy'r awyr, Eirian Jenkins o Ddyffryn Aman yn wicedwr profiadol, a Bill Stereo, Tony Collins a Mick Evans yn gricedwyr o safon. A heb frolio'n ormodol, ro'n i'n cyfrannu'n gyson fel bowliwr cyflym ac yn fatiwr o'dd yn gallu sgorio'n rhwydd petai angen neud hynny. Ond y ddou seren o'dd Dill a Ken; galle'r ddou 'ma fod wedi whare criced dosbarth cynta ac fe fuodd y ddou'n gaffaeliad i glybiau de Cymru am ddegawde ar ôl dyddie coleg. On'd doedden nhw'n ddyddie da, neu fel'na wi'n eu cofio nhw ta p'un 'ny.

Wi ishws wedi cyfeirio at y ffaith 'mod i'n gweithio'n galed adeg gwylie ysgol a pharhau wnaeth yr ysfa i whilo am waith adeg gwylie'r coleg. Treulies i sawl haf yng Ngolchfa Tairgwaith, sydd ond poerad o Wauncaegurwen, lle ro'dd glo o'r ardal yn ca'l ei ddidoli ar gyfer gwahanol farchnadoedd. Bu'r blynyddo'dd yn rhai proffidiol i fi'n ariannol ac o ran cyfeillgarwch gan fod y cymeriadau yno'n rhai hoffus a'r straeon a ddeuai o enau'r gweithwyr yn ddigon i lenwi cyfrol. Ro'dd yna adeg pan o'dd Tairgwaith a Gwauncaegurwen yn adnabyddus ledled byd. Yn ôl yr arbenigwyr, ro'dd glo caled gore Cymru yn Nyffryn Aman, yn enwedig y *peacock vein*, a'r gweithfeydd glo yn Nhairgwaith yn denu coliars o bob rhan o Gymru a thu hwnt. Ac ro'dd Tairgwaith yn bentre unigryw: Cymra'g o'dd iaith Gwauncaegurwen, Brynaman, Cwmllynfell, Cwm-gors, y Garnant, a Glanaman, ond ro'dd sefyllfa ieithyddol Tairgwaith yn dipyn o ddirgelwch. Yn y pentre hwnnw yr ymgartrefodd y menfudwyr o Loegr, Iwerddon a'r Alban a byw mewn math o *ghetto* ieithyddol. Lle rhyfedd ar y naw.

Ta waeth, ro'dd yna dri gwaith glo enfawr yn Nhairgwaith – gwaith y Maerdy, y Steer a'r East Pit – a glowyr yn cyrradd ar drên, ar feic, ar fws ac ar droed er mwyn ennill bywoliaeth. Câi'r glo ei allforio o'r ardal i bob gwlad dan haul, ac yn enwedig i'r Unol Daleithiau a Chanada, ac oherwydd ardaloedd fel y Waun a Dyffryn Aman fe dyfodd ac fe ddatblygodd porthladdoedd tebyg i Lanelli ac Abertawe. Meddyliwch bod pobol yn Detroit a Montreal yn gwbod am fodoleth Gwauncaegurwen, diolch i *anthracite* o safon.

Fel un o'dd wedi derbyn addysg uwch fe ddes i syweddoli nad o'n i am dreulio 'mywyd dan ddaear yn ennill bywolieth na gorffod slafo fel labrwr a chodi am whech y bore. Ges i wers yn y coleg gan ddou fyfyriwr aeddfed o'dd wedi penderfynu arallgyfeirio. Un ohonynt o'dd Niall McColdrick a weithiodd am ddwy flynedd mewn swyddfa a chasáu'r gwaith ond erbyn hyn o'dd yn lladd ei hunan yn academaidd er mwyn llwyddo fel athro; ro'n ni'n whare yn yr yn tîm pêl-fasged ag e, lle ro'dd ei agwedd ar y cwrt yr un mor benderfynol ag yn yr ystafell ddosbarth. Y llall o'dd Bavic o Iwgoslafia, bob amser yn drwsiadus mewn siwt a thei, yn bencampwr *three card brag* ond yn torchi llewys ym mhob agwedd o'i fywyd. Fe ddylsen i fod wedi dilyn esiampl y ddou ond fel chi'n gwbod, da'th 'y nghyfnod yn Abertawe i ben mewn dagrau. Ond diolch i ymyrraeth ysbrydoledig Vic John, profwyd fod yna ymyl arian i bob cwmwl du.

On'd oedden nhw'n ddyddie da?

'Yn eu trefn, enwch y pentrefi rhwng Aberaeron ac Aberystwyth.' Dyna o'dd y cwestiwn a ofynnwyd mewn cwis a drefnwyd gan Fenter Iaith Aman Tawe rai blynydde 'nôl a finne'n eu gosod yn gywir ac yn hawlio wyth o farciau i'r tîm. 'Co ni off . . . Llan-non, Llanrhystud, Blaen-plwyf, Rhydgaled, Llanfarian, Rhydyfelin, Penparcau, a Threfechan. Ac fe allen i fod wedi ychwanegu'r pentrefi rhwng Aber a Machynlleth gan 'mod i'n deithiwr cyson ar hyd yr A487 ar ddiwedd y chwedege ac yn gyfarwydd â phob adeilad, pob cornel a phob twll yn y tarmac. Ro'dd y ddwy flynedd a dreulies ym Mangor ar gynllun hyfforddi chwyldroadol Cwmni Theatr Cymru yn dipyn o dorcalon am ychydig gan 'mod i'n *real homebird* ac yn ca'l trafferth setlo mewn ardal o'dd yn gymharol ddierth i fi ar y dechre. Ond ar nos Wener, yn dilyn y sioe, bydden i'n llywio'r Ford Prefect i gyfeiriad y de ac yna'n drifo 'nôl yn gynnar ar fore Llun yn dilyn penwythnos o ymlacio. Ac ambell waith ro'dd hi'n *POETS DAY* ar ddydd Gwener – *p*** off early, tomorrow's Saturday* – a finne'n cyrradd y Garnant cyn i'r plant orffen yn yr ysgol am y dydd.

Cyfarwyddwr Cwmni Theatr Cymru o'dd Wilbert Lloyd Roberts, a fu'n bennaeth drama'r BBC yng Nghaerdydd am gyfnod. Ro'dd Mr Roberts wedi cyfarwyddo cynyrchiade Cymra'g ar y cyd rhwng y Gorfforaeth Ddarlledu a'r Welsh Theatre Company a phan dda'th gwahoddiad i arwain adain Gymra'g y cwmni fe achubodd ar y cyfle. Ro'dd y penodiad yn chwa o awyr iach i'r theatr Gymreig gan ei fod e'n ŵr â gweledigaeth eang ac yn meddu ar ddychymyg byw. Sefydlwyd Cwmni Theatr Cymru yn Heol Waterloo ym Mangor gyda'r dasg o deithio o gwmpas y wlad a diddanu cynulleidfaoedd mewn theatrau, ysgolion a neuadde pentre. Ro'dd Wilbert (Mr Roberts o'dd e i fi, cofiwch) yn arloeswr, a hyd yn oed heddi, pan fydda i mewn sgwrs am hoelion wyth y theatr yng Nghymru wi fel sawl un arall, yn parhau i'w ganmol e i'r cymyle. Ry'n ni mor barod i ganmol actorion, cyfarwyddwyr, cynhyrchwyr a phobol tu ôl i'r llenni o Loegr ac America heb sylweddoli fod 'da ni unigolion yr un mor ddawnus a thalentog yn y maes yng Nghymru. Ro'dd Wilbert – sori, Mr Roberts –yn deall ei stwff a ma 'da fi barch aruthrol iddo fel un a gyfrannodd yn helaeth yn y maes. Ie, da was, da a ffyddlon. Ma'i golled e wedi bod yn enfawr i'r theatr broffesiynol yng Nghymru.

Ro'n i'n rhan o Adran Antur, fel o'n ni'n ca'l ein galw, o'dd wrthi yn bwrw prentisiaeth drwy ga'l hyfforddiant gan unigolion o stamp a chalibr Dyfnallt Morgan, Cynan, John Cargill Thompson a W. H. Roberts. Cofiwch, ro'dd cast proffesiynol y cwmni hefyd yn gaffaeliad i bob un ohonon ni'r actorion ifanc. Meddyliwch am ga'l dysgu'r grefft o acto drwy wylio a gwrando'n ddyddiol ar John Ogwen, Gaynor Morgan Rees a Beryl Williams – ro'dd bod yn yr un stafell â'r tri yma'n anrhydedd o'r mwya a galla i ond pwysleisio fod Mike Povey, Gwyn Parry, Grey Evans, Dylan Jones a finne wedi ca'l modd i fyw drwy fod yn rhan o shwd gwmni dethol. Dylan fuodd yn rhedeg y cwmni gyda Mr Roberts; tase fe wedi aros, falle na fydde cwmni theatr cenedlaethol ein gwlad yn y picil ma fe heddi.

Ro'dd Beryl yn ein dysgu'n uniongyrchol ond cyfrinach yr hyfforddiant o'dd bod eraill, gan gynnwys John Ogs a Gaynor, mor barod â'u syniadau. 'Na chi actores arbennig o'dd Beryl Williams, yn un o fil ac yn arwres i fi. Ac ro'dd y staff cynorthwyol yn rhan hollbwysig o'r cwmni, gan gynnwys yr ysgrifenyddes Maud Oliver o'dd yn grêt o ferch. Ac fe fues i'n lwcus i ga'l digs gwych gyferbyn â'r Globe lle ro'dd y croeso yn ddiffuant a Mrs King yn Gymraes siaradus yn ogystal â bod yn ddewines yn y gegin. Oni bai am Raffles yn Singapore, Mrs King o'dd â'r brecwast gore ar y blaned; y plât yn enfawr a'r cynnwys yn ddigon i gadw fi fynd drw'r dydd. Wi'n gwbod 'mod i'n tynnu co's y Gogs yn amal drwy weud 'mod i'n casáu mynd lan i Tibet a bod Orig Williams yr anfarwol El Bandito wedi ymateb drwy weud, 'Cau dy geg y mouth-walian.' Ond yn y bôn, *banter* iach o'dd yn bodoli rhyngthon ni o'dd e, dyna'i gyd. Rhaid cyfadde'n dawel 'mod i'n dal i ddwlu ar rai o'r diawled! Da'th Orig a fi'n ffrindie mawr, a thros ambell i beint bydde'r ddou ohonon ni'n pregethu yn erbyn y Blac an' Tans yn Iwerddon. Ro'dd hi'n anrhydedd ca'l darllen yn angladd y cawr o Lansannan.

Diolch John a diolch John!

'Hywel, I'd like you, just for a few moments, to be a tree blowing in the wind.'

'But John – I honestly don't want to be a ******* tree blowing in the wind!'

Dyna'r math o sgwrs fydde'r dramodydd o'r Alban, John Cargill Thompson a finne'n ei cha'l ambell i fore, a diolch i'r tad nad o'dd e mor styfnig a phenstiff â fi! Petai John wedi mynnu ca'l ei ffordd fydden i ar y Traws Cambria cynta 'nôl i'r de. Ond, ro'dd yna ryw *chemistry* rhwng y ddou ohonon ni; y darlithydd drama ym Mhrifysgol Bangor yn hyddysg yn ei faes ac yn dod â'r gore mas ohono i. Ro'dd e hefyd wedi sylweddoli fod rhywbeth 'da fi i gynnig ac yn raddol des i i sylweddoli ei fod e'n ychwanegu llinelle ar 'y nghyfer i yn y sgript. Wi ddim yn gwbod beth fydde Shakespeare wedi'i weud ond dechreuodd John roi mwy o ran i Gratiano yn y ddrama *The Merchant of Venice*:

> *Let me play the fool;*
> *With mirth and laughter let old wrinkles come . . .*

Ro'dd Gratiano yn dipyn o *party animal* ac yn ffrind mynwesol i Antonio a Bassanio. Pan a'th Bassanio i Belmont i ennill llaw Portia, mynnodd Gratiano fynd 'da fe. Rhybuddiodd Bassanio ei ffrind i fihafio'i hunan: 'Thou art too wild, too rude and bold of voice.' Ie, wi'n gwbod, ro'dd William Shakespeare wedi creu rhan berffeth ar gyfer David Hywel Evans ac ro'dd John Cargill Thompson yn ymwybodol o hynny! I fi ar y pryd ro'dd mwy o linelle yn golygu mwy o hyder a wi'n fythol ddyledus i John am ymddiried ynddo i – a rhaid gweud 'mod i'n hynod bles pan glywes i Gaynor yn canmol fy nghyfraniad i'r ddrama hefyd.

Ganwyd John yng ngwlad Burma yn 1938 ond yr Alban a dinas Glasgow o'dd ei gartre ysbrydol. Ro'dd e'n athletwr dawnus yn ei arddege ac yn gefnogwr brwd o'r bêl hirgron. Ma'n debyg iddo acto'r brif ran yn ei ddrama *Hamlet II: Prince of Jutland* yn ei hoff grys rygbi. Ro'dd e'n ddramodydd toreithog, yn meddu ar bersonoliaeth fagnetig a hiwmor iach hefyd ac ro'dd e wrth ei fodd yn cymdeithasu â phobol gyffredin, gyda bod gwin blasus a bocs o sigârs gore Ciwba ar ga'l. Bu farw o ganser yn y flwyddyn 2000; ro'dd hynny'n ddealladwy gan gofio'i fod e'n smygu dros drigen sigarét yn ddyddiol. Ro'dd hi'n bleser ei adnabod e a phetawn i wedi gwbod am ei farwolaeth ar y pryd, fydden i wedi drifo heibio Tibet a lan yr M6 i'w angladd.

Ond yn y dyddie cynnar hynny, ro'n i hefyd yn ddyledus i John arall, sef John Ogwen – actor o fri a ffrind agos. Fe ges i ran yn y ddrama *Y Ffordd*, fi yn rhan Ianto a John yn cymeryd rhan Ifan. Rhaid cyfadde 'mod i am ryw rheswm yn nerfus ofnadw ac ro'dd John yn ymwybodol o hynny. Ar y noson gynta ar ddechre'r ddrama, ro'dd yna sgwrs hir i fod rhwng y ddou, a Ianto yn ffaelu gweud yr un gair. Fe rewes i yn yr unfan. Sylweddolodd John yn syth fod angen iddo addasu'r sgript ar y pryd ac fe lwyddodd e, yn y fan a'r lle, i lefaru rhan Ifan ac yna cyfansoddi llinelle ar gyfer Ianto fud, sef fi, a hynny heb ddrysu'r gynulleidfa. Ffantastig! Fe alle John fod wedi ennill BAFTA ac Oscar ar yr un noson honno.

Liverpool Playhouse

Ma rhai'n cysylltu Lerpwl ag Anfield a Pharc Goodison; eraill yn ystod y canrifoedd wedi cyrradd yr Unol Daleithiau ar ôl hwylio o'r porthladd eiconig ar lannau afon Merswy. Heddi ma twristiaid yn tyrru yno i ymweld â'r amgueddfeydd yn sgil yr hanes a berthynai i'r ddinas. Ma Lerpwl yn dal yn brifddinas gogledd Cymru i'r werin bobol gan fod cyment o Gymry Cymra'g wedi symud yno i ennill bywoliaeth. Ma hyd yn oed strydoedd a phalmentydd y lle wedi'u creu gan gerrig o chwareli Nant Gwrtheyrn.

Yr unig dro i fi ymweld â'r ddinas o'dd i gynorthwyo yng nghynhyrchiad *Under Milk Wood* yn y Liverpool Playhouse ddiwedd y chwedege. Y cawr addfwyn, Meredith Edwards, o'dd y cynhyrchydd, actor dawnus a gysylltir hyd heddi â ffilmie comedi Stiwdios Ealing. Un o'r doniolaf o'dd *A Run For Your Money* lle ro'dd Meredith, yn ogystal â Hugh Griffith a Donald Houston, yn griw o lowyr o dde Cymru o'dd yn ymweld â Llundain ar ddiwrnod gêm ryngwladol. Wi'n dal i gofio un clip doniol o'r ffilm lle ro'dd llais ar yr uchelseinydd yn Steshon Paddington yn gofyn i Mr David Jones alw heibio yn swyddfa'r gorsaf feistr i gasglu parsel. O fewn pum muned ro'dd ugeinie o Gymry yn cario cenhinen wedi ffurfio rhes tu fas i'r swyddfa!

Ro'dd y theatr yn llawn dop ar gyfer pob un perfformiad a 'nghyfrifoldeb i o'dd gofalu am y llenni. Do'dd dim angen rhyw lawer o hyfforddiant arna i gan mai UP o'dd yr arwydd i'w codi i'r entrychion a DOWN o'dd y gair allweddol ar gyfer eu rhyddhau'n ara deg i lefel y llwyfan. Na, do'dd dim angen cymwystere academaidd i neud hynny. Ond ar un achlysur 'nes i gawl o bethe pan floeddiwyd y gair DEAD. Ro'n i mewn picil a ddim yn gwbod beth i neud. Mewn rhywfaint o banic gollynges i'r llenni gan bwyll a'u gadael rhyw dair troedfedd yn fyr o gyrradd y llwyfan. Heb yn wbod i fi, ro'dd yr actorion yn dal wrthi a'r gynulleidfa yn gweld dim byd ond pigyrne a choese! A'th Mered yn *ballistic*; dyna'r unig dro i fi ei glywed e'n rhegi. Rhyw bum mlynedd yn ddiweddarach fe ddwedes i wrtho fe mai fi o'dd yn gyfrifol am y *cock-up*!

A bod yn onest fe ddylsen i fod wedi ca'l y *sack* ar ôl un digwyddiad adeg y cynhyrchiad hwnnw achos es i mewn un diwrnod a gwued wrth y rheolwr llwyfan, 'Bydda i ddim 'ma nos yfory. Wi'n dathlu pen-blwydd ac yn mynd i weld *The Split* am Jim Brown.' Actor o'dd Jim Brown, un o gewri pêl-droed Americanaidd. Y dyddie 'ma, fydden ni wedi ca'l 'yn sbaddu am fentro neud y fath beth, a hynny'n haeddiannol hefyd.

Acto amdani!

Ar ddechre'r saithdege ro'dd pethe'n dishgwl yn addawol i David Hywel Evans. Erbyn hyn ro'n i'n berchen ar garden Equity a bu'n rhaid defnyddio'r enw David Hywel gan fod Hywel Evans arall rywle yn yr hen fyd 'ma yn hawlio'r enw. Penderfynodd Rhydderch Jones newid yr enw'n ddiweddarach i Dafydd Hywel ac wi'n fythol ddiolchgar iddo am wneud hynny. Fe dries i 'ngore i ga'l Equity i 'nghofrestru i fel John Wayne Junior ond ro'n nhw'n dishgwl yn dwp arna i. Ar ôl cwblhau'r cwrs theatrig ym Mangor ro'dd gobeth ennill fy mara menyn fel actor ond ces rybudd i fod yn amyneddgar ynglŷn â'r dyfodol. Dyletswydd pob actor neu actores rhyw bryd yn ystod eu gyrfa yw ishte fel delw'n barhaol yn ymyl y ffôn. Yn dilyn cynhyrchiad o *Twm o'r Nant*, a'th Elfed Lewis, Dylan Jones a finne mas ar wylie i Wlad Groeg gan deithio'r holl ffordd yng nghar Elfed, a hwnnw, ar un achlysur, yn drifo ar hyd un o *Autobahns* yr Almaen ar yr ochor anghywir.

Parhau 'nath y newyddion da i fi pan blesiwyd yr arholwyr yng Ngholeg Abertawe; ro'n i bellach yn berchen ar gymhwyster dysgu. Am rai misoedd fe fues i'n crwydro de Cymru fel athro cynorthwyol yn ysgolion uwchradd Stebonheath a Coleshill yn Llanelli cyn treulio mis neu ddou yng nghefen gwlad dwyrain Sir Gâr ym mhentre tawel, cysglyd Cynghordy i'r gogledd o Lanymddyfri, yn Ysgol Gynradd Eglwysig Capel Cynfab.

Gofynnwyd i fi gymeryd gofal o ddosbarth y prifathro, Mr Dafydd Dafis, am ei fod yn cael ei ryddhau o'i swydd am gyfnode er mwyn cofnodi'r hyn o'dd yn digwydd yn y fforestydd lleol. Ei ddiddordeb mawr o'dd byd natur, ac wyth mlynedd yn ddiweddarach fe sefydlodd Gymdeithas Edward Llwyd, cymdeithas sy wedi dylanwadu ar genedlaethe o Gymry o Fôn i Fynwy. 'Er lleied, hi ddaw yn dderwen' medden nhw am y fesen, a dyna ddigwyddodd, ma'n debyg, yn dilyn taith gynta'r gymdeithas ar hyd afon Twrch i gyfeiriad Ffrydie Twrch yn 1978. Rhyw bump ar hugen o gerddwyr o'dd ar y daith gynta ond o ganlyniad i'r holl wybodaeth a drosglwyddwyd gan Dafydd ac eraill y diwrnod hwnnw fe ddychwelodd y criw blinedig ddiwedd prynhawn i bont Brynhenllys yn Ystradowen yn gyw naturiaethwyr brwd.

Un o'dd ar y daith o'dd prifathro Ysgol Gynradd Cefnbrynbrain, Alan Thomas, a medde fe wrth hel atgofion:

> Diwrnod bythgofiadwy rhaid dweud. Fe fwrodd hi drwy'r dydd ond do'dd dim ots. Fe ddysges i gyment – nid yn unig am fyd natur ond am hanes diwydiannol ardal y Mynydd Du; Dafydd yn cyfeirio at ddail un goeden o'dd yn siglo yn yr awel uwchben afon Twrch. Do'n i erio'd wedi sylwi arnyn nhw o'r bla'n – yr aethnen neu'r *aspen* o'dd hi. Aeth Dafydd yn ei fla'n i weud fod yna ddywediad yn y Gymra'g, 'yn crynu fel aethnen'. Ac yna uchafbwynt y diwrnod – Dafydd yn dawnsio o'n blaene ac yn gweud ei fod e wedi gweld tegeirian, *orchid* gymharol brin o'dd erio'd wedi ca'l ei chofnodi yn Sir Gâr o'r bla'n. Fe wrthododd e ddangos y blodyn i ni a hynny er mwyn diogelu'r safle. Teimlwyd cynnwrf mawr y diwrnod hwnnw.

Enjoies i bob muned o'r amser a dreulies yng Nghynghordy er mai yno y des i'n ymwybodol am y tro cynta o bicil yr iaith yn ardaloedd gwledig siroedd Caerfyrddin a Cheredigion. Tua deg ar hugen o blant o'dd yn yr ysgol ac os cofia i'n iawn symudodd Dafydd fel pennaeth o Randirmwyn i Gynghordy gan fod yr ysgol ar stepyn drws Llyn-y-Bryniau (a fastardeiddiwyd i Brianne gan rywun) wedi'i chau. Ma gen i gof mai ond un teulu cynhenid o'r ardal o'dd yn mynychu'r ysgol, a'r rheiny â Chymra'g glân, gloyw. Ro'dd ffermydd a bythynnod yn newid dwylo'n wythnosol rhwng Llanymddyfri a Llanwrtyd, ac yn amlach na pheidio yn ca'l eu prynu gan bobol ddi-Gymra'g. Ro'dd gwybodaeth Dafydd o fyd natur yn ddiarhebol, ac fel sawl un arall o naturiaethwyr Cymru, gan gynnwys yr adarwr Ted Breeze Jones, dylse'r unigolion gwybodus yma fod wedi ca'l eu defnyddio gan yr awdurdod lleol i ymweld ag ysgolion y sir i danio dychymyg plant a phobol ifanc. Ond yn anffodus, do'dd fawr o weledigaeth yn perthyn i gynghorwyr sirol a swyddogion addysg y gorffennol.

Ac yna, *out of the blue*, dderbynies i swydd mewn ysgol gynradd yn Llys-faen sef rhan freintiedig o'r brifddinas. Heddi ma rhai yn disgrifio'r pentre fel 'Beverley Hills Caerdydd', a hyd yn oed ar ddechre'r saithdege, ro'dd tipyn o dwtsh fel'ny yn perthyn i'r pentre. Wi'n cofio bod teledu ym mhob dosbarth ac ro'dd rhywbeth felly'n anarferol yr adeg honno. Fues i'n hapus iawn yno am ryw flwyddyn, er, fel pob actor, rhaid cyfadde 'mod i'n dal i aros i'r ffôn ganu a chlywed rhyw gyfarwyddwr yng Nghaerdydd, Llundain neu Los Angeles ar y pen arall yn despret ishe cynnig cytundeb i fi. Ac yn dilyn un alwad ffôn, da'th cynnig swydd gan John Phillips o Lyfrau'r Dryw yn Llandybïe fel isreolwr gyda'r cwmni neu rywbeth tebyg. Penderfynais ymddiswyddo fel athro a bwrw iddi i faes arall, oherwydd yn y bôn ro'n ni am sefydlu fy hun fel actor. A bod yn onest, fe ddechreues i whilo am dŷ ym mhentre Llandybïe, ond yn dilyn trafferthion o fewn yr argraffdy bu'r freuddwyd yn un wag a da'th dim byd ohoni. Chlywes i ddim gair wrth Mr Phillips ar ôl iddo fod mor awyddus yn wreiddiol.

Ar ôl bwrw prentisiaeth fel actor ar y ddrama *Y Ffordd*, lle ro'n ni mas bob nos yn perfformio ledled Cymru am bron i bymtheg wythnos, ro'n i'n rhyw deimlo ym mêr 'yn esgyrn y bydde rhywun ryw bryd yn cysylltu ac yn cynnig rhan i fi, a dyna'n union a ddigwyddodd ar ôl siom Llandybïe. Y rhywun hwnnw o'dd Peter Elias Jones o HTV ym Mhontcanna o'dd am ga'l gair â fi ynglŷn â chreu cymeriad newydd, anfail a fydde'n diddanu plant Cymru yn y gyfres boblogaidd *Miri Mawr*. Penderfynwyd ar wahadden fel y cymeriad newydd, a bydde'n ychwanegiad at griw Llywelyn Fawr, sef y cawr, Blodyn Tatws, y Dyn Creu, Dan Dŵr ac eraill. Yn ystod y cyfweliad do'dd dim sôn am enw i'r creadur ond o fewn dim ro'dd Peter wedi penderfynu ar Caleb. Cynigiwyd cytundeb o dri mis yn wreiddiol ond fe a'th y rhialtwch mla'n am dair blynedd, a fi fel sawl un arall o'r cast yn ca'l modd i fyw. Whare *silly buggers* a cha'l ein talu? Alle bywyd ddim bod lot yn well.

Ro'n ni fel criw o actorion yn agos iawn at ein gilydd a wi'n synnu dim mai John Ogwen awgrymodd fy enw i ar gyfer y rhan. Yno hefyd o'dd Dewi Pws, Gwyn Parry, Margaret Pritchard a Gaynor Morgan Rees (hi o'dd llais y cyw bach ciwt Calimero ac yn barod i dderbyn y swydd ar yr amod na fydde hi'n derbyn llond plât o gwstard yn ei hwyneb). Yn sicr, ro'dd plant Cymru'n tiwno mewn i'r rhaglen yn eu miloedd bob tro ac yn ei chanmol i'r cymyle, ond ro'n ni hefyd fel cast yn joio bob muned ac yn ca'l lot o sbri, a wi'n credu bod hynny'n rhan o gyfrinach llwyddiant y gyfres.

Yr adeg honno ro'dd pŵer aruthrol gan yr undebe – fel wedodd Plato yn ei gyfrol *The Republic*, 'One man, one art is best.' Fyddech chi ddim yn meiddio symud y set yn stiwdio HTV ddechre'r saithdege ne' fydde Roy Ely, *rep* yr Undeb, *up in arms*. Ac am un o'r gloch ro'dd hi'n amser rhoi'r twls ar y bar er mwyn ca'l cinio. Wi'n cofio Pws unwaith ar dop scaffold yn y stiwdio yn aros am help y criw i ddod lawr. Bu'n rhaid iddo aros yno am awr! O'dd dim yn dod rhwng y criw a'u hawr ginio.

Ro'dd hyd yn oed ambell aelod o'r criw technegol, o'dd yn deall dim gair o Gymra'g, yn wherthin cyment nes bod yn rhaid stopo ffilmo. Ro'dd Mefys o Sir Benfro, menyw camera, yn amal yn ei dwble ac yn ffaelu'n deg â chadw'r camera'n statig. Ro'n ni'r actorion ar delere da gyda Roy Ely ac o'dd e'n fodlon i ni symud props a sets heb ganiatâd swyddogol. Dyddie da, doniol a difyr o'dd y rhain.

Ro'dd Caleb yn dipyn o *celeb* – yn ca'l ei wahodd ar benwythnosau i bob rhan o Gymru ar gyfer agor ffeirie a *bazaars* ynghyd â beirniadu cant a mil o gystadlaethau. Ac nid yn unig y plant o'dd am gyfarfod â'r hen Caleb – ro'dd y mamau yn ca'l eu cynhyrfu ac am ga'l eu gweld yng nghwmni'r anifail hoffus. I rai menywod, yr unig reswm am fodolaeth dynion yw er mwyn ca'l rhywun i dorri'r lawnt ac i riparo *punctures*; ro'dd y menywod nes i gyfarfod yng ngwisg Caleb yn dra gwahanol!

Prif Weithredwr HTV Cymru yng Nghaerdydd ddechre'r saithdege o'dd Gwilym Owen, gŵr wi wastod wedi'i barchu a'i edmygu. Ro'ch chi'n gwbod lle ro'ch chi'n sefyll 'da fe – yn siarad yn blwmp ac yn blaen heb unrhyw falu cachu. Ta beth, ar un achlysur ro'dd hyd yn oed yr hen Gwilym ar bige'r drain gan fod Pennaeth ITV yn genedlaethol, yr Arglwyddes Plowden, ar ymweliad â phencadlys HTV ym Mhontcanna. Fe dderbyniodd cast *Miri Mawr* air o rybudd oddi wrth y *boss*: 'Bihafiwch!'

A phan gyrhaeddodd *entourage* yr Arglwyddes Plowden gyntedd y cwmni ro'dd nifer o griw *Miri Mawr* yno i'w chroesawu: gan gynnwys y Dyn Creu, sef Dewi Pws, o'dd wedi penderfynu gwishgo wig â blawd wedi stwffo oddi tano. Rhedodd Dewi ati a chydio ynddi'n gariadus cyn ei chroesawu â'r geirie, 'Lady Plowden, a warm welcome to Wales! You are very lucky to have Mr Owen sober, he's usually drunk by one o'clock.' Gyda hynny fe lifodd y blawd lawr o'i gorun dros Lady Plowden ac achosi panic gwyllt ar ran y gwesteion. A chyn arwain y foneddiges yn flawdog i gyd i'r oruwch ystafell am sgwrs fe sibrydodd Gwilym yng nghlust Dewi, 'Y bastard bach!' A'r 'bastard bach' fuodd Gwilym i ni byth wedi hynny. Ond a bod yn onest, o'dd Pws a fi'n dwlu arno fe.

'Hei, codwch! Fi sy â'r sêt 'na!'

Ar ddechre Ionawr 1972 teithiodd whech o Glwb Rygbi'r Aman i Lunden ar gyfer y gêm ryngwladol rhwng Lloegr a Chymru yn Twickers. Yn anffodus, do'dd dim un ticet 'da ni fois, ac er mwyn arbed arian a chwyddo'r *kitty* cwrw fe benderfynon ni archebu un stafell ddwbwl yng ngwesty'r Regent Palace yn Piccadilly gyda'r bwriad o shiffto rywsut a sleifio lan a lawr y stâr dân goncrit fel ysbrydion.

Yn dilyn brecwast hwyr ar y bore Sadwrn fe fuon ni'n ishte'n gyfforddus yn y lolfa yn atgyfnerthu wedi noson galed, a phan ddes i 'nôl, ar ôl gwneud galwad ffôn yn y *foyer*, ro'dd merch ifanc smart wedi dilyn esiampl *Goldilocks* a wedi bachu 'nghader i. Yn amal rwy'n ail-fyw'r digwyddiad ag embaras llwyr oherwydd, o fla'n ffrindie a'r criw o ferched dierth o Gaerdydd, fe ynganes i'r *chat-up line* anfarwol *charming*, 'Hei, codwch! Fi sy â'r sêt 'na!' Edrychodd hi arna i fel petawn i'n dwmpyn o dail a gwe'd mewn acen a swynodd fi'n syth, 'Gallwch chi ga'l eich sêt!' Edrychais arni, finne'n goch fel *beetroot*, a sylweddoli 'mod i wedi cwmpo mewn cariad yn y fan a'r lle!

O fewn munude ro'dd y merched wedi ffarwelio gan eu bod ar eu ffordd i Twickenham i weld y gêm a ninne'n gorffod cwtsho fel sardîns o gwmpas set deledu du a gwyn pedair modfedd ar ddeg yn y stafell wely. Cymru a'th â hi am y wheched tro yn olynol yn *HQ*, a'r *man mountain*, J. P. R. Williams, yn croesi am ei ail gais yn erbyn yr hen elyn. Wedi yfed peint neu ddou yn y gwesty penderfynwyd ar noson yng nghanol berw'r West End, ond tra o'dd y criw afreolus yn dal i ail-fyw'r fuddugoliaeth ro'n i'n dawel bach yn rhamantu am y ferch brydferth osgeiddig a weles i'r bore hwnnw.

Ac yna dyma ffawd yn ymyrryd! Pwy ymddangosodd mas o'r *underground* yng nghyffinie Oxford Circus o'dd y *glam girls* o'r brifddinas, ac ro'n nhw llawer pertach na'r Yanks ar y tipyn gyfres 'na, *Sex and the City.* Fe ymunon nhw â ni am weddill y noson, a chyn ei throi hi am y *Black Hole of Calcutta* fe gytunodd Betty Bundock o Lanwnnen ryddhau ei manylion teleffon i fi. Ro'n i ar ben 'y nigon, a'r canlyniad yn *HQ* yn gwbwl ddibwys!

'Dyw hon ddim yn Liberace!'

Ry'ch chi'n clywed cyment y dyddie 'ma am *logistics*, ond y tro hwn do'dd dim ishe help FedEx na UPS. Yn dilyn un alwad ffôn unwyd pentrefi Llanwnnen a'r Garnant! Cofiwch ro'dd Betty'n hwyr ar gyfer y *date* gynta un – yn hwyr iawn, ond do'dd dim ots. Fydden i wedi aros tan Nadolig amdani, a thros yr wythnose blodeuodd y berthynas, ac o fewn rhyw flwyddyn ro'n ni'n dou wedi penderfynu priodi. Ar y pryd, gweithiai Betty fel PA i'r BBC yn Llandaf a finne'n athro parchus ar gyrion y brifddinas.

O'r cychwyn cynta ro'dd mam Betty, Elizabeth Jane – neu Bessie i bawb yn y gymdogaeth – yn 'y ngweld i fel ryw *rough diamond.* Wi'n cofio'r tro cynta i ni gwrdd. 'Pwy yw hwn?' meddai gan fwrw golwg ar bâr o *jeans* dira'n a chrys fydde'r sipsiwn wedi meddwl ddwywaith cyn ei wishgo. Un o Lanwnnen o'dd Bessie a'i thad Ronald yn dod o Dreherbert yn y Rhondda Fawr. Cwrddodd y ddou yn y Carlton Club yn Llundain lle ro'n nhw'n gweini ar fawrion a phwysigion y genedl. Ma geirie Bessie yn dal yn tasgu'n fyw o hyd: 'Ro'n ni'n casáu tendo ar Winston Churchill. Ro'dd pawb ar y staff yn ei gasáu e; fe a'i sigâr a'i dwang a'i agwedd anffodus.' Pan dorrodd y rhyfel mas, da'th gorchymyn i ddychwelyd i Gymru ar unwaith, a dyna ddigwyddodd.

Ma Betty'n amal yn sôn am y tensiwn a'r tyndra o'dd yn bodoli rhwng Bessie a finne:

Ro'dd Hywel a mam fel ci a chath – y naill a'r llall yn mynnu ca'l y gair ola. I mam ro'dd Hywel yn fwy o ddiawl na'r hen Churchill! Ac yna'n rhyfeddol, unwaith da'th y plant, dechreuodd y ddou gytuno a pharchu'i gilydd. Ro'n nhw'n ffrindie mynwesol tan marwolaeth Mam ym mis Ionawr 1995. Ac er i'r ddau ohonom ysgaru rai blynyddo'dd yn ôl, dwi'n hynod ddiolchgar ei fod e'n dal i alw heibio yn y fynwent i weld bedd Mam pan fydd e paso'r pentre.

Fe briodon ni ychydig dros flwyddyn ar ôl y cyfarfod anffodus hwnnw yn y Regent Palace yn Llundain, a hynny yng Nghapel Alltyblacca, a gweinidog carismataidd yr Undodiaid, y Parchedig D. Jacob Davies yn gyfrifol am y seremoni. Ro'dd cysylltiad clòs rhwng y capel a Iolo Morganwg. Flynyddo'dd yn ddiweddarach fe whareues i ran Iolo mewn cynhyrchiad gyda chwmni Taliesin. Fe fydde'r ddou ohonon ni wedi bod yn hapus gyda'n gilydd wi'n siŵr – fi â 'mheint a Iolo â'i gyffurie!

Gwraig y gweinidog o'dd yn whare'r organ, a phan gerddodd Betty mewn i'r capel, ro'dd hi'n amlwg fod nifer o nodau anghywir yn ca'l eu whare. Pan gyrhaeddodd Betty fi, dyma fi'n sibrwd, ond yn ddigon uchel i Jacob glywed, 'Dyw hon ddim yn Liberace!' Yffach! Ges i lond pen tu fas y capel gan Betty. Nid honna fydde'n stŵr ola i chwaith. Ro'dd Jacob Davies yn gymeriad hoffus ac unigryw ac ro'dd hi'n glatshen aruthrol i'r gymuned ac i Gymru gyfan pan fuodd e farw'n syden ryw naw mis yn ddiweddarach ac ynte ond yn 57 mlwydd oed. Pregethwr, darlledwr, sgriptiwr, bardd – ro'dd Jacob Davies Alltyblaca yn gaffaeliad mewn ystod eang o feysydd. Tra o'dd e'n weinidog yn Aberdâr ro'dd e'n un o brif sefydlwyr y mudiad i godi ysgol Gymra'g yn y dref. Yn ôl D. J. Goronwy Evans, 'Un o'i ddoniau pennaf oedd nid yn unig y gallu i gadw ei feddwl ar ei waith ond hefyd y gallu i gadw ei waith ar ei feddwl.' Cyfrannodd sgriptie i dair mil o raglenni radio a chyhoeddodd nifer fawr o lyfre, yn ogystal â chyfansoddi erthygl wythnosol yn *Y Cymro* am gyfnod o ddegawd. Enillodd ar y ddychangerdd, y delyneg, y gerdd ddwli, y traethawd a'r stori fer yn yr Eisteddfod Genedlaethol. Petai e'n gricedwr, fe fydde wedi batio, bowlio a chadw wiced!

Y fi o'dd yn gyfrifol am drefnu'r mis mêl a rhaid cyfadde 'nes i gawl o bethe. Arhoson ni'r noson gynta yn y Boar's Head yng Nghaerfyrddin, neu fel fydde Selwyn Roderick yn ei weud, 'The Whore's Bed'. A'r ddou ohonon ni'n ymddangos ben bore yn sionc a chwareus o borth y gwesty, fe sylweddolon ni fod un o'r teiars mor fflat â ffroesen. A na, nid Betty newidodd y *wheel* ond y fi! Ro'dd angen teiar sbâr ar gyfer y daith i Gernyw a bu'n rhaid neud *detour via* Garnant gan fod lle teiars drws nesa ond un i gartre Mam a Dad.

Ro'n i wedi archebu stafell mewn gwesty yn Perranport ac yn gobeithio aros yno am wythnos. Yn anffodus ro'dd e'n westy nad o'dd wedi newid ryw lawer ers dyddie Poldark, y math o westy lle o'ch chi'n sychu'ch tra'd ar y ffordd mas! Pan welodd y ddou ohonon ni'r stafell wely buon ni bron â cha'l haint – *bunk-beds* ar gyfer dou o'dd newydd briodi a'r drewdod yn y stafell molchi y tu hwnt i eirie! Fe alle'r perchennog fod wedi ca'l swydd 'da'r Gestapo: 'Breakfast is at eight in the morning and your evening meal served promptly at seven in the evening.' Dyna'r unig dro yn 'y mywyd i fi ga'l sbageti a saws tomato i frecwast! Fuon ni ddim yno'n hir. Fe wellodd pethe pan gyrhaeddon ni ardal Cheddar a cha'l lle a chroeso brenhinol yn y George Hotel. Fe geson ni ddiwrnod arbennig yng Nghaerfaddon a finne'n ca'l caniatâd i weld y tîm rygbi lleol yn whare ar y Rec. *Lovely*!

Hunlle deuluol

O fewn pedwar mis i'r briodas, a Betty a finne wedi setlo mewn fflat yn ardal Parc Fictoria o Gaerdydd, da'th tro ar fyd pan laddwyd Walter, brawd Betty, mewn damwain car erchyll yng nghyffinie Cilie Aeron. Am ryw reswm collwyd rheolaeth ar y car ac aeth y cerbyd bant o'r hewl a tharo coeden. Ro'n i wedi hanner addo mynd 'da fe i Gystadleuaeth Saith Bob Ochr Aberaeron y prynhawn hwnnw ond yn y diwedd es i ddim, ac yn amal wi'n meddwl, 'Tybed a fydde Walter yn dal yn fyw 'sen i wedi mynd 'da fe?' Dyma'r cyfnod cyn bod gwishgo gwregysau yn orfodol; a bod yn onest dyma'r cyfnod pan o'dd ceir yn ca'l eu gwerthu heb wregysau. Do's neb yn gwbod yn hollol beth ddigwyddodd, hyd yn oed heddi, ond ro'dd hi'n gysur i deuluoedd Walter a David nad alcohol achosodd y ddamwain.

Ro'n nhw'n bump o blant ac ma'r golled yn dal i fod yn un drom i John, Watkin, Keith a Betty. Ro'dd Walter newydd raddio mewn cwrs ym Mhrifysgol Llundain ar adfer ac adnewyddu celfi ac yn llawn brwdfrydedd ynglŷn â'i ddyfodol.

Yr Evansiaid v. Cyngor Sir De Morgannwg

Ma 'na ddeng mlynedd ar hugen a mwy ers y bennod hon yn ein bywyde ni ond ma 'nghalon i'n dal i guro fel gordd bob tro bydda i'n ail-fyw'r hunlle. Yn sgil y digwyddiade, fe alle'r Evansiaid fod wedi colli perchnogaeth o'u tŷ a phob un geiniog o'u harian. Yn ogystal, ro'dd Cyngor Sir De Morgannwg yn bygwth mynd â Catrin, y ferch, i ofal y Gwasanaethau Cymdeithasol a 'ngosod i mewn carchar agored. Ga i ymhelaethu.

Ganwyd Llŷr a Catrin ar ddiwedd y saithdege yn Ysbyty'r Glowyr yn nhre hanesyddol Caerffili. Ganwyd Llŷr yn 1977 a Catrin ddwy flynedd yn ddiweddarach. Ro'dd Llŷr i ddechre ar ei addysg ffurfiol yn Ysgol Gynradd Gymraeg Caerffili. Yn 1982 symudon ni i ardal Pontcanna o Gaerdydd a chofrestrwyd y mab pump oed yn Ysgol Gymraeg Coed-y-gof lle ro'dd Tom Evans yn brifathro. Ro'dd e'n ŵr hynaws, ac yn fawr ei barch fel addysgwr.

Ar y pryd ro'dd lle i Llŷr yn y dosbarth derbyn ond fe'n rhybuddiwyd ni gan yr Adran Addysg nad o'dd hawlie uniongyrchol gennym ar gyfer unrhyw frodyr a chwiorydd. Ddwy flynedd yn ddiweddarach ro'dd hi'n amser i Catrin ddechre ar ei haddysg ffurfiol, ac er bod galw mawr am addysg drwy gyfrwng y Gymra'g yn y brifddinas, cawsom gadarnhad gan y prifathro fod lle iddi yn y dosbarth. Do'dd Cadeirydd Pwyllgor Addysg Cyngor Sir De Morgannwg, Emyr Currie Jones (Cymro Cymra'g a alle fod wedi'i anfarwoli'i hun yn y frwydr i sefydlu mwy o ysgolion cynradd Cymra'g yng Nghaerdydd) ddim yn cytuno, ac un bore fe dderbynion ni lythyr swyddogol yn datgan yn blwmp ac yn blaen y bydde'n rhaid i ni gludo Catrin ar draws Caerdydd i ysgol Gymra'g yn ardal Llanrhymni.

Ro'dd Betty a finne yr un mor styfnig â'r Awdurdod, ac yn mynnu whare teg i'r ferch. Do'n ni ddim yn mynd i adael iddi deithio am filltiroedd lawer ar ei phen ei hun am wyth y bore o Bontcanna i gyfeiriad dwyrain Caerdydd. Ro'n i am iddi fynychu'r un ysgol â'i brawd, yn enwedig gan fod Mr Tom Evans wedi gweud fod yna le yn nosbarth derbyn Coed-y-gof. Bu'n *Gun Fight at the OK Corrall* yn ogystal â *High Noon* yn y sefydliad addysgol yn ardal Pentre-baen – ro'dd y ferch bump oed hon yn methu'n gyfreithiol ag ymuno â'i chyd-ddisgyblion yn y dosbarth ond yn ca'l mynediad i'r ysgol. *Bizarre*!

Yn ystod y cyfnod hwnnw bydde Betty ne' finne yn mynd â Catrin i'r ysgol (yn naturiol do'dd dim modd hawlio cludiant) ac yn aros yn amyneddgar am ychydig yn y cyntedd. Ar ôl i bethe dawelu, bydde Catrin yn ymuno â'i ffrindie yn y dosbarth gyda chaniatâd Tom Evans. Ro'dd hi bown' o fod yn teimlo'n wahanol, yn wir, 'nath hi gyfadde i fi a'i mam pan o'dd hi'n ddwy ar bymtheg oed ei bod hi'n meddwl iddi ga'l ei mabwysiadu, ond diolch i egni a brwdfrydedd y staff, a gyda rhieni Coed-y-gof yn gefnogol tu hwnt, ni chafwyd unrhyw anhawster. Setlodd Catrin yn gymharol ddidrafferth yn y dosbarth a'r ysgol.

Ro'n ni'n benderfynol o newid barn ac agwedd y Cyngor Sir a phenderfynodd Betty a finne dorchi llewys a cheisio ennill unrhyw achos drwy lythyru cyson, cysylltu â phobol allweddol a brwydro hyd eithaf ein gallu. Dyfal donc a dyrr y garreg.

Petai cwmni theatr yng Nghymru wedi bwrw ati i greu drama mas o'r sefyllfa, yna'n sicr un o brif gymeriadau'r cynhyrchiad fydde'r cyfreithiwr ac un o hoelion wyth y mudiad Rhieni Dros Addysg Gymraeg, Mr Michael Jones. Fe brofodd ei hun yn arwr ac yn sant. Ro'dd e yno ar ein cyfer ddydd a nos, yn cynghori'n ddoeth ac yn ein hargyhoeddi y bydde safiad y ddou ohonom, yn y pen draw, yn gweddnewid polisïau'r sir ar gyfer yr holl rieni o'dd yn dymuno addysg trwy gyfrwng y Gymra'g i'w plant. Ar y pryd ro'dd yna beder ysgol Gymra'g yn y ddinas.

Ro'dd Betty a finne'n amal yn teimlo'n ddigalon, ond yn dilyn un cyfarfod yn swyddfa Michael Jones trodd yr iselder ysbryd yn llawenydd. Yno yn y cnawd o'dd un o'n ffrindie o gyfnod plentyndod yng Nglanaman, Vernon Pugh QC, o'dd wedi cytuno i ymladd yr achos drosom. Ar ôl misoedd o dorcalon gallwch chi ond dychmygu'n rhyddhad a'n gorfoledd.

Yn yr achos cynta bu Michael Jones a Vernon Pugh yn traethu o flaen y Barnwr Michael Davies yn Llys y Goron yng Nghaerdydd, ac ar ôl gwrando'n astud ar y dadleuon, gwrthododd y Barnwr ddod i benderfyniad. Mynnodd fod yn rhaid i'r achos fynd i banel apêl. A bod yn onest, ro'dd y Barnwr yn cydymdeimlo â ni fel teulu, ond ro'dd yn pwysleisio na ddylem dorri'r gyfraith. Ar y ffordd mas o'r llys, a channoedd o rieni Coed-y-gof yno i'n cefnogi,

neidiodd Ray Gravell dros un o'r rwystre a chyfarch y Barnwr
Michael Davies, o'dd yn ca'l ei amddiffyn gan ddou blisman, â'r
geiriau, 'Judgy baby! Top man!' Ro'n i'n dychmygu 'mod i ar y
ffordd i Dŵr Llundain!

Yn y cyfamser, yn dilyn trafodaethau rhwng Adran Addysg y
Sir a'r Adran Gwasanaethau Cymdeithasol, ceisiwyd fy nghael i'n
euog o dresmasu ar dir yr ysgol a cha'l fy nghyhuddo o ddiffyg
gofal fel rhiant. Ro'dd posiblrwydd go iawn y gallen i ga'l fy
nghludo i garchar agored. Yn amlwg ro'dd y Cyngor Sir o dan
fygythiad, a'i swyddogion nid yn unig am ennill yr achos, ond
hefyd am ffrwyno ymdrechion rhieni'r ddinas dros ga'l ysgolion
Cymra'g ychwanegol.

Yn y panel apêl, a Michael Jones eto'n ein cynrychioli fel eiriolwr,
lle ro'dd dou farnwr yn bresennol yn ogystal â Chynghorydd Sirol
a dou brifathro, gofynnwyd i ni brofi dou beth:

    (i) nad oedd gwastraff adnoddau addysgol yn gysylltiedig
          â'r cais
    (ii) na fydde plant eraill y dosbarth dan unrhyw anfantais.

Collwyd yr achos hwn. A bod yn onest ro'dd y ddwy ochor yn
y niwl ynglŷn â phrofi'r cymalau dan sylw. Ond fe benderfynon
ni – yr Evansiaid a Rhieni dros Addysg Gymraeg – apelio am
arolwg ac adolygiad barnwrol o flaen barnwr yn yr Uchel Lys yn
Llundain. Yn ystod y cyfnod hwn do'dd Catrin ddim yn mynd
i'r ysgol o gwbwl; y Cyngor Sir yn mynnu ei hanfon i Ysgol
Bro Eirwg a Betty a finne'n gwrthod ufuddhau. Ro'dd pethe'n
poethi! Ro'n ni'n dawel hyderus gan fod Vernon Pugh QC, a
fu wrthi'n cynrychioli'r Cyngor Sir droeon yn y gorffennol, yn
dal i ymladd ein cornel, nid yn unig am ei fod am gefnogi hen
ffrind, ond yn bwysicach fyth am ei fod yn teimlo'n gryf dros
ddilysrwydd a chyfiawnder yr achos. Y Cymro Cymra'g, Syr

John Morris, sef y cyn-Dwrne Cyffredinol yn llywodraeth Tony Blair, a benodwyd i gynrychioli'r Awdurdod a do'n i a Betty ddim yn hapus â'i safiad yn yr Uchel Lys. Ond gyda Vernon fel eiriolwr yn feistrolgar o fla'n y Barnwr Forbes, llwyddwyd i ennill y dydd. Fe brofodd y gŵr o Lyn-moch yng Nglanaman ei fod yn drech na'i wrthwynebwyr, yn hyddysg yn y gyfraith, yn ogystal â bod yn llefarydd craff a huawdl.

Ond, do'dd Cyngor Sir De Morgannwg ddim yn barod i ildio, ac yn dilyn apêl arall ganddynt fe'n llusgwyd 'nôl i'r llys ar gyfer yr achos ola un. Penderfynwyd croesholi'r prifathro Tom Evans y tro hwn gan obeithio bydde datganiade'r pennaeth yn ffafrio'r Awdurdod ac yn dirwyn pob dim i ben unwaith ac am byth. Gofynnwyd yr un cwestiynau droeon a thro iddo ond ro'dd Mr Evans yn gadarnach na chraig Gibraltar a bu'n rhaid i Emyr Currie Jones, a'i Gyngor Sir – ar ôl cweryl a barodd dros flwyddyn – dderbyn fod eu holl ymdrechion yn aflwyddiannus. Bellach ro'dd Catrin yn ddisgybl swyddogol yn Ysgol Gymraeg Coed-y-gof.

Y siom wrth ddishgwl 'nôl o'dd diffyg cefnogaeth y Cymry Cymra'g cyflogedig a gynrychiolai'r Cyngor Sir. Yr adeg honno, a hyd yn oed heddiw, daw'r bygythiad penna i'r iaith Gymra'g o gyfeiriad y Cymry Cymra'g. Ond, bu rhywfaint o gyfaddawd yn dilyn y storom; magwyd ewyllys da ac ysbryd newydd gyda Chyngor Sir De Morgannwg ac Emyr Currie Jones, ac fe orchymynnodd i swyddogion y sir gyfarfod â chynrychiolwyr Rhieni Dros Addysg Gymraeg yn rheolaidd, ond wi'n dal heb fadde iddyn nhw. Yn dilyn yr holl drafô, agorwyd pumed ysgol Gymra'g yn Nhreganna, ac o 1985 ymlaen agorwyd ysgolion Cymra'g yn gyson er mwyn ymateb i'r galw cynyddol. Bellach, ma un ar bymtheg o ysgolion cynradd Cymra'g yng Nghaerdydd.

Ma Mr Michael Jones, yn argyhoeddedig mai brwydr Ysgol Pont Siôn Norton ac achos yr Evansiaid yn ne Morgannwg ysgogodd yr awdurdode i weithredu'n gadarnhaol dros addysg cyfrwng Cymra'g yng Nghaerdydd a'r cymoedd. Ry'n ni fel teulu'n hynod falch o fod wedi cyfrannu at y twf a'r datblygiad ond rhaid cofio mai brwydro ar ran ein plentyn o'n ni ar y pryd. Heddi ry'n ni'n edrych 'nôl ar y bennod â rhywfaint o falchder ond bu'r cyfnod yn un pryderus hefyd. Fel ma nhw'n eu weud yn Nyffryn Aman, 'Dwlon ni mo'r sbwnj miwn!' Ro'dd cryfder a dyfalbarhad Betty'n allweddol yn y fuddugoliaeth.

Ma'r gair ola am y cwbwl yn deyrnged i'r prifathro Tom Evans a'r staff a fu'n gymorth mawr drwy gydol yr amser. Ar hyd gyrfa Tom cyflawnodd waith arloesol yn y sector cynradd Cymra'g a hynny yn ysgolion Bryntaf a Choed-y-Gof. Ro'dd pob plentyn yn bwysig i Tom a champ aruthrol o'dd sefydlu Uned Anghenion Arbennig yn Ysgol Coed-y-gof. Fel y cyfeiriodd cyn-brifathro Ysgol Gyfun Glantaf, J. E. Malcolm Thomas, yn ei deyrnged iddo yn *Y Tyst,* yn dilyn marwolaeth Tom ddechre Ionawr 2013, 'Mae llwyddiant addysg Gymraeg y ddinas heddiw yn deyrnged i'r sylfaen gadarn a osodwyd ganddo.'

Tensiwn a thyndra!

Ry'n ni gyd yn wahanol. Rhai yn *laid-back* a hyderus yn yr orie a'r munude cyn digwyddiade o bwys, tra bod calonne eraill yn cyflymu cyn camu ar lwyfan neu ga' whare. Rhaid i fi gyfadde, hyd yn oed ar ôl deugen mlynedd, fod nerfusrwydd yn cnoi'r stumog yn rhacs cyn y perfformiad cynta ar lwyfan o hyd. O'r rihyrsals tan y noson fawr wi ar bige'r drain, y pili pala yn dawnsio yn y bola. Fy null i o baratoi ar gyfer cynhyrchiad yw ymarfer cyson. Hyn er mwyn dysgu llinelle, ceisio perffeithio'r dechneg o fowldio'r unigolyn wi'n ceisio'i bortreadu, yn ogystal â chyfarwyddo'n raddol â rôls y cymeriade eraill. Ym myd y bêl hirgron, ro'dd Barry John yn enghraifft o rywun o'dd am ymlacio'n llwyr cyn y gic gynta, a hyd yn oed yn yr ystafell newid yn gwasgu gwlân cotwm yn ei glustie er mwyn anwybyddu cyfarwyddiade'r hyfforddwr a'r capten. Ar y llaw arall ro'dd Gareth Edwards yn rhacs yn feddyliol yn y dyddie cyn cyhoeddi tîm Cymru. Yn y cyfnod pan o'dd Clive Rowlands yn hyfforddwr ac yn ddewiswr y tîm cenedlaethol, ro'dd yna alwade ffôn cyson rhwng Gwauncaegurwen a Chwmtwrch Ucha. Pwrpas y sgwrs o'dd trio ffindo mas os o'dd Gareth yn y tîm ar gyfer y gêm nesa, a bydde'r sgwrs yn dilyn rhywbeth tebyg i'r trywydd 'ma:

Gareth: Margaret? O's modd ca'l un gair bach â Clive? [Margaret o'dd gwraig Clive a hi fel arfer fydde'n ateb y ffôn.]

Margaret: Clive! Ma Gareth am ga'l gair â ti. Dere glou!

Clive: Ie? Be ti mo'yn?

Gareth: Clive, ma'r garfan yn ca'l ei chyhoeddi nos yfory. Ydw i yn y tîm?

Clive: Gareth, alla i byth â gweud! Ma'n waith i fel hyfforddwr yn dibynnu ar onestrwydd, a chadw cyfrinache. Wi'n gwbod yr ateb i dy gwestiwn di, ond smo i'n folon gweud.

Gareth: Ond Clive!

Clive: Sori, Gareth. Ry'n ni'n nabod ein gilydd yn dda, y ddou ohonon ni'n siarad Cymra'g ac yn dod o'r un ardal, ond smo fi'n barod i ddatgelu. Yn bendant, na!

Gareth: Ond Clive!

Clive: Dishgwl, Gareth. Alla i byth â gweud os wyt ti yn y tîm. Ond fe alla i weud hyn – dwyt ti ddim *mas* o'r tîm!

Gareth: Diolch yn fawr, Clive. Joia dy noswaith!

Ro'dd 1983 yn flwyddyn gofiadwy – diflannodd y ceffyl rasio Shergar, gwobrwywyd y ffilm *Gandhi* ag wyth Oscar, darlledwyd *Breakfast Time* am y tro cynta, gyda Frank Bough a Selina Scott yn cyflwyno, ymddangosodd protestwyr yng Nghomin Greenham am y tro cynta i ddatgan gwrthwynebiad i'r taflegrau o'r Unol Daleithiau a fues i bron â thwlu'r sbwnj mewn ar yrfa fel actor ar ôl cyfres o brofiadau annymunol ar set y ddrama *Noa*.

Pan dderbynies i'r alwad ffôn gan Gyfarwyddwraig Artistig newydd Cwmni Theatr Cymru, Mrs Emily Davies, ro'n i yn fy seithfed ne'. Ro'dd hi am i fi whare rhan Noa yn y cynhyrchiad *Noa* gan y Ffrancwr André Obey! Ar y pryd ro'n i'n un o actorion *Pobol y Cwm* ond yn wahanol i fwyafrif y cast, ro'n i'n awyddus i ehangu 'ngorwelion a chymeryd rhan mewn cynyrchiade eraill. A whare teg fe gytunodd Gwyn Hughes Jones, o'dd wrthi'n cyfarwyddo *Pobol y Cwm* ar y pryd, i'n ryddhau i o ddyletswyddau'r opera sebon am ddeufis. Ar hyd y blynyddo'dd bu Gwyn yn ddylanwad positif ar 'y ngyrfa i fel actor ac ma 'da fi barch mawr iddo yn rhinwedd ei swydd ac iddo fe fel unigolyn. Ar ôl derbyn sêl bendith Gwyn, cysylltes i â Mrs Davies yn cadarnhau 'mod i ar ga'l ac yn awyddus i ymuno â'r criw ar gyfer y cynhyrchiad.

Felly, fe gyrhaeddes hen gapel y Tabernacl ym Mangor, o'dd bellach yn eiddo i Gwmni Theatr Cymru, i ddechre ymarferion a chyfarfod â gweddill y cast. Marged Esli o'dd wedi'i dewis i whare rhan gwraig Noa'n wreiddiol, ond yn dilyn salwch bu'n rhaid iddi ildio'r awennau i Eirlys Parry o'dd yn adnabyddus fel cantores ond yn gymharol ddibrofiad fel actores. Ro'dd Emily Davies wedi dod i amlygrwydd fel darlithydd yng Ngholeg Prifysgol Cymru, Aberystwyth, ac yn fawr ei pharch ledled Cymru a thu hwnt. Ro'n i'n adnabod nifer o gyn-fyfyrwyr Mrs Davies o'dd wedi torri cwys amlwg i'w hunen ym myd y theatr o ganlyniad i'r profiade a gawson nhw yn adran ddrama'r brifysgol. Ro'dd hi'n amlwg yn brofiadol, yn egnïol ac yn deall ei phethe, ond i radde ro'dd ei harbenigedd yn seiliedig ar ei gwaith fel darlithydd coleg.

Penderfynodd Mrs Davies amgylchynu'i hun â chriw o'i chyn-fyfyrwyr a'r rheiny'n cynnwys Ynyr Williams, Nia Caron, Alun ap Brinley, Geraint Lewis, Betsan Llwyd, Rhian Morgan a Richard Elfyn. Ro'n nhw'n gyfarwydd â hi, yn ei heilunaddoli hyd yn oed, ac yn fodlon mynd drwy ddŵr a thân i'w phlesio hi. Ro'n i'n dipyn o *outsider* fel allech chi ddishgwl, ac fel o'dd y diwrnode'n mynd yn eu bla'n fe dda'th pawb, yn actorion ac yn griw cefen llwyfan, i sylweddoli fod yna densiwn a thyndra yn yr aer . . . a fi o'dd Dennis the Menace!

Yn 'y marn i, *mistake* o'dd rhoi cytundebe i gyment o'i chyn-fyfyrwyr. Ac nid hi yw'r unig un sy'n euog o gamgymeriadau tebyg – ma hyfforddwyr byd y campau yn penodi staff ma nhw'n gyffyrddus â nhw; penaethiaid ysgolion a cholegau yn penodi uwch-athrawon ma'n nhw'n gallu'u rheoli, ac o bryd i'w gilydd ma hynny'n gamgymeriad mawr. Yn achos myfyrwyr newydd raddio, wedi'u mowldio'n ofalus am dair blynedd, ro'dd angen iddyn nhw ffarwelio â'r nyth gysurus a cha'l eu harwain, eu hysbrydoli a'u dylanwadu gan gyfarwyddwyr newydd a gwahanol.

Wedi gweud 'ny, wi'n cydnabod fod Mrs Davies wedi cysylltu â nifer fawr o actorion yng Nghymru o'dd yn berchen ar garden Equity, a siomedig o'dd yr ymateb gan fod S4C ar y trothwy a nifer yn gweld eu dyfodol ar deledu. Yn anffodus fe drodd yr ymarferion yn hunlle. Ro'dd y cwbwl fel bod 'nôl yn y coleg a hynny ar ôl dishgwl mla'n cyment i'r profiad. Pam a'th pethe i'r pen felly? Bu'r *rehearsals* yn drychinebus o safbwynt personol; ro'n i'n casáu'r ymarferion twymo lan gan 'y 'mod i'n awyddus i ddysgu'r llinelle. Ro'n i'n gyfarwydd â 'dysgu sgript wrth ymarfer', yn ogystal â cheisio uniaethu'n hunan â'r cymeriad. Datblygodd y sefyllfa i fod yn un annymunol. Ro'dd y ddou ohonon ni fel ci a chath, a gweddill y cast yn teimlo rhyw anniddigrwydd ac yn dawel bach yn fy niawlio i am gwestiynu dulliau Mrs Davies. Ro'n i'n gyfarwydd â dulliau gwahanol – do'n nhw ddim.

Ar ôl rhyw wythnos, es i bant am ginio ysgafn un diwrnod a dychwelyd i ddarganfod fod yna gyfarfod o bwys ar fin dechre i geisio lleddfu ar densiwn y sefyllfa. Ro'dd gofyn i bawb, yr actorion a'r staff cynorthwyol, ishte mewn cylch ar y llawr, cau ein llygaid a chyffwrdd â'r person nesaf atynt. Yn gwbwl ddamweiniol 'nes i gyffwrdd â bronne Rhian Morgan, a diolch i'r drefen ro'dd hi'n sylweddoli ar unwaith nad gweithred bwrpasol fu'r cyffyrddiad. Damwain lwyr. Ac yna, gan ddechre gyda Nia Caron, gofynnwyd i ni siarad am ein profiade. Os do fe 'te! Fe gerddes i mas; ro'n i wedi ca'l llond bola. Wi'n gwbod . . . ro'n i'n gyfrifol am weithred hollol amhroffesiynol o'dd yn debygol o ddinistrio enw da'r cwmni.

Fe dreulies i orie'n siarad â Betty 'y ngwraig ar y ffôn a hithe'n pwysleisio bod angen i mi dawelu a dychwelyd i'r sesiwn ymarfer cyn gynted â phosib. Trw' lwc ro'dd Christine Pritchard yn ymarfer yng Nghaernarfon ar gynhyrchiad arall ac fe dda'th hi draw i Fangor ac ategu'r geirie a glywes i gan Betty. Buodd Christine yn ffrind mawr i fi yn y blynydde cynnar gyda Chwmni Theatr Cymru, ddysges i lawer yn ei chwmni hi, ma Christine yn rhywun sydd a golwg arbennig ac eang ar fywyd. Ar y pier ym Mangor fe floeddiodd Christine, 'Paid â gadael y cwmni. Fe fyddi di'n torri'r cytundeb a ma hynny'n anfaddeuol.' A'r noson honno fe benderfynes i wrando ar gyngor y ddwy. Y fi o'dd y cynta ar y set bore dranno'th.

Ond ro'dd y ddrama'n bell o fod ar ben. Ro'dd y perfformiad cynta un yn Theatr Ardudwy Harlech ar y Llun, ond ar y ffordd i'r lleoliad bu dou o'r criw cefen llwyfan mewn damwain car a bu'n rhaid eu cludo i'r ysbyty. Ro'dd Richard Elfyn a finne wedi teithio i'r dre lan môr ger y twyni tywod gyda'n gilydd ar gyfer yr ymarfer ola cyn y perfformiad y noson honno. Ond anfonwyd rhai o'r criw gartre gan eu bod mewn tipyn o stad wedi clywed y newyddion. Gohiriwyd y perfformiad. Ro'dd nifer yn anhapus ynglŷn â'r penderfyniad, gan 'y nghynnwys i. Ro'dd yna ddigon o actorion ar ga'l i lwyfannu'r ddrama. 'The show must go on' yw'r gri ym myd y theatr, ond nid dyna ddigwyddodd yn Harlech yn 1983.

Fe fyddwch chi ddarllenwyr yn teimlo mai fi o'dd ar fai am y saga hon a wi'n barod i dderbyn eich beirniadaeth chi. Ma gen i barch mawr i Rhian Morgan fel person ac actores ac fe gyfaddefodd wrtha i beth amser yn ôl, 'Hywel, erbyn hyn dwi'n dwlu arnat ti – ond adeg *Noa* o'n i'n dy gasáu di achos o'dd 'da fi shwd feddwl o Emily . . . Anghofia i fyth dy weld di fel Noa yn chwythu dy drwyn yn dy ffedog a funude'n ddiweddarach yn gweld dy wraig; sef Eirlys Parry, a'i phen yn dy gôl di!'

Wi'n fodlon cydnabod fod lot o actorion yn meddwl y byd o Emily ond wi'n dal yn argyhoeddedig fod yna wahaniaeth syfrdanol rhyngddi hi a Wilbert. Ar ddechre ei gyrfa, darlithydd coleg o'dd Mrs Davies nid cyfarwyddwraig broffesiynol. Yn hwyrach da'th canmoliaeth adeg Eisteddfod Llangefni pan lwyfannwyd tri chynhyrchiad sef *Guernica*, *Tair Chwaer*, o'dd yn gyfieithiad o ddrama Anton Chekhov, a *Siwan* gan Saunders Lewis.

Ma Rhian yn dal i weud fod Mrs Davies wedi trio'i gore gyda fi drwy adael i fi gyrradd am hanner awr wedi deg y bore er mwyn osgoi'r 'warm-up' ond parhau 'nath y tensiwn drwy'r cynhyrchiad. Ro'dd y gynulleidfa'n dod i weld *Noa* gan ddishgwl pantomeim, ond sioe o'dd hon. Falle mai camgymeriad o'dd llwyfannu'r fath gynhyrchiad. Falle bydde rhai yn meddwl mai gwell fydde peidio cynnwys y bennod anffodus hon ac anghofio amdani, ond mewn hunangofiant rhaid ceisio bod yn onest, ac os mai fi fydd o dan y lach, yna 'so be it.' Yn ystod *Noa* cynigiwyd cytundeb i Ceri Sherlock, cynhyrchydd ifanc o'dd wedi gweithio 'da Jonathan Miller yn Llundain; a finne mewn shwd dymer drwg, mynnes ei alw yn 'boy genius' a 'boy Shylock'. Beth alla i weud? O'n i ddim ar 'y ngore.

Cwblhawyd y daith o gwmpas neuadde a theatrau Cymru, ac un prynhawn, yn y perfformiad ola un yn Theatr y Sherman yng Nghaerdydd cyn diwedd y sioe ro'dd rhesi o bobol ifanc ar eu traed yn ca'l eu cyfeirio i gyfeiriad y drysau gan fod y bysus yn awyddus i ddychwelyd i'r ysgol cyn diwedd y diwrnod ysgol. A finne, fel Noa, ar 'y nglinie, yn offrymu cyfres o weddïau, cofiaf ychwanegu un fach arall . . . 'A wnei di helpu'r plant yma i ddal y bws?'

Pobol y Cwm

O ran profiade, un o uchafbwyntie'r saithdege o'dd cydgyflwyno'r rhaglen boblogaidd i blant *Bilidowcar*. Yn rhannu'r dyletswydde o'dd Hywel Gwynfryn a Marged Esli, a rhaid gweud fod y dyletswydde hynny wedi bod yn rhai pleserus a gwerth chweil. Yn amlach na pheidio ro'n i'n gaeth i'r stiwdio, ond bob hyn a hyn bydden i mas ar yr hewl yn paratoi eiteme amrywiol o gwmpas Cymru a Phrydain. Wi'n cofio treulio un bore hyfryd yn ffilmo 'da'r golwr Dai Davies, hen gyfaill o ddyddie'r ysgol gynradd yng Nglanaman, ar gaeau ymarfer Everton.

Ond profiad annymunol o'dd ymweld â gwesty ym Manceinion lle ro'dd y cerddor John Cale yn aros. Bu'n rhaid dychwelyd i Gymru heb unrhyw *footage* addas. Mynnodd regi bob yn ail air ac ro'dd hynny'n gwbwl annerbyniol ar gyfer rhaglen i blant. O'n i'n siomedig gan fod y ddou ohonom yn dod o'r un pentre, wedi byw ar yr un hewl ac yn gyd-ddisgyblion yn Ysgol Gynradd Garnant ac Ysgol Ramadeg Dyffryn Aman (er bod John sawl blwyddyn yn hŷn na fi). Ro'dd yr holl *hype* 'da'r grŵp The Velvet Underground wedi'i neud e'n *superstar* a Chymru bellach yn golygu fawr ddim iddo. Fydde'i dad, o'dd yn aelod brwd o gôr Eglwys Crist draw ar y Twyn, ddim wedi bod yn blês â'r hyn ddigwyddodd ym Manceinion.

Buodd Emyr Wyn a finne yn y ffrâm ar gyfer cyflwyno rhaglen newydd sbon reit chwyldroadol i blant ar fore Sadwrn wedyn. Ar ôl cyfweliade a gwrandawiade, y boi soprano (o'dd yn aros iddi bele gwmpo) gas y swydd o lywio *Yr Awr Fawr*. A whare teg fe 'nath e job da ohoni. Ac fe ddysges i'n glou drwy brofiad nad o'dd amser gan actorion i ddigio a phwdu am beidio â cha'l rhanne – os o'dd un drws yn cau ro'dd yna bosiblrwydd real y bydde un arall yn agor a dyna ddigwyddodd o fewn wythnose i'r siom o fethu â phlesio cynhyrchwyr *Yr Awr Fawr*.

Yn 1960 cyflwynodd Cwmni Granada yr opera sebon *Coronation Street* ar deledu ITV, ac er nad ydw i'n gyfarwydd â'r gyfres, ma'n amlwg fod y fformiwla yn un llwyddiannus gan fod miliynau'n dal i wylio hanner can mlynedd yn ddiweddarach. Ac yn sgil y llwyddiant penderfynodd BBC Cymru wthio *Pobol y Cwm* i'r dŵr ym mis Hydref 1974. Ar ôl derbyn galwad ffôn gan John Hefin, creawdwr yr opera sebon gyda Gwenlyn Parry, ganwyd Jac Daniels, a finne'n whare'r rôl am ryw dair blynedd. Da'th yr hen Jac yn rhan o fywyd Cymru whare teg, a flynyddo'dd yn ddiweddarach, ar ôl dod i nabod Grav, y des i wbod am y whisgi Jack Daniels, ac wrth gwrs ro'dd Grav yn argyhoeddedig mai Cymro o'dd e!

Ro'dd 'da fi barch mawr at John Hefin ac ar hyd y blynyddo'dd bu'n hynod gefnogol i fi'n bersonol; ro'dd hi'n golled aruthrol i'w deulu, i Gymru ac i'r proffesiwn pan gollodd y frwydr yn erbyn canser yn 2012. Gyda Gwenlyn Parry yn sgrifennu a John yn gyfarwyddwr-gynhyrchydd llwyddwyd i ddenu trwch sylweddol o'r Cymry Cymra'g a'r di-Gymra'g i wylio, ac yn ôl yr ystadege bryd hynny ro'dd hyd yn oed pobol o'r tu hwnt i Glawdd Offa yn ddilynwyr cyson. Beth o'dd cyfrinach *Pobol y Cwm* yn ystod y blynyddo'dd cynnar? Yn sicr, *storyline* afaelgar a chriw o actorion, yn hen ac ifanc, a lwyddodd i gydio yn nychymyg y gwylwyr a'r rheiny'n ysu i weld y bennod nesa. Ro'dd y criw hŷn o actorion yn enwau adnabyddus, a rhai ohonynt wedi cyrradd y brig ar lwyfan yn ogystal â'r sgrin fach a'r sgrin fawr. Ro'dd actorion o galibr Islwyn Morris, Rachel Thomas, Meredith Edwards, Harriet Lewis, Dillwyn Owen, Dic Hughes a Charles Williams yn sicr o ddenu gwylwyr. Ac ro'dd y tîm cynhyrchu i'w canmol am gyflwyno wynebe ifanc, egnïol a ffresh, gan gynnwys Dewi Morris, Gillian Elisa, Liz Miles, Huw Ceredig, Ifan Huw Dafydd, Marion Fenner a finne.

Wi'n siŵr eich bod chi'n cofio mai un rhifyn yr wythnos o *Pobol y Cwm* a ddarlledwyd ar y cychwyn. Ro'n ni'n ymarfer yn ystod yr wythnos yng nghanol Caerdydd, yn ardal Charles Street, ac yna'n recordio'r rhifyn wythnosol ar y Sul. Bob amser cinio bydden ni'n ymgynnull yn y *café al fresco* yn yr Hayes gyferbyn â Chanolfan Dewi Sant i ga'l paned o de a brechdan ond ar ôl rhai diwrnodau sylweddolodd rhywun fod Huw Ceredig yn fythol absennol. Ble ro'dd e? Penderfynodd Rhydian John, y rheolwr llawr ifanc o Dregaron, Dewi Pws a finne fabwysiadu dulliau'r heddlu cudd a'i ddilyn yn llechwraidd. Fuon ni ddim yn hir cyn ei weld yn ishte'n dawel mewn siop tships yn Caroline Street yn palu'i ffordd drwy blated sylweddol o cod an' tships. Ddiflannon ni heb weud dim wrth Huw ac o fewn ugen muned dyma fe'n ymuno â ni yn yr Hayes a datgan yn awchus, 'Jiw, jiw . . . fi jyst â starfo,' a mynd yn ei fla'n i ordro dwy frechdan a choffi!

Wi'n cofio am un bennod anffodus yn hanes *Pobol y Cwm* 'nath niwed i'r proffesiwn. Fe wedodd yr actor Phylip Hughes yn gyhoeddus ei fod e'n credu bod actorion yn ennill gormod o arian, yn enwedig ar operâu sebon. Fe a'th y cyfrynge'n wyllt â'r stori, ro'dd hi'n fêl ar fysedd pobol. Whare teg, penderfynodd Huw Ceredig achub cam actorion Cymru yn gyhoeddus, achos y gwir amdani yw bod actorion yn gallu ennill yn dda tra'u bod nhw mewn gwaith ond bod 'na gyfnode hir heb waith i ga'l hefyd. Un fel'na o'dd Huw, parod ei gymwynas. Wi'n bersonol o'r un farn am Phylip Hughes â Dewi Pws – fe witha i gydag e ond sdim rhaid i fi siarad ag e.

Ro'n i'n ffrind mawr i'r hen Huw annwyl, y ddou ohonom yn dod o'r un ardal ac yn rhannu'r un diddordebe. Bu'n gefnogwr brwd o dîm rygbi Pen-y-bont ar Ogwr am flynyddo'dd. Fe'i hetholwyd yn Gadeirydd tîm Cae'r Bragdy, a gan 'mod inne wedi gwishgo'r crys ro'dd sgwrsio cyson rhwng y ddou ohonon ni am helyntion y clwb. Ro'dd e'n winad pan benderfynwyd diddymu rhanbarth y Rhyfelwyr Celtaidd a do'dd e ddim yn araf i leisio'i farn yn gyhoeddus chwaith. 'Sdim blydi sens . . . dinistrio rhanbarth sy'n cynnwys bechgyn Pontypridd a Phen-y-bont . . . y ddwy ardal sy wedi cynhyrchu sêr y byd rygbi yng Nghymru ar hyd y blynyddo'dd!' Fe gollodd Huw ffydd yn y gyfundrefn ac ro'dd e'n hynod feirniadol o Undeb Rygbi Cymru am ei ddiffyg gweledigaeth.

Yn gyson dros gyfnod yr haf bydde'r ddou ohonon ni'n bresennol ar gaeau criced de Cymru yn cefnogi tîm criced Morgannwg ac fe geson ni fodd i fyw yn y nawdege pan enillodd timau Hugh Morris a Matthew Maynard Gynghrair y Sul yn 1993 a Phencampwriaeth y Siroedd yn 1997. Ond pêl-droed a rasio ceffylau o'dd yn mynd â bryd Ceredig gan ei fod e'n berchen ar geffyl rasio am flynyddo'dd ac yn berchen ar docyn tymor yn Old Trafford. Ro'dd hi'n 'ti' a 'tithe' rhwng Syr Alex Ferguson a Huw; y ddou yn gweld ei gilydd yn amal yn ystod yr haf ar gyrsiau rasys Lloegr.

Ma 'na un stori chwedlonol am Ceredig. Tua throad y mileniwm o'dd hi, yn dilyn erthygl yn y *Western Mail* lle cyhoeddwyd fod George Best yn cynnal noson i hyrwyddo'i hunangofiant diweddara (argraffwyd tua whech fersiwn wahanol yn ystod ei yrfa) yng Ngwesty'r Heronston ym Mhen-y-bont. Mewn sgyrsie cymdeithasol dros y blynydde, pan fydde nifer ohonon ni'n canmol donie amrywiol Pelé, Maradona, Cruyff, Di Stéfano, John Charles ac Eusebio fel pêl-droedwyr, ro'dd Huw yn mynnu pwysleisio bob tro mai Best o'dd y meistr, a fydde fe byth yn gwyro oddi ar y farn honno. Gan nad o'dd e wedi cyfarfod ei arwr erio'd, fe gyrhaeddodd Huw y gwesty ar Hewl Ewenni yn gynnar er mwyn ca'l ei lofnod ar dudalen fla'n ei gyfrol ddiweddara. Ro'dd y stafell gynadledda dan ei sang pan gerddodd George Best mewn, wedi'i amgylchynu gan ei asiant a nifer o swyddogion diogelwch. Ond cyn i neb ga'l cyfle i weud gair, fe welodd y gŵr o Ogledd Iwerddon Ceredig yn y rhes fla'n ac fe newidiodd ei wyneb e'n llwyr. Mewn whincad, camodd George yn syth ato a gweud, 'Fatty? Fatty Lewis? I just can't believe this! I *loved* you in *Twin Town*, you were the star of the film. Please sign this for me!' A byth wedi hynny, pan fydden ni'n sôn am George Best, bydde Huw yn ychwanegu, 'Nabod e'n dda, achan!'

Llais Charles Williams a glywyd gynta ar *Pobol y Cwm*. 'Bora da, Maggie Mathias,' o'dd geiriau cynta ei gymeriad Harri Parri. Ro'dd e hefyd yn *The Archers* am ryw saith mlynedd yn acto'r ffermwr Haydn Evans, a John Ogwen yn fab iddo. Ro'dd e'n actor da ac yn ystod y blynyddo'dd cafodd waith cyson 'da Cwmni Theatr Cymru a'r Archdderwydd Cynan yn cynhyrchu. Un o uchafbwyntie ei yrfa o'dd whare'r brif ran yn y ddrama *Mr Lolipop MA* gan Rhydderch Jones.

Do'dd Charles a finne ddim yn dod mla'n fel 'ny – falle fod y ddou ohonon ni'n rhy debyg i'n gilydd! Ro'dd yr actorion hyna ar y set yn gallu bod yn sbeitlyd a gwenwynllyd ac agwedd Charles bob hyn a hyn yn gallu creu digofaint. Ro'n ni'n ca'l ein carto mas yn amal i'r Sportsman's Rest yn Llanbedr-y-fro ar gyfer ffilmo digwyddiade yn Nhafarn y Deri a Charles un diwrnod yn penderfynu canu 'Hogia Ni' ar gyfer un olygfa adeg *stop-tap*. Mynnais anghytuno â'i ddewis gan atgoffa pawb mai adlewyrchu bywyd yng Nghwm Gwendraeth o'dd briff *Pobol y Cwm*. Fydde neb yn nhafarndai Tymbl, Pontiets a Phontyberem yn debygol o ganu cân ogleddol ar ôl llond bolied o gwrw! Bu'n rhaid i John Hefin ymyrryd yn y ffra', a'r tro hwn penderfynwyd mai doethach fydde taro nodyn gyda 'Sosban Fach'!

Pan fydden ni'n teithio i wahanol leoliadau ro'n i'n amal yn rhoi lifft i Rachel Thomas o'i chartre yn Rhiwbeina ac ro'dd hi'n *lovely* o fenyw ac yn barod iawn i adrodd storïau difyr o'r gorffennol. Rachel o'dd i fod i whare rhan y fam yn *How Green Was My Valley* ond adeg y ffilmo mas yn yr Unol Daleithiau mynnodd Winston Churchill ddodi stop ar unrhyw hedfan rhwng y ddwy wlad. Yn rhyfedd, ychydig o Gymry o'dd yn rhan o'r cast a Rhys Williams yn whare rhan Dai Bando. Gwyddelod o'dd y mwyafrif. Pan wedodd rhywun wrth y cyfarwyddwr John Ford mai Cymru o'dd focws y ffilm a Chymry ddylse whare'r prif rhanne, fe anwybyddodd y feirniadaeth ac ateb yn ddi-hid, 'They're all Micks, aren't they?' Stanley Baker, Siân Phillips a Nerys Hughes o'dd y prif actorion pan benderfynwyd ail-neud y cynhyrchiad ar gyfer teledu yn 1975.

Ro'dd gan Rachel barch aruthrol tuag at Paul Robeson ar ôl i'r ddou gyfarfod adeg ffilmo *The Proud Valley* yn 1940. Bu farw Rachel, o'dd yn enedigol o'r Allt-wen yng Nghwm Tawe, yn 1995 ar ôl cwmpo yn ei chartre. Da'th atgofion melys o'r cyfnod yn eu hôl y dydd o'r blaen pan gysylltais â Martin Luther Jones o Glwb Rygbi'r Aman gan ofyn am docynne ar gyfer gêm ryngwladol. 'Hywel, fel arfer ti'n rhy hwyr, ond fe gysyllta i â'r Undeb jyst rhag ofon!' Da'th neges destun ar y ffôn yn hwyrach yn ystod yr wythnos. 'Ti'n lwcus eto Evans! Perthynas i Rachel Thomas yn gweithio i'r Undeb wedi ca'l gafel mewn ticedi. Ro'dd hi'n meddwl y byd ohonot ti!'

Pan ymunes i â *Pobol y Cwm* bu'n rhaid llofnodi cytundeb am flwyddyn; dyna fel ro'dd hi ar y pryd. Er bod yr arian yn dda nid 'y mwriad o'dd aros am oes – y freuddwyd o'dd ehangu 'ngorwelion a pherfformio yn Gymra'g a Saesneg ar lwyfan, ar deledu ac o bosib ar y sgrin fawr. Fe ddysges i gryn dipyn yn ystod y tair blynedd gyda chriw Cwmderi, nid yn unig wrth wrando ar gyngor doeth rhai o'r hoelion wyth ond drwy sgwrsio'n gyson â'r criw cefn llwyfan. Wi'n cofio dou o'r criw goleuo, Tony Impey a Tony Escott un o'r BBC ac un o HTV, yn pwysleisio'r geirie, 'There's always a light on you.' Ro'dd hyn yn golygu fod angen canolbwyntio drwy gydol yr amser a pharhau mewn cymeriad, hyd yn oed pan o'dd actorion eraill yn derbyn y sylw. Ma rhywbeth digon tebyg yn wir ym myd rygbi a phêl-droed. Hynny yw, ma beth ma dyn yn neud pan ma'r bêl 'da chwaraewyr eraill yn allweddol hefyd. Ro'dd cyfle 'da ni 'nôl yn y saithdege i ymarfer y dechneg o acto yn ystod ein hymarferion. Ma actorion presennol operâu sebon ar *conveyor belt* gan fod yna rifynnau dyddiol i'w cwblhau. Bellach do's braidd dim amser i ymarfer.

Cefais fodd i fyw pan ymunodd Meredith Edwards â'r cast oherwydd ro'dd e'n enw mawr yn y proffesiwn. Bryd hynny 'nes i gyfadde iddo mai fi o'dd ar fai pan arhosodd y llenni yn yr unfan adeg cynhyrchiad *Under Milk Wood* yn Lerpwl. Ro'dd ei ymateb e'n raslon iawn, rhaid gweud. Yn dilyn tair blynedd hapus ar *Pobol y Cwm* penderfynais roi'r twls ar y bar. Ro'dd y sgriptwyr am weld Jac Daniels yn gadael Sabrina ond do'dd hynny ddim wrth 'y modd i. Do'dd yna ddim unrhyw anghytuno, a dim unrhyw ddrwgdeimlad. Dyma'r cyfle o'n i'n moyn i fwrw mla'n â 'ngyrfa a cheisio cyflawni ystod eang o bethe eraill. Bu'r tair blynedd yn rhai cofiadwy. Ac o'dd hi'n braf cerdded mas a gwên ar 'y ngwyneb, heb unrhyw ddigofaint.

Diolch i'r drefen, do's neb yn fy ngalw i'n Jac Daniels erbyn heddi. Yn ystod dyddie cynta'r rhaglen ro'dd hyd yn oed yr actorion yn byw 'u rhanne – Harriet Lewis yn galw Gillian Elisa yn Sabrina a Gillian Elisa yn galw Harriet yn Mrs Mathias! Ro'dd Dewi Pws a finne'n whare'r bêr â'r cyfarwyddwr Brydan

Griffiths o'dd â thuedd i gadw'i lyged ar y sgript yn y *rehearsals* ac yn anwybyddu'r hyn o'dd yn digwydd ar y set. Ta beth, ar sawl achlysur ro'dd Dewi a finne'n newid sgriptie er mwyn creu anhrefn, a Brydan yn cymeryd ache cyn syweddoli fod yna ddrwg yn y caws! Top man, Brydan – *hell of a boy*!

Ond o holl *storylines Pobol y Cwm* yn 'y nghyfnod i, yr un 'nath greu'r diddordeb penna o'dd yr un pan benderfynodd Mike Pierce drio llosgi'r car. Ro'dd y cynhyrchydd yn benwan pan sylweddolodd e mai Pws a finne o'dd yn y cerbyd nid dou *stuntman*! Ro'dd y stori'n un gredadwy a phetai Twitter 'nôl yn y saithdege bydde'r systeme wedi bod yn wenfflam. Ro'dd Betty a finne'n digwydd bod ym Mynyddygarreg 'da Mari a Grav un prynhawn Sadwrn pan floeddiodd gwraig ar draws yr hewl, 'Jac! Jac Daniels! Y bastard Mike Pierce 'na 'nath drio llosgi dy gar di!'

Ar un adeg ro'dd fy asiant wedi hala llythyr at John Hefin yn gofyn am fwy o arian. 'Diawch,' medde John yn fwyn, gan gamu mas o'i swyddfa, 'os gei di gyment â 'ny, fe fyddi di'n ennill mwy na Charles Williams!'

'Falle 'mod i'n haeddu mwy na Charles,' atebes i. Wel o'dd dim niwed o ofyn, o'dd e?

Awstralia

'P'un sy agosa? Awstralia neu'r lleuad?'

Dyna gwestiwn a ofynnwyd i blentyn saith oed unwaith ac ro'dd yr ateb yn fawr o syndod. 'Wel y lleuad wrth gwrs. Ry'n ni'n ei gweld hi bron bob nos. 'Sneb yng Nghymru'n gallu gweld Awstralia – mae'r wlad honno 'mhell, bell i ffwrdd!'

A dyna'n union fel ro'n i'n teimlo pan 'nes i ymweld ag Awstralia am y tro cynta yn 1989. Ro'n i yn yr awyr am hydoedd ac yn teimlo'n hiraethus o fewn munude o adael maes awyr Heathrow ar y ffordd i wlad y *boomerang* a'r *koala* i ffilmo. Ro'dd cwmni Teliesyn o Gaerdydd ac S4C yn cydweithio ag ABC a Film Victoria o Awstralia. Ffilm ddwyieithog o'dd hi, yn Gymraeg a Saesneg trw'r trwch – y tro cynta i hyn ddigwydd.

Yn gynharach yn ystod y flwyddyn, gofynnodd Paul Turner o gwmni Teliesyn i fi helpu yn y broses o ddewis actorion ar gyfer *Derfydd Aur* (*Realms of Gold* o'dd enw Saesneg y cynhyrchiad). Ro'n i'n bresennol yn y gwrandawiadau yng Nghaerdydd, yn darllen sawl rhan wahanol tra bod Paul a'r cynhyrchydd o Awstralia, Terry Ohlsson, yn canolbwyntio ar yr actorion o'dd yn bresennol i ddarllen sgriptie. Yn dilyn y broses, penderfynwyd symud mla'n i Glwb y BBC yn Llandaf er mwyn gwylio'r gêm ryngwladol rhwng Cymru a Lloegr (y cryse cochion yn fuddugol o 12–9, gyda llaw). Yn naturiol, ro'n i'n uchel 'y nghloch, yn cefnogi'n reddfol ac yn pardduo'r Saeson ar bob cyfle. Ro'n i fel dyn dwl ar ôl i'r dyfarnwr Kevin Fitzgerald ganiatáu cais dadleuol i Mike Hall! Ma'n debyg i Terry anwybyddu'r sgrin fawr a chanolbwyntio'n llwyr ar 'y mherfformans i ac o fewn cwarter awr sibrydodd yng nghlust Paul Turner, 'That's Dai!'

Ro'n i wedi gweithio gyda Paul yn y gorffennol ar amryw o ddramâu dogfen ac wedi mwynhau'r profiad yn fawr. Ro'dd derbyn un o'r prif ranne mewn cynhyrchiad o'dd yn dilyn hynt a hanes un o arweinwyr Beca a alltudiwyd i Awstralia yn anrhydedd o'r mwya. Ro'dd y tîm cynhyrchu yn bobol brofiadol – Dillwyn Jones a Terry Ohlsson yn cynhyrchu, Howard Griffith a'r prifardd Dafydd Rowlands yn sgriptio, a Paul Turner yn cyfarwyddo. *Dream team*!

Da'th Dillwyn a Dafydd yn gymaint o ffrindie fe sefydlon nhw gwmni teledu eu hunain ac o hwnnw da'th y clasur comedi *Licyris Olsorts*.

Ro'dd sgript Howard a Dafydd yn apelio'n fawr. Dyma i chi fraslun o'r stori:

Dai yw un o arweinwyr carismataidd Merched Beca . . . ar
ôl ei ddal ac yn dilyn achos llys, ma Dai yn ca'l ei allforio
i Awstralia . . . yno fuodd e weddill ei fywyd . . . ei frawd
ifanca, o'dd yn bregethwr (Dafydd Emyr), a gwraig Dai am
bymtheg mlynedd (Beth Robert) yn penderfynu hwylio
i hemisffer y de i whilo amdano . . . ma carwriaeth yn
datblygu rhwng y ddou ar fwrdd y llong . . . yn y diwedd ma
nhw'n dod o hyd i Dai a hwnnw'n sylweddoli fod ei frawd
wedi'i fradychu . . . ma ffeit yn digwydd rhwng Dai a'i frawd
. . . ac yn y bla'n.

Ac fe drodd hi mas i fod yn dipyn o ffeit 'fyd. Ro'dd Dafydd Emyr
ddwywaith ei faint arferol oherwydd yr holl *padding* o gwmpas
ei gorff, a finne rywsut, â'r gic gynta, yn osgoi'r *padding* yn gyfan
gwbwl ac yn ei daro yn ei fan gwan!

Fe deithion ni mas i Awstralia yn *Club Class* ond ro'dd y criw
– Beth, Daf Emyr, Dafydd Rowlands, Richard Watkins a finne –
angen sbel ar ôl cyrradd. Ro'dd y criw cynhyrchu yn awyddus i ni
ga'l *rehearsal* yn syth ar ôl glanio ond gan fod Beth yn diodde o
glustie tost yn dilyn y *flight* penderfynwyd gohirio'r ymarfer am
beder awr ar hugen. Ro'dd hynny wrth fodd Dafydd Rowlands a
finne gan fod y ddou ohonon ni am gyfarfod Gary Sweet, un o
actorion amlyca Oz, ac un o'dd â rhan allweddol yn y cynhyrchiad
hefyd. Ond beth o'dd y rheswm am ein diddordeb?

Wel, 'nôl yn 1984 darlledwyd y gyfres *Bodyline* ar BBC 2
ac ro'dd Dafydd a finne, ac yn wir pawb a ymddiddorai mewn
criced, wedi dilyn y saith rhaglen yn awchus. Aethpwyd ati yn y
gyfres i olrhain hanes y pum gêm brawf rhwng Awstralia a Lloegr
yn 1932–33 pan benderfynodd capten Lloegr, Douglas Jardine, y
bydde bowlwyr cyflym Lloegr yn anelu at gyrff y gwrthwynebwyr
yn hytrach na'r wicedi. A'th pethe'n gas yn wleidyddol rhwng
y ddwy wlad yn dilyn antics Jardine. Y gŵr a chwaraeodd ran

Donald Bradman, sef un o fatwyr chwedlonol tîm Awstralia adeg y sgandal yn y gyfres *Bodyline*, o'dd Gary Sweet. Ro'n ni ar bige'r drain ishe'i gyfarfod e!

O'r funed nethon ni gyfarfod yn nhafarn hyna Melbourne, The James and Jackson, ro'n i'n gwbod fod y ddou ohonon ni fel dou frawd. Ro'n ni o'r un anian, yn rhannu'r un diddordebe ac yn dwlu cymdeithasu dros beint neu ddou! 'We hit it off,' yw geirie Gary pan ma'r ddou ohonon ni'n ail-fyw'r gorffennol a rhaid gweud ein bod ni'n ffrindie clòs byth oddi ar hynny. Ces i'r fraint o hedfan mas i Awstralia ryw bymtheg mlynedd yn ôl – dosbarth cynta y tro hwn – ar gyfer *This Is Your Life* pan o'dd Gary'n ca'l ei anrhydeddu gan ei bobol ei hunan. Y fi o'dd y gwestai ola un ac yn gorffod neud yn siŵr nad o'dd neb yn 'y ngweld i cyn y rhaglen fyw. Treulies i dair noson mewn stafell swanc ar ugeinfed llawr gwesty crand yn dishgwl mas ar Harbwr Sydney, y Tŷ Opera mawreddog a'r bont iconig. Yffach, o'dd hwnna'n waith caled, ond o'dd rhaid i rywun neud e.

Y noson honno, dreulies i awr neu ddwy yn nhafarn The Fortunes of War gyda'i rieni, Betty a Phil, a'i drydedd wraig Johanna Griggs (ma Gary yn dipyn o foi 'da'r menwod) o'dd wedi cynrychioli Awstralia fel oifadwraig ym Mabolgampau'r Gymanwlad yn ei thro. Wedyn 'nôl â ni i'r gwesty, a gyda sêl bendith y rheolwr, i'n stafell i, o'dd yn fwy na'r Palais yn y Garnant, lle ro'dd tad-yng-nghyfreth Gary wedi trefnu cyflenwad o ddiodydd alcoholig ar ein cyfer ni. Am whech y bore 'nes i gyfadde 'mod i wedi blino'n lân a gadawodd pawb yn ddiffwdan. Sylweddoles i rai orie'n ddiweddarach fod holl gynnwys alcoholig y *fridge* wedi diflannu, pob dim, ond diolch i'r drefen cytunodd Teague McTeague, trefnwr y noson, y bydde'r noddwyr yn talu. Bellach ma Gary a Johanna wedi ysgaru! Fel wedes i, tipyn o foi 'da'r menwod . . .

Fe geson ni dipyn o sbri yn ffilmo'r gyfres *Derfydd Aur* yng

Nghymru ac Awstralia a wi'n meddwl licen i anghofio ambell i beth digwyddodd liw nos. 'What goes on tour, stays on tour!' ys gwedon nhw. Ond ma Dafydd Emyr, cydactor o'r cynhyrchiad, yn benderfynol o'n atgoffa i am ambell gameo lle 'nes i dipyn o ffŵl o'n hunan.

Ma 'da fi barch aruthrol at Dafydd – dyn diwyd, doeth a dibynadwy. Heb os nac onibai fe hefyd yw un o'n ffrindie gore i. Y fe yn ôl pob tebyg, gyda chaniatâd y cwmni cynhyrchu, drefnodd i ni wledda un noson mewn tŷ bwyta pum seren yn Melbourne lle ro'dd y platie bron cyment â Sgwâr y Waun. Ro'n i'n starfo, heb fyta drwy'r dydd a gan fod y fwydlen yn Ffrangeg bu'n rhaid ca'l help i ddehongli'r hyn o'dd ar ga'l.

Fe ynganes i'r frawddeg, 'Beth yw hwn?' sawl gwaith ac yn y diwedd o'dd yn rhaid i fi ofyn i Daf am gyngor. 'DH,' medde Daf. 'Mae *quail* yn aderyn â chig tyner, blasus a hyd y gwn i dydy o ddim yn nythu yn y Garnant. Ond clyw, 'nei di byth fwyta *quail* i gyd; mae o'n anferth o ran maint.' Wel, fe archebes i'r *quail* ar unweth er mwyn profi mod i'n gallu clirio 'mhlât. Pan gyrhaeddodd y pryd bwyd, fues i jyst â ffrwydro. Ro'n i'n ca'l trafferth gweld y deryn ar y plât; o'dd e'n llai o seis na chledr 'yn llaw i ac wedi'i amgylchynu â saws du. Fe brotesties i'n uchel, 'Waiter, I ordered quail. It's a big b****y bird!' Ro'dd pawb yn eu dwble'n wherthin! Dyna'r tro cynta a'r tro diwetha i fi gael *quail* fel prif gwrs!

Ro'dd actor Shakespeareaidd o wlad y koala hefyd yn rhan o gast *Derfydd Aur* ac yn enwog iawn am ei berfformiade grymus fel aelod o RSC Awstralia. Dyma ŵr o'dd yn caru pob un syll o waith Shakespeare. 'Hamlet is absolutely wonderful and the quotes in Macbeth are just superb,' medde fe. Ro'dd Dafydd Emyr yn gwbod nad o'n i'n ffan ond yn cytuno'n frwd â phob un gair o'dd yr actor diniwed yn ei weud am fawredd y gŵr o Stratford o ran diawlineb. Ro'dd gweddill y criw wedi deall yr hyn o'dd yn digwydd ac o'dd y pwr dab wedi mynd dros ben llestri am y Bard of Avon.

Allen i ddim â dala 'nôl funed yn hirach, o'n i'n grac ac ro'dd yn rhaid tawelu'r twpsyn. '*Hamlet*?' medde fi. '*Don't you talk to me about Hamlet! It's just one long boring sketch.*' Bu bron i'r actor o Oz lewygu, o'dd e ddim wedi dishgwl 'na!

Ces i fwynhad aruthrol mas o'r cynyrchiade nethon ni. Mwynheuais i'r gwersi am Derfysg Beca yn yr ysgol yn fawr; ro'dd yr athro Hanes Mr Eirwyn George wedi'i swyno gan yr hanesion, a'i frwdfrydedd heintus yn ca'l ei drosglwyddo i'r disgyblion. Ro'dd rhai yn fy nghyhuddo i o fod yn dipyn o rebel yn yr ysgol, ac yn sicr petawn i'n byw 'nôl yn nechre'r bedwaredd ganrif ar bymtheg bydden i wedi ymuno â Merched Beca ac wedi bod wrthi'n plastro'r colur a gwishgo sgert a betgwn er mwyn llosgi'r gatie diawledig liw nos.

Llwyddodd ffilm antur *Derfydd Aur* i ddod â dwy wlad at ei gilydd, gan fod yna elfen o ramant, rhywfaint o ymladd, a digon o gyffro wrth i'r stori symud o Melbourne i ardal helfa aur y Goldrush. Llwyddodd y prosiect gan fod y cydweithio o ran Teliesyn a Victoria Film wedi bod yn effeithiol. O bryd i'w gilydd, mewn cynyrchiade ar y cyd, ma awgrym fod y Gymra'g yn rhwym o ddiodde a bod natur Gymreig teledu'n ca'l ei golli wrth orffod bodloni cynulleidfa mewn gwledydd eraill gynta. Ddigwyddodd ddim o hynny y tro hwn. Ma'n debyg i hanner poblogaeth Awstralia wylio *Realms of Gold*. Yma yng Nghymru, bu *Derfydd Aur* yn boblogaidd gan wylwyr o bob oed o'dd am wbod mwy am hanesion y Cymry a allforiwyd yn ystod y cyfnod. Rhyfedd fel ma'r Gwyddelod yn hyddysg yn yr hyn a ddigwyddodd yn eu gwlad adeg y Newyn Tatws yn y bedwaredd ganrif ar bymtheg a neb yn gwbod dim am y Cymry. Yn sicr, ma angen chwyldro yn y modd ma hanes yn ca'l ei ddysgu yn ein hysgolion yng Nghymru.

Yn ystod y cyfnod ffilmo yn Awstralia cafodd y wlad ei llifogydd gwaetha ers blynyddo'dd a'r actorion yn styc yno'n hiraethu am dywydd Cymru. Gredech chi? Hiraeth yw un o'r problemau mawr wrth weithio ar ffilm filoedd o filltiroedd o gartre a buodd yn rhaid treulio whech wthnos yng ngwlad y cangarŵ. Ac ro'n i'n diodde'n bersonol yn ystod y bythefnos gynta. Ro'dd Cwmni Theatr Whare Teg, yr o'n i'n rhan ohono, ar daith yng Nghymru ar y pryd gyda'i bantomeim cynta a hefyd ro'n i'n ca'l 'y mhenblwydd a'r teulu wedi recordio tâp ar 'y nghyfer i. Serch hynny, wellodd pethe ddechre Tachwedd pan gytunodd tafarn The James and Jackson ddangos gêm y Barbariaid a Seland Newydd ar un o'i sgriniau. Meddyliais, ma nghartre i yn Rhodfa Plasturton o fewn tri chan llath i'r ca' fel yr hed y frân! Jiawch, smo'r byd mor fach â hynny wedi'r cwbwl!

Cofiwch ces i bwl o hiraeth arall adeg y ffilmo yn yr amgueddfa yn Ballarat. Ro'dd Gary Sweet a finne wedi ca'l itha sesiwn yn hen dafarn yr amgueddfa pan glywes i rywun yn whare 'Llwyn Onn' ar organ yr hen theatr drws nesa. Yn naturiol, es i ar unwaith i weld beth o'dd mla'n a chanfod y geirie 'Llwyn Onn' ar y copi, gydag *Ash Grove* mewn cromfache oddi tano. Copi wedi dod o Gymru o'dd e, a dyddiad 1860 arno fe. Ofynnes i i'r organydd o'dd e'n gwbod ei fod e'n whare cân Gymra'g, ond o'dd 'da fe ddim syniad o ble o'dd y gân yn dod. Roies i fe'n streit ar hwnna. Gyda hynny, ar y ffordd mas, dyma ddyn o'r Allt-wen mewn cader olwyn o'dd ar daith rownd y byd yn digwydd fy nghyfarch â'r geirie, 'Myn yffarn i! Beth wyt ti'n neud fan hyn?' Ma'r Cymry'n cyrradd pobman, yn d'yn nhw?

'Nôl yn y bar a'th pethe rhywfaint dros ben llestri wedyn pan benderfynodd un o'r actorion o Awstralia, Bill Hunter, o'dd yn gawr o ddyn, weud, 'Right DH, let's start an argument! They'll all panic!' Petai Hunter wedi pwno fi fe fydden i 'nôl yn Plasturton! Ro'n i ddigon sobor i'w berswadio i ddilyn trywydd arall.

A diolch i Paul Turner eto, da'th cyfle arall i ymweld ag Awstralia ddiwedd y nawdege. Penderfynodd Cwmni Teliesyn ffimio hanes Joseph Jenkins, sef *The Welsh Swagman*. Ro'n i wedi clywed amdano rai blynydde ynghynt pan gyfeiriodd y cricedwr Don Shepherd ato mewn sgwrs mewn tafarn ar Cathedral Road ar ôl un o gêmau criced Morgannwg. Gadawodd e Dregaron yn hanner cant oed a threulio blynyddo'dd yn trampan o gwmpas ffermydd yr *outback* yn helpu mas. Er ei fod e'n alcoholig gartre, 'nath e byth yfed mas yn Awstralia, sy'n rhyfedd. Dechreuodd e sgrifennu dyddiadur yn un ar hugen oed ac ma rhannau o'r dyddiadur hwnnw yn un o amgueddfeydd talaith Victoria, rhannau ohono yn Llyfrgell Genedlaethol Cymru, Aberystwyth, a rhannau ar goll!

Yn ôl y plentyn saith oed ar ddechre'r stori hon, ma Awstralia ymhell, bell i ffwrdd, ond wi newydd dderbyn gwahoddiad oddi wrth Gary Sweet i dreulio mis mas yn Sydney yn 2014! *Look out!*

Yn dal i ddifaru

'Mae e wedi mynd off raels.'

Yn iaith Dyffryn Aman dyna'n union ddigwyddodd i fi ar ddechre'r nawdege. Fe nes i bwno'r botel yn galed. O'n i'n rhaffu celwydde i osgoi cyfadde 'mod i'n ca'l perthynas – ar ôl addo i Mam a Dad na fydden i byth yn gweud anwiredd – a thwyllo Betty tra o'n i'n cario mla'n 'da menyw arall a bod i bob pwrpas yn ddiawl ac yn real *bastard*. Yn ystod y cyfnod hyn ro'n i'n canolbwyntio gormod arna i'n hunan ac yn anwybyddu a diystyrru eraill, a'r rheiny'n cynnwys teulu a ffrindie. Ac ar ôl llond bolied o gwrw, do'n i ddim yn foi neis i nabod ac ro'dd hyd yn oed ffrindie bore oes yn ceisio'u gore glas i gilio naill ochor pan fydden i'n uchel 'y nghloch, ac ro'dd hynny'n reit amal. Ar hyd 'y mywyd proffesiynol, ro'n i wastad yn teimlo fod yna rywbeth amgenach y tu draw i'r enfys. Bellach wi'n gwbod yn nêt nagos dim yno. A bod yn onest, y fi sy'n gyfrifol am yr holl bethe negyddol a dda'th i'm rhan i – ie, fi a neb arall.

Ar hyd y blynddoedd fe benderfynes i ymladd yr *establishment*. Heddi, fe alla i gyfadde y dylsen i fod wedi cau 'mhen, ond rywsut, fel ma nifer ohonoch chi'n gwbod, dyw gweud dim a bod yn *good boy* ddim yn 'yn natur i. Wi'n amal yn gofyn y cwestiwn, 'Shwd ma pobol yn cyrradd y brig? Ydy nepotistiaeth ac adnabyddiaeth teuluol yn dal i agor dryse?' Yn sicr, os nad y'ch chi'n rhan o'r *establishment* yng Nghymru yna ma'n ffeit barhaol, ac yn amal pobol sy wedi ymladd yn erbyn y ffactore i gyrradd lle ma'n nhw, sy'n diodde a cholli mas.

O'n i'n gwylio'r newyddion yn ddiweddar ac fe glywes fod Theatr y Sherman yng Nghaerdydd wedi derbyn £5.4 miliwn dro yn ôl i adnewyddu'r adeilad a'r safle, ac yn dilyn y gwaith adnewyddu ma'r bobol sy rhedeg y siew wedi gorwario o £800,000! Pwy sy'n gyfrifol am hyn? Pwy sy'n mynd i dalu'r *bill*? Ac yng Nghymru, mewn ystod eang o feysydd gwahanol, ma'n ymddangos i fi, os y'ch chi'n gyfrifol am *cock-ups* yna ry'ch chi'n fwy tebygol o ga'l dyrchafiad! Digwyddodd rhyw gawlach gyda Chanolfan y Mileniwm, a'r Cynulliad dalodd mas bryd 'ny.

Breuddwyd bersonol ar hyd yr amser o'dd creu cwmni a fydde'n llwyfannu pantomeim blynyddol i ddifyrru a diddanu plant Cymru, a gyda chymorth Islwyn Morris, Glyn Jones a Christine Pritchard ffurfiwyd Cwmni Whare Teg yn 1989. Yn anffodus methwyd ag argyhoeddi Cyngor y Celfyddydau ynglŷn â'n bwriadau a bu'n rhaid palu mla'n am sbel heb gymorth ariannol. Yn sgil y diffyg grant fe benderfynodd Islwyn, Glyn a Christine ymddiswyddo, o'dd yn golygu fod yr holl gyfrifoldebe'n disgyn ar fy ysgwydde i ac o dan yr amgylchiade, do'n i ddim yn 'u beio nhw. Ar y pryd ro'dd Whare Teg yn gweithredu o swyddfa yn Mount Stuart Square ym Mae Caerdydd ond codwyd proffil y cwmni gan banto llwyddiannus yn 1989 gyda Hywel Gwynfryn yn gyfrifol am y sgript a Caryl Parry Jones yn cyfansoddi'r caneuon. Cafodd panto *Jivin' Jenkins* groeso cynnes gan y wasg a'r cyfryngau, ac yn bwysicach fyth gan blant a phobol ifanc y genedl. Ro'dd y cast yn cynnwys Emyr Wyn, Dewi Pws, Mari Gwilym, Iestyn Garlick a Dewi Rhys, a theatrau Cymru dan ei sang yn ymateb yn bositif i'r holl rialtwch. Yn bersonol cefais hwb aruthrol o weld pobol ifanc fel Llio Millward a Ceri Tudno yn ca'l cyfle i berfformio. Meithrin a datblygu'r ifanc o'dd un o brif amcanion y cwmni. Yn ddiweddarach ro'n i, am un, wrth fy modd yn eu gweld nhw ac eraill yn disgleirio ar deledu, theatr a ffilm.

Ro'n i mas yn ffilmo *Derfydd Aur* yn Awstralia adeg y perfformiade ond ro'n i'n hynod blês pan glywais fod y fenter uchelgeisiol wedi plesio. Yn dilyn arbrawf y pantomeim cynta ro'n i'n ffyddiog fod modd perfformio pantomeim blynyddol yn ogystal â llwyfannu cynyrchiade eraill. Bydde grant yn fonws ond profwyd ar y dechre fod *bums on seats* yn plesio'r banc.

'Nôl yn 1989 ro'dd Betty wedi dychwelyd i weithio i'r BBC, a Mary Williams o'r Ynys Werdd yn ein helpu i ddishgwl ar ôl y plant. Ro'dd Mary yn anhygoel ac yn gaffaeliad i ni fel teulu ar adeg pan o'dd gwir angen dou gyflog i ga'l y ddou ben llinyn ynghyd. Penderfynais gyflogi ffrind i ofalu am drefniadau ariannol Whare Teg ond camgymeriad mawr o'dd symud i Gastell Dinefwr ac ymuno â chwmnïau eraill mewn ymgais i ffurfio canolfan gyfryngol yn y gorllewin.

Ro'dd llwyddiant y pantomeim gwreiddiol yn golygu fod sgrifenwyr proffesiynol yn anfon sgriptie aton ni. Llwyfannwyd drama T. James Jones a Manon Rhys *Nadolig fel Hynny,* a ffilmiwyd *Cicio'r Castell* yng Ngharreg Cennen ar gyfer S4C. Ro'dd y pantos yn dal i ddenu cynulleidfaoedd niferus (*Twm Siôn Cati* a *Robin ap Croeso* yn dilyn *Jivin' Jenkins*) ond a ninnau wedi perfformio drama *Williams Pantycelyn* yng Nghaerdydd tua 1993 ac yn paratoi ar gyfer taith o gwmpas Cymru derbynies y newyddion syfrdanol fod Cwmni Whare Teg ddege o filoedd o bunne mewn dyled. Ro'dd Betty'r wraig, rhyw flwyddyn ynghynt, wedi gofyn am ga'l cipolwg ar y llyfre a wedi lled awgrymu fod llai o arian yn dod mewn na beth o'dd yn mynd mas. Fe ddylsen i fod wedi bod mwy *hands-on* a dechre cwestiynu rhai penderfyniade busnes. Er enghraifft, pam llogi stafell enfawr yng Nghastell Dinefwr a ninne ond yn dri ar y staff? Shwd alle'r colledion fod mor ddifrifol a ninne'n llenwi neuadde a theatrau? Yn sicr, ro'dd yna gamweinyddu. Ro'n i wedi canolbwyntio ar yr ochor ymarferol o ran y cynyrchiade a gadael yr ochor fusnes i weithiwr arall cyflogedig. Camgymeriad *MAWR*! A phwy wi'n beio am y blerwch? Neb ond fi. Ac i ddyfynnu'r Arlywydd Americanaidd Harry S. Truman, 'The buck stops here!'

Felly da'th y cwmni i ben yn y fan a'r lle. O fewn diwrnode ro'dd y banc wedi cysylltu yn datgan y sefyllfa yn gwbwl glir a chryno ac yn gofyn am yr arian ar unwaith. Naill ai o'n i, fel prif gyfarwddwr y cwmni, yn fforco mas, neu fydde 50 Plasturton Avenue, sef ein cartre ni, yn eiddo i'r banc. Dy'ch chi'n gwbod fawr ddim am ystyr y gair *stress* tan eich bod chi mewn sefyllfa o'r fath, weda i 'na wrthoch chi am ddim! A'th drama *Williams Pantycelyn* ddim ar daith, a phenderfynwyd dileu'r holl drefniadau ynglŷn â'r ddrama *William Price* wedyn, a sgrifennwyd siec ar unwaith o gownt personol Betty a finne am £30,000. Cytunodd y ddou ohonon ni nad o'dd mynd yn fethdalwyr yn opsiwn. Cofiwch, fel allwch chi ddychmygu, ro'dd colli gafel ar swm o'r fath yn glatshen aruthrol a ninne'n deulu â dou o blant yn eu harddege. Fe gymeres i flynyddo'dd i ddod dros y bennod anffodus honno, ac a bod yn onest, ma goblygiadau'r hyn a ddigwyddodd yn dal yn hunlle i fi ac yn pigo 'nghydwybod i o hyd. Ond gyda chymorth yr arbenigwr ariannol Clive Lewis ddes i drwyddi.

Cywilydd. Ugen mlynedd ar ôl bradychu Betty a'r plant ma'r euogrwydd yn parhau yr un mor gryf ag erio'd. Bydd hynny'n parhau am weddill oes. Do's yna ddim esgus am yr hyn ddigwyddodd i ni fel teulu a 'mai i o'dd e i gyd.

Heb unrhyw amheuaeth Cwmni Whare Teg o'dd asgwrn y gynnen ac yn gyfrifol am ddechre'r dirywiad yn ein priodas ni. Do'dd yr hyn a ddigwyddodd ddim i'w wneud â bywyd ansefydlog actorion; bu'r bennod yn enghraifft berffaith o dwpdra unigolyn. Diwrnod trista 'mywyd i o'dd gadael y cartre yn Plasturton Avenue ganol y nawdege. Ro'dd 'y mhriodas i ar ben. Y tro hwn do'dd dim gobeth pledio am faddeuant. Bu'r ysgariad yn gyfeillgar heb orffod gwario miloedd ar filoedd ar gostau cyfreithiol. A diolch i'r drefen, byth oddi ar hynny, ma'r ddou ohonon ni, Betty a fi, wedi trin a thrafod materion teuluol yn ddoeth a synhwyrol.

Yn ogystal, dysgwyd gwers fusnes bwysig. Pan sefydlwyd Cwmni Mega i barhau â'r gwaith theatrig fe benderfynais ymddiried mewn pobol broffesiynol, ac ma'r ffaith fod Mega yn dal i weithredu'n llwyddiannus ddeunaw mlynedd yn ddiweddarach yn rhywfaint o gysur.

Symi

Wi ddim yn fachan bwced a rhaw! Addewid gan Dad ein bod ni'n mynd i whare criced ar y tra'th o'dd yr unig rheswm o'n i'n fodlon mynd ar y trip ysgol Sul. Dewch i ni ga'l bod yn onest – pa bleser sy o fyta brechdane ar barsel o dra'th a'r rheiny'n llond tywod? Ac ar y bws ar y ffordd gartre, ar ôl i'r haul sheino'n ddidrugaredd ar bob corun, gorffod gwrando ar rieni a phlant yn cwyno eu bod nhw wedi llosgi yn yr haul. Yna'r broses o arllwys *calamine lotion* ar groen coch er mwyn lleddfu'r diodde am ddiwrnode. Do'dd yna ddim pwll nofio yn y Garnant pan o'n i'n blentyn a do'dd dim gobeth caneri 'y ngweld i'n oifad yn afon Aman heb 'mod i'n ca'l gwbod beth o'n i'n debygol o fod yn ei lyncu. Ai ymysgaroedd hen ddafad drigodd lan sha Pen Tyrcan o'dd yn arnofio o 'nghwmpas i? Ac yn ôl Dad, ro'dd nentydd ac afonydd yn baradwys i lygod, heb sôn am y glo mân a'r cemegau tocsig o'r gweithfeydd lleol.

Chwaraeon o'dd yn mynd â 'mryd i yn hafe 'mhlentyndod – tennis ar gyrtiau Gwauncaegurwen neu, yn amlach na phido, criced ar wahanol gaeau yn y Garnant. Ond ar ôl priodi ro'dd angen cyfaddawdu, a gan fod Betty yn ei seithfed ne' mewn *bikini* ar lan môr bu'n rhaid treulio ambell haf ar ynys ddiarffordd Symi oddi ar arfordir Gwlad Groeg. Dros y blynydde ma'r ynys hon wedi bod yn ailgartre i nifer o gyfryngis Cymru – fe alle Huw Ceredig fod wedi ei ethol yn faer Symi gan ei fod e'n ca'l ei gydnabod yn 'un ohonyn nhw', o'dd e'n mynd 'na mor amal. A thra'n cerdded y strydoedd coblog fe alle chi gyfarfod â Dewi Pws, Huw a Margaret Ceredig, Dafydd Iwan a hoelion wyth eraill Cymru yno.

Mae'r ynys yn gartre i ryw ddwy fil pum cant o drigolion, ond o fis Mai i fis Hydref ma poblogaeth Symi'n treblu o ganlyniad i'r twristiaid sy'n dychwelyd o flwyddyn i flwyddyn i flasu hud a lledrith y lle. Ac ma'n rhaid cyfadde ei fod e'n lle da i atgyfnerthu'r batris ac ymlacio'n llwyr, er mai dishgwl am gysgodion a glased o win o'n i ar deras *taverna* a gadael i weddill y teulu amsugno'r pelydre ar draethau hudol a welais am y tro cynta yn y ffilm *South Pacific* yn Hall y Cwm.

Nawr dim ond ychydig o geir sy ar Symi; ambell gerbyd gan yr heddlu ac asiantaethau achub bywyd ond i gyrradd y traethe anghysbell ma gofyn llogi cychod bach a rhwyfo'n hamddenol i ddarganfod baeau cysgodol hudolus. Ry'ch chi'n edrych mas i'r môr glas gloyw ac yn dishgwl gweld Raquel Welch yn ymddangos wedi'i gwishgo mewn dim byd mwy na dou batshyn o frethyn. A dyna gyfrinach y lle – ma'n ynys sy'n ymosod ar y synhwyre!

O'n ni'n arfer mynd ar y trips diwrnod 'ma, y rhai sy'n ymweld â phrydferthwch y golygfeydd tramor, tan i un digwyddiad fy mherswadio mai aros yn y pentre o dan y parasol o'dd y dewis saffa i fi. Fe benderfynodd y criw logi *snorkels* er mwyn archwilio'r dyfnderoedd. Nawr, nid *snorkels* Jacques Cousteau o'dd rhain gydag *aqualung* yn sownd i'ch cefen. Wi ddim sôn am *snorkels* soffistigedig fan hyn. Yn hytrach ro'dd y mwgwd yn debyg i'r rhai fyddech chi'n eu prynu am 7/6d yn Woolworth slawer dydd – yn gyntefig o ran gwneuthuriad ond yn gallu rhoi syniad i chi o beth o'dd yn bodoli o dan y don. Nawr, o'n i'n gallu oifad, ond ar ôl neud dwy neu dair strôc ro'n i'n barod i ymestyn 'y mreichie mas a mynd tuag at ddiogelwch y cwch. Pan weles i bump neu whech o'n ffrindie i'n plymio dano a cha'l tipyn o hwyl yn *snorkelo*, fe benderfynes i ymuno â nhw. Camgymeriad MAWR!

Rywsut fe golles i'n ffordd a chodi i'r wyneb mewn panic llwyr gan sgrechen a bloeddio am gymorth. Ro'n i'n meddwl 'mod i'n boddi'n siŵr ond, mewn whincad pwy gyrhaeddodd ond Dewi Pws yn sefyll uwch fy mhen fel rhyw gawr o'r cynfyd a finne'n dal i droelli yn y dŵr yn dychmygu diweddglo dramatig i 'mywyd. Fe glywes lais Dewi'n gweud, 'DH. Jyst sa' ar y dra'd, nei di!' Sylweddoles yn syth 'mod i mewn dŵr bas. Fe godes ar 'y nhra'd mewn embaras llwyr a gweld pawb o 'nghwmpas yn eu dwble'n wherthin. Wi ddim wedi bod 'nôl yn Symi ers y digwyddiad. A bod yn onest wi ddim wedi bod yn y Barri na Phorthcawl chwaith!

Owzat!

Os ma'r pumdege o'dd oes aur pêl-droed yng Nghymru, a'r saithdege o'dd un o ddegawde mwya llwyddiannus y bêl hirgron, yna'r nawdege a dechre'r mileniwm presennol o'dd cyfnod y *champagne* a'r *caviar* i dîm criced Morgannwg. Fel y canodd Mary Hopkin, y gantores o Bontardawe, 'Those were the Days'. Ro'dd y tyrfaoedd yn tyrru i gefnogi timau Hugh Morris, Matthew Maynard, Steve James a Robert Croft yn sgil y batio anturus, y bowlio tynn a'r maesu athletaidd, o'dd ar brydie'n gwbwl wefreiddiol. Camodd criw o Gymry ifanc i'r garfan ganol yr wythdege a chanol y nawdege – cricedwyr dawnus o stamp Matthew Maynard, Adrian Dale, Steve James, Steve Barwick, Hugh Morris, Steve Watkin, Anthony Cottey, Adrian Shaw, Robert Croft, yn ogystal â Mike Powell ac Alun Evans. Ychwanegwyd at y potensial hwnnw pan benderfynwyd arwyddo chwaraewyr tramor o safon Viv Richards a Waqar Younis, ac yn ddiweddarach y ddou o Awstralia, sef Matthew Elliott a Mike Kasprowicz.

Ro'dd y gymysgedd yn un ffrwydrol a llwyddodd y tîm i ennill Cynghrair y Sul yn 1993, y Bencampwriaeth yn 1997 a dwy gystadleuaeth undydd ddechre'r mileniwm presennol. Yn ogystal, fe gyrhaeddon nhw rownd derfynol cystadleuaeth Benson & Hedges yn 1999 ar gae Thomas Lord, ac yna colli o drwch blewyn mewn dwy rownd gyn-derfynol y NatWest; yn Hove yn 1993 a Chelmsford yn 1997. Am ddegawd a mwy ro'dd Morgannwg yr un mor llwyddiannus a chystadleuol â'r siroedd cyfoethog ffasiynol yn Lloegr; y siroedd hynny o'dd yn derbyn y sylw parhaol ym mhapurau dyddiol Canary Wharf. Ac o'dd hwnna'n rhoi pleser mawr i fi.

Cyfrinach cricedwyr Morgannwg yn ystod eu hoes aur o'dd eu hysbryd, eu hagwedd a'u hiwmor. Ro'dd hi'n anarferol braidd gweld criw o chwaraewyr yn cymysgu mor braf a hamddenol â'u cefnogwyr. Ro'n nhw yn eu helfen yn rhannu'r llwyddiant ac yn ddigon bodlon cydnabod a chyfadde eu camgymeriadau. Datblygwyd perthynas â'r ffans a wi'n meiddio gweud yn gwbwl agored fod y cymdeithasu braf yn gymorth mawr ac yn wir yn ffactor allweddol yn eu canlyniade da nhw.

Ddiwedd yr wythdege a thrwy'r nawdege ro'n i, Betty'r wraig a Llŷr y mab yn gefnogwyr brwd ac yn dilyn y tîm o Tunbridge Wells i Taunton, o Fae Colwyn i'r Fenni ac o Scarborough i Southampton. Chwaraewyd y mwyafrif o'r gêmau cartre yng Ngerddi Soffia a gan ein bod yn byw jyst rownd y gornel ym Mhontcanna ro'dd yr Evansiaid yn fythol bresennol. A thrwy dreulio awr neu ddwy, pan godwyd y ffyn ar ddiwedd prynhawn, mewn tafarn leol, fe ddethon ni i adnabod y bois yn dda. Y *scenario* i fi bellach yw setlo'n gartrefol i gynhesrwydd cader esmwyth ac ymddiried yn llwyr yn y sylwebyddion hollwybodus. Ond cawl eildwym yw hynny. Os y'ch chi am bictiwr clir o'r hyn sy'n digwydd, rhaid i chi fod yno a phrofi'r cyffro a'r cynnwrf!

Dim ond tri thîm wi wedi'u gefnogi erio'd – Clwb Rygbi'r Aman, Chlwb Criced Morgannwg a Dreigiau Glas Caerdydd. Dad ac Wncwl Wil o'dd yn gyfrifol am 'y nghariad angerddol at y tri. Ro'dd y tri ohonon ni yno ar Sain Helen yn 1969 yn y gêm dyngedfennol yn erbyn Essex gyda'r Cymry'n fuddugol o un rhediad. A'r diweddglo anghredadwy a delfrydol; un belen yn weddill ac Essex angen tri rhediad. Ro'dd angen wiced ar Forgannwg i selio buddugoliaeth gwbwl annisgwyl. Ro'dd yna ddistawrwydd llethol o gwmpas y ca', a'r troellwr Roger Davis yn paratoi i fowlio. Fe lwyddodd John Lever, ga'l y cyffyrddiad lleia ar y bêl a hithe'n tasgu i gyfeiriad Ossie Wheatley, neu Dai Peroxide i'w ffrindie, o'dd yn maesu ar y ffin yn ymyl y bancyn o fla'n Pafiliwn Patti. Do'dd e ddim yn un o'r maeswyr mwya athletaidd ond fe gydiodd e yn y bêl a'i hyrddio ar gan milltir yr awr yn syth i fenig Eifion Jones. Ro'dd Lever wedi troi am yr ail rediad ro'dd ond y bowliwr llaw whith yn brin o fodfeddi gyda'i fat, ac fe redwyd e mas. A'th Sain Helen yn ferw gwyllt – buddugoliaeth o un rhediad, ac fel y canodd Max Boyce, ro'n i yno!

Yn sgil yr ymweliade cyson fe ddes i nabod dou o brif chwaraewyr Morgannwg, sef yr agorwr celfydd Alan Jones a'r troellwr cyfrwys Don Shepherd. Ar y dechre ro'n i'n eu galw'n Mr Jones a Mr Shepherd, ond erbyn hyn Alan a Don yw'r ddou. Ma'n ofid i ni'r Cymry na wnaeth y ddou 'ma ddim whare criced rhyngwladol, ac iddyn nhw ga'l eu diystyru o ganlyniad i ddallineb dewiswyr. A ga i ddyfynnu sawl mam (a mam-gu o ran hynny) wrth adael y maes eisteddfodol, 'Fe geson nhw gam!' 'Sdim dowt.

A bob tro y bydda i'n gweld Alan Jones (34,056 o rediadau) a Don Shepherd (2,174 o wicedi) wi'n anobeithio'n llwyr!

Un o ddiwrnode mwya cofiadwy 'y mywyd i fel cefnogwr criced o'dd y prynhawn Sul hwnnw ym mis Medi 1993 pan deithiodd tîm Morgannwg i Gaergaint i whare'r gêm dyngedfennol yn erbyn Swydd Gaint – gêm a fydde'n penderfynu tynged pencampwriaeth Cynghrair y Sul gan fod y ddou dîm â siawns real o gipio'r wobr.

Morgannwg a Swydd Gaint o'dd timau gore'r tymor, a'r BBC, o'dd â'r hawliau dar, lledu ar y pryd, wedi anfon ei unedau darlledu allanol a'i sylwebwyr i ga' St Lawrence yn y ddinas hanesyddol i ddala pob muned o'r ornest hanner can pelawd. Ma'n dipyn o daith i Gaergaint; rhai yn meddwl fod y ddinas ond rhyw herc, cam a naid o Lunden ond ma'n siwrne faith ar yr M25 cyn belled ag Ashford cyn cymeryd yr A28 i gyfeiriad y ddinas sy'n gartre i Archesgob Caergaint. Penderfynais y bydde fe'n annoeth i ni deithio 'nôl a mla'n mewn diwrnod, felly archebwyd ystafelloedd mewn gwesty cyfleus er mwyn bod tu fas i'r clwydi mewn da bryd.

Gyrru i Gaergaint 'nath Geoff Skelding, ei fab Gareth, Llŷr a finne a sylweddoli fod Cymry wedi meddiannu tafarndai, gwestai a thai bwyta'r ddinas yn itha helaeth. Ro'n i'n dechre becso peth cynta'r bore ynglŷn â cha'l mynediad i'r maes gan fod y strydoedd a arweiniai i'r ca' criced yn llond ceir a'r dagfa draffig yn ymestyn am filltir neu ddwy. Clywais yn ddiweddarach bod Robert Croft, mewn stad o banic, wedi dod mas o'i gar a gofyn yn garedig i un o ddilynwyr Morgannwg edrych ar ôl ei gerbyd e tra bod Robert ei hunan yn cerdded y cwarter milltir ola at y maes a cha'l help i gario'i goffin o'dd yn pwyso tunnell hefyd – y coffin yw enw'r cricedwyr ar eu bagie enfawr sy'n cynnwys pob dim o'u dillad criced i'r offer diogelwch, heb anghofio sbectol, bandais, eli haul ac yn y bla'n.

Ro'dd y diwrnod yn un perffeth, yr haul yn disgleirio, y ca' wedi'i dorri'n grop a'r cefnogwyr yn cyrradd yn eu miloedd â digon o frechdane i fwydo byddinoedd. Ro'dd yna awyrgylch braf, rhywfaint o dynnu coes rhwng cefnogwyr y ddou dîm, a'r llwyfan wedi'i osod ar gyfer clasur o ornest.

I rai, brwydr o'dd hi rhwng Swydd Gaint a gwlad Morgan ond ro'dd eraill, ac o'n i yn un, yn ei gweld fel gêm ryngwladol rhwng Cymru a'r hen elyn, Lloegr.

Fe dreulies i a Bev y gêm gyfan yng nghysgod canghennau'r bisgwydden enwog, sy bellach wedi'i dymchwel. Ro'dd hi'n dal yno 'nôl yn 1993, yn sefyll yn gadarn rhyw ugen metr mewn o'r ffin ddwyreiniol. Yn ystod y blynyddo'dd, yn oes Frank Woolley, Les Ames, Godfrey Evans, Colin Cowdrey ac Alan Knott, petai'r bêl yn taro brigyn, cangen neu foncyff y goeden bydde'r dyfarnwyr yn caniatáu pedwar rhediad i'r batiwr. Do'dd dim modd i'r rheiny o'dd yn maesu ddal y bêl oddi ar y goeden a hawlio daliad. Agorwyd y ca' 'nôl yn 1837 a thros y blynyddo'dd dim ond pedwar cricedwr sy wedi bwrw whech drwy godi'r bêl a'i chario i'r awyr uwchben y bisgwydden – Arthur Watson o Sussex yn 1925 o'dd un, Learie Constantine yn 1928 yn un arall, Jim Smith o Middlesex yn 1939, a Carl Hooper, Swydd Gaint a'r Caribî yn 1992.

Felly, yno ro'dd y ddou ohonon ni, mewn sgwaryn tir o'dd i fod ar gyfer aelode Swydd Gaint. Buon ni'n ddigon lwcus i sleifio mewn heb i neb ein gweld ni. Drws nesa, mewn blwch arbennig i bwysigion y gêm, o'dd neb llai na Huw Lewis o Ffynnon Taf, addysgwr a hefyd yn un o ddyfarnwyr Undeb Rygbi Cymru. Nawr, pwy a ŵyr shwd lwyddodd e i ffindo'i ffordd mewn fan'na ond yno fuodd e'n cymysgu â'r crachach, yn yfed Pimms ac yn byta brechdane samwn mwg. Yn ôl Huw, ei siwt Chester Barrie, ei dei streipog lliwgar a'i het Panama 'nath y tric! Un o'r Tymbl yw Huw ac ma'r *gift of the gab* yn rhan o'i gyfansoddiad e.

Ar ôl colli'r ddwy gêm gynta yn erbyn Swydd Derby o dri rhediad yng nghanolbarth Lloegr ac yn erbyn Swydd Northampton ym Mhen-tyrch, ie, Pen-tyrch – meddyliwch am wynebu Curtly

Ambrose ar Barc-y-Dwrlyn – o dair wiced, llwyddodd Morgannwg i ennill deuddeg gêm yn olynol. Golygodd hyn mai'r ornest ola un yn erbyn y ceffyle bla'n eraill, Swydd Gaint, o'dd rownd derfynol Cynghrair y Sul 1993.

Swydd Gaint alwodd yn gywir a phenderfynu batio ar lain gymharol araf. Asgwrn cefn batio'r tîm cartre o'dd Carl Hooper, a'i drigen rhediad yn sicrhau sgôr parchus o 200. Bowliodd Morgannwg yn gywrain a thynn, a Steve Watkin a Roland Lefebre ymhlith y goreuon. Ro'dd ymateb Morgannwg yn gadarnhaol gyda Hugh Morris ac Adrian Dale yn ychwanegu 78 am yr ail wiced. Serch hynny, ro'dd cefnogwyr tîm Hugh Morris yn bell o fod yn hyderus, yn enwedig pan fowliodd Duncan Spencer i Viv Richards a hwnnw'n ca'l ei ddala'n sgwâr o'r wiced. Ond fe dda'th y dyfarnwr David Constant i'r adwy. O'dd hen fam-gu 'da fe sha'r Drenewydd, gwedwch? Neu a fuodd rhyw Gymraes yn hael ei ffafre gydag e'r noson cynt falle? Fe gododd Constant ei fraich yn uchel i'r awyr a dynodi pelen wag, sef *no-ball*. Ro'dd Viv yno ar y diwedd, a phan darodd Tony Cottey yr ergyd dyngedfennol yn uchel tua'r ffin fe ffrwydrodd y maes hanesyddol hwn, a'r dathlu'n dechre o ddifri.

Awr yn ddiweddarach ro'dd y canu'n atseinio o gwmpas ca' St Lawrence gyda'r côr-feistr Robert Croft yn ei elfen a'r miloedd o'i gwmpas yn eu seithfed ne'. Ond yr un atgof sy gen i o'r diwrnod o'dd gweld un o gricedwyr gore'r gamp erio'd, sef Vivian Richards, yn ei ddagre wedi cyfrannu cyment i dymor bythgofiadwy. Ro'dd ei falchder yn amlwg, a phrofiad cofiadwy o'dd gweld gŵr a gyflawnodd gymaint ar lwyfan rhyngwladol yn canmol ei gyd-chwaraewyr mor gynnes a diffuant. Fel y canodd un Cymro ar ga' St Lawrence, 'Vivian is a Welshman!' Ac am un diwrnod, ar 19 Medi 1993, yn ninas Caergaint, ro'dd hynny'n wir i wala!

Ma' criced yn dal yn rhan o 'mywyd, ac er bod Morgannwg bellach yn dibynnu'n helaeth ar chwaraewyr tramor, y gobeth yw gweld Cymry ifanc yn dod i'r amlwg ac yn creu'r un cyffro ag a gafwyd ryw chwarter canrif yn ôl. Do, fe ges i foddhad mawr o whare gyda thîm Brynaman a rhannu prynhawnie Sadwrn gyda chricedwyr megis Wil 'Shyfalo' Williams, Alun Howells, Alan Bowen Evans, Ian Bomb a Dai Tom Davies, ond wi'n meiddio gweud fod y prynhawn hwnnw yng Nghaergaint yn aros fel un o'r atgofion mwya disglair yn 'y nghof.

Angen plac glas ym Machynlleth

Mae'n arferiad gan olygyddion cylchgronau a chyfranwyr gwadd papure'r penwythnos restru pethe a'r rheiny'n amrywio'n fawr, o draethau ysblennydd i bêl-droedwyr disglair, o ddarnau clasurol cofiadwy i chwisgis gore Prydain. Yn ddiweddar, penderfynodd un colofnydd theatrig gynnwys rhestr o'r deg actor Shakespeareaidd gore yn ei farn e, a'i restr yn cynnwys y Fonesig Peggy Ashcroft, Syr Kenneth Branagh, Syr Laurence Olivier, Orson Welles, Syr Ian McKellen, y Fonesig Judi Dench, Syr John Gielgud, Syr Derek Jacobi, Richard Burton a Vivien Leigh, ond do'dd dim sôn am Gymro o Fachynlleth a addysgwyd ym Mhrifysgol Aberystwyth ac yn RADA. Petai rhai o'r actorion dawnus uchod wedi ca'l y dasg o gyfansoddi'u rhestrau hwythau, yna'n sicr bydde Emrys James wedi derbyn sawl pleidlais.

Des i nabod Emrys adeg ffilmo peilot o'r gyfres *Taff Acre* yn yr wythdege, ac yn ddiweddarach pan aethpwyd ati i saethu'r ffilm *Out of Love* mewn lleoliadau gwych ar lan afon Conwy rhwng Llanrwst a Betws-y-coed. Gofynnodd y cyfarwyddwr Michael Houlday a fysen i'n sicrhau fod Cymra'g llafar Robert Gwilym a Juliet Stevenson yn dderbyniol ar gyfer eu rhannau, a whare teg i Juliet, o'dd yn whare rhan dysgwraig, da'th hi i ben â'i llinelle ar ôl torchi llewys am amser hir. Yn anffodus, ro'dd Robert Gwilym yn credu'i fod e'n gwbod y cwbwl, ac er bod ei gymeriad yn y cynhyrchiad yn siaradwr Cymra'g rhugl, do'n i'n bersonol ddim yn hapus â'i lefaru ac fe ddwedes i wrtho fe yn blwmp ac yn blaen. Ro'dd ei ateb yn nodweddiadol ohono. 'Who cares? Nobody understands the language anyhow.' Atebais ar unwaith gan weud, 'Well I do, for one!' Ro'n i'n anfodlon â'i agwedd e. 'Co chi enghraifft arall o Gymro di-Gymra'g – achos o'dd e'n dod o Gastell-nedd – yn bychanu'r iaith tra bod Juliet o Loegr wedi ymdrechu'n galed i blesio'r cyfarwyddwr a'i chynulleidfa.

Fe ddes i mla'n yn grêt gyda Juliet a wi'n dal i gofio'i geirie a ninne ar fin gadael y set: 'I'd love to work with you again DH, but you're too obsessed with the Welsh language and Wales. Chill out!'

Ffilmiwyd *Out of Love* ddiwedd yr wythdege, a'r stori'n seiliedig ar berthynas ysgrifenyddes gwleidydd amlwg â ffermwr lleol. Fi o'dd yn whare rhan Tomos y ffarmwr ac mewn un olygfa ro'dd angen i fi helpu gyda genedigaeth llo bach. Wrth hwpo'n law lan y 'gamlas' briodol (wi'n trio bod yn *polite* fan hyn) fe sylweddoles i fod rhywbeth o'i le, ac fe gadarhaodd perchen y fferm fod y llo o chwith, yn *breech birth*. Felly yn y ffilm y fi sy 'na yn pwldagu a straffaglu yn ymyl y fuwch ond llaw Dic y ffarmwr sy'n tynnu'r llo mas o'r groth. Druan â'r fuwch. Wi'n cofio bod defaid y fferm lle fuon ni'n ffilmo wedi'u heffeithio gan y drychineb yn Chernobyl. Ro'n i'n haeddu pob ceiniog o'n ffi yn dilyn yr olygfa honno!

Rywsut ro'dd Emrys a finne'n cyd-dynnu i'r dim o'r funed nethon ni gyfarfod. Fe o'dd yn whare rhan 'y nhad yn *Out of Love* a parhau 'nath y cyfeillgarwch ar ôl cwblhau'r ffilmo. Bu Emrys yn ddylanwad mawr ar fy ngyrfa ac fe ddysges i gryn dipyn o'i watshan e'n perfformo – y ffordd o'dd e'n paratoi, y modd o'dd e'n ymateb ac yn adweithio i'w gyd-actorion. Wi'n dal i ryfeddu nad y'n ni yng Nghymru wedi'i anrhydeddu, gan ei fod yn ca'l ei ystyried yn un o'r mawrion yn y byd acto yn Lloegr. Yn sicr ma'r dywediad 'Nid yw proffwyd heb anrhydedd ond yn ei wlad ei hun,' yn addas ar gyfer Emrys James. Do'dd e, fel llawer un arall o'r canolbarth, ddim yn hollol rugl ei Gymra'g ac ro'dd hynny'n peri gofid iddo ond ro'dd e bob amser yn ymfalchïo mai Cymro o'dd e.

Yn anffodus pan dda'th hi'n amser llwyfannu *Taff Acre* yn dilyn y peilot, do'dd Emrys ddim ar ga'l ac fe a'th y rhan i Richard Davies o Ddowlais a fu'n amlwg yn y gyfres boblogaidd *Please Sir!* Yn sicr, fel actor, do'dd Davies ddim yn yr un ca' ag Emrys.

Fe gofia i Emrys yn cyfeirio unwaith at ddigwyddiad yn Stratford pan o'dd e'n acto mewn cynhyrchiad Shakespeareaidd ochor yn ochor â Syr Laurence Olivier a Frank Finlay. Ar ddiwedd y ddrama ro'dd pawb ar eu tra'd yn cydnabod perfformiad athrylithgar y meistr Olivier. A'th Frank ac Emrys i stafell wishgo Syr Laurence gan bledio arno i ddychwelyd i lwyfan y theatr lle ro'dd y gynulleidfa yn dal ar eu traed yn cymeradwyo. Yno, yn ei stafell, ro'dd Olivier yn ishte a'i ben yn ei blu. Bloeddiodd y ddou gyd-actor arno, 'Larry, you have *got* to come back out on stage! You were quite brilliant!' Dewisodd Olivier ei eirie'n ofalus gan weud, 'I know. But how will I do it again?'

Bu farw Emrys ym mis Chwefror 1989 a derbyniais wahoddiad gan ei wraig, y nofelydd Siân James, i ddarllen darn 'Do not go gentle into that good night' gan Dylan Thomas yn y gwasanaeth coffa. Ro'n i wrthi ar y pryd yn ymarfer ar gyfer cynhyrchiad theatrig ac yn rhyw led deimlo y bydden i'n anaddas ar gyfer rôl o'r fath yng nghwmni mawrion y proffesiwn ac fe wrthodes i. Wi'n difaru'r penderfyniad hwnnw byth oddi ar hynny.

Ddiwedd yr wythdege, pan fydden i'n teithio i Lunden ar gyfer gwrandawiadau, ro'n i'n neud pwynt o gysylltu ag Emrys a'i gyfarfod mewn oriel gelf neu rywle felly. Gofynnes iddo unwaith, 'Why meet at an art gallery, Emrys? Why not in a typical London pub?' Atebodd a chyfadde, 'DH, they're open throughout the day and have toilets on every floor.' Wi'n ei gofio'n cyfadde ei fod e bob amser, ar ddiwedd cynhyrchiad, yn cerdded bant o'r llwyfan i gyfeiriad y *wings* yn dechre clapo er mwyn i'r gynulleidfa ddilyn ei esiampl. Ro'n i'n *big fan* o Emrys.

Off raels go iawn!

Ro'dd y diwrnode, yr wythnose, y misoedd yn dilyn ein tor-priodas yn gyfnod tywyll yn 'y mywyd i a fi o'dd yn gyfrifol, fel wedes i ishws. 'Nes i adael Betty lawr, yn ogystal â 'mhlant, Llŷr a Catrin. Ar ôl byw fel teulu yng Nghaerffili a Chaerdydd, ro'n i bellach fel rhyw Bedouin neu sipsi yn byw ar wasgar ac yn dibynnu ar haelioni ffrindie a chyfeillion. Fe dreulies i gyfnod yn Rhydaman, ac ar ôl hynny yn rhannu tŷ gyda Clive Lewis yng Nghribyn, Aberaeron a Chaerfyrddin. Fe fuodd Clive yn help mawr; ro'dd e'n arbenigwr ariannol a hefyd yn trio ailgydio yn awenau ei fywyd yntau ar ôl ysgariad. Ro'dd y ddou ohonon ni'n ymdebygu i gymeriade mas o'r gyfres *Last of the Summer Wine*.

Pan o'n i'n ffilmo *Halen yn y Gwaed* fe fues i'n aros yn nhafarn y Castle yn Nhrefdraeth am ychydig cyn penderfynu rhentu bwthyn yn y Teras yn Rhos-y-berth (Rosebush). Fe ddes i'n gyfeillgar â Dils a Ryan, heb anghofio Beakie, Hafwen a'u meibion Rhodri a Rhys o Dafarn Sinc, Ieus Nicholas a'r teulu a Steve Glasfryn, Wendy a'r teulu. Bu'r blynyddo'dd hynny'n rhai anodd, ac wrth ddishgwl 'nôl ar y cyfnod wi'n rhyfeddu eu bod nhw wedi aros yn ffyddlon a dodi lan â fi achos o'n i, credwch chi fi, yn *real pain in the arse*. Ro'n i'n yfed gormod, yn ymladd â phawb a phob un ac yn isel iawn fy ysbryd, ond rywsut sticodd y pentrefwyr yn Rosebush 'da fi a safio 'mywyd i. Dyw hynny ddim yn or-weud, sa i'n credu.

Ro'n i yn Nhafarn Sinc un nosweth yn cwestiynu Ryan a Dils am y parc carafane lawr yr hewl gan feddwl am fynd i fyw mewn un. 'Cei di ddim aros 'na yn y gaea,' medde Ryan. 'Ond ma 'na dŷ ar werth yn y Teras. Pam na bryni di'r lle?' Rhyw ddeuddydd yn ddiweddarach pan gyrhaeddodd y postman â llythyr wrth y cyfreithwr yn cyfeirio at yr ysgariad fe benderfynes i brynu rhif 5, Y Teras, a gyda help Dils a Ryan a Steve Glasfryn fe ddechreuon ni adnewyddu'r lle.

Ond ro'dd pethe'n mynd o ddrwg i wa'th, ac o ganlyniad do'dd dim lot o waith yn dod i'n rhan i. A bod yn onest ro'n i wedi colli diddordeb yn y byd acto, yn yfed mwy a mwy a sawl ffrind yn gweud yn blaen, 'DH, rwyt ti'n gadel d'unan lawr!' Ac yna ges i 'nal yn yfed a gyrru – jyst drosodd o'n i ond yn gorffod talu'r pris a gadael y car yn y garej am flwyddyn. Unwaith eto, da'th pentrefwyr Rosebush i'r adwy, a Dils a Ryan yn sicrhau 'mod i'n cyrradd Clunderwen i ddala trên i'r dwyrain ar gyfer gwrandawiadau. Yr adeg yma, a gwaith yn brin, ro'n i'n ddiolchgar i'r rhaglen *Heno* am fy nghyflogi fel rhyw Barry Norman i fwrw golwg ar y ffilmie diweddara, er wi'n cofio Siân Thomas yn gweud wrtho i ar ôl un adolygiad, "Sdim unrhyw beth positif 'da ti i weud am y ffilmie 'te?'

Gwaethygodd y sefyllfa 'to, ac er 'mod i wedi setlo yn 'y nghartre newydd yn y Teras yn Rosebush ac wedi ca'l 'y nerbyn gan y gymdogeth, gwaetha'r modd, fe ddechreues i yfed ben bore. Un diwrnod ar ôl agor poteled o win yn syth ar ôl brecwast fe gyrhaeddes i Dafarn Sinc tua hanner dydd yn feddw gaib. Ro'n i'n reit *obnoxious*, a phwy o'dd yno ond hen ffrind, un o uwch-swyddogion heddlu Dyfed Powys, Jeff Thomas o Lanaman. Ro'dd e wedi galw heibio am frechdan amser cinio, ac er 'mod i lan i'n styden, fe deimles i rywfaint o gwilydd. Ro'dd beth wedodd Jeff o 'ngweld i'n dyngedfennol; ro'dd e'n nabod 'y nheulu i'n iawn ac wedi siomi o 'ngweld i yn y fath gyflwr. 'Hywel, beth fydde dy fam yn gweud tase hi'n gwbod dy fod ti'n feddw am ddeuddeg y p'nawn?' Ro'dd Mam yn dal yn ddylanwad mawr arna i. Ac er 'mod i'n feddw, do'dd dim 'da fi i weud wrth Jeff, ond dyna'r tro dwetha fues i'n yfed yn y bore! Shwd allen i fod wedi bod mor ddifater?

Yr actor ifanc yn ymarfer ei ddawn ar lwyfan. Whare rhan Dai Cantwr o'n i yn un o gynyrchiade cynta Cwmni Theatr Cymru ar ddechre'r saithdege.

Caleb! Arwr plant Cymru cyn dyddie S4C. O'dd y sioe *Miri Mawr* yn firi mawr i'w recordio i ni'r actorion a'r criw, credwch fi.

Yng nghwmni Kenneth Griffith yr asiant o Lunden, boi o Landeilo yn wreiddiol, a Kenneth Griffith yr actor, a'i bartner ar y pryd mewn parti swanc. Yn 1949 enwebwyd Kenneth Griffith gan ei gyd-actorion fel yr actor mwyaf addawol ynghyd â Montgomery Clift.

Grey Evans a fi yn *Dianc o Yozgad* (Rondo Media Cyf., 1983) o'r gyfres deledu *Almanac* oedd yn addasiad o *Y Ffordd i Endor* gan E. H. Jones, sef hanes milwr ifanc o Aberystwyth ddihangodd o garchar rhyfel. Wil Aaron oedd y cyfarwyddwr – *top man*! Ma Grey yn dad i Gwyneth Glyn ac yn dad-yng-nghyfreth i'n ffrind mawr Daf Emyr, y ddau'n sgriptwyr pantomeims Cwmni Mega.

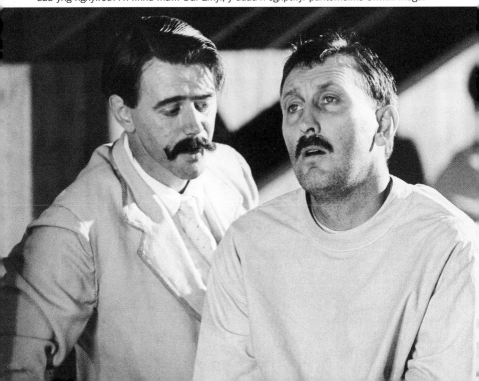

Yr Alcoholig Llon (Cine Cymru, 1983), stori angerddol am löwr a drodd yn alcoholig; gydag Eleri, merch John 'y mrawd, ac Eluned Jones. Cyfarwyddwyd y ffilm gan Karl Francis.

Poster sinema o Iola Gregory a fi'n joio yn *Rhosyn a Rhith/Coming Up Roses* (Red Rooster Films/ S4C, 1987). Bu'r ffilm hyfryd hon yn llwyddiant anferthol yn oes aur S4C.

Drwy ganiatâd BBC Cymru Wales

Y ffilm *I Fro Breuddwydion/A Penny For Your Dreams* (BBC Cymru/Landseer Productions/S4C, 1987) am yr arloeswr sinema, William a Sarah Haggar a'u teulu. Wi'n hoff iawn o'r llun hwn o Sue Roderick a fi, ni'n edrych fel tipyn o gwpwl!

Wiliam Haggar a'i deulu'n cyhoeddi'r ffilm yn yr Eisteddfod Genedlaethol yn Shir Benfro.

Fi a Sue Roderick yn dathlu llwyddiant *I Fro Breuddwydion* yn y West End. On'd dy'n ni'n edrych fel dou ffilm stâr?

Joio gyda Huw Ceredig wrth ffilmio *We Are
Seven* yn Llanddewibrefi (HTV, 1989-91).
Hefyd yn y llun ma William Thomas a Beth
Robert.

Gyda'n ffrind, Bob Pugh. Bob addasodd y nofel
We Are Seven gan Una Troy, a symud y stori o
Iwerddon i Gymru.

Wrthi'n ffilmo *Stori'r Nadolig/A Christmas Story* gan Richard Burton (HTV/S4C, 1990) gyda'r cyfarwyddwr Alan Clayton.

Fi gyda Dewi Thomas, Alun Horan a Sally Burton gweddw Richard Burton adeg y ffilmo ym Mhort Talbo

Yffarn, o'dd y ddafad yn drwm! Ffilmo rhan o *Out of Love* (1988) ac yn edrych fel tasen i'n gwbod beth o'n i'n neud.

Ar fla'n y *Radio Times* yn *Out of Love* gydag Emrys James a Juliet Stevenson yn 1988. Dyma un o'r ffilmie 'nes i joio neud y mwya.

Gyda'n ffrind mawr, Gary Sweet, adeg ffilmo *Derfydd Aur/Realms Of Gold* (Teliesyn/ABC/S4C/Film Victoria Aus, 1989)

Derfydd Aur/Realms of Gold (Teliesyn/ABC/S4C/Film Victoria Aus, 1989) yn Awstralia, gyda 'George' yr extra – ro'dd y bobl wyn wedi dwgyd ei enw iawn e.

Fi fel Joseph Jenkins, *The Swagman From Wales* (Pendefig, 2004) gyda'i griw brith mas yn Awstralia eto. Paul Turner, y cyfarwyddwr sy'n sefyll y trydydd o'r chwith a Mike Harrison, y dyn camera sy'n eistedd ar y pen chwith.

Mewn bar yn Awstralia gyda Gary Sweet a'i dad Phil. Gafon ni amser bendigedig, sdim ishe gweud mwy.

'Gary Sweet, dyma dy fywyd!'
Fi'n yn rhoi sioc i Gary mas yn
Awstralia.

Peak Practice (Central, 2000) yn whare rhan George Drew gyda Gary Mavers fel y meddyg Dr Andrew Attwood. O'dd Gary'n dipyn o strab, buodd lot o dynnu coes yn ystod ffilmo, er ma pethe'n edrych yn eitha du arna i yn y llun.

Whare rhan gohebydd yn *Cwpan Caerdydd*, sef rhaglen am hanes dyrchafol Cardiff City yn ennill Cwpan yr FA yn erbyn Arsenal yn 1927 (Green Bay Media, 2008).

Gyda'r asyn yn y rŵm ffrynt yn y gyfres *Stella* (Tidy Productions, 2012). Ruth (Jones), Deedie (Davies) John Boi yr asyn a fi.

Joio whare'r hen ddyn Ceri Joseff yn *Indian Doctor* (Rondo/Avatar, 2010–12).

Fi a'r brawd Rich (Harrington) yn y ffilm *Burton: Y Gyfrinach*
(Green Bay Media, 2011) mas yn y Swistir.

(Llun: ⓗ Huw Walters)

Wrthi'n gwneud rhaglen deledu ar Howard Winstone, pencampwr bocsio'r byd. David Petersen y gof a fi ar bwys cerflun o Howard – David greodd y cerflun.

Gweld belt Lonsdale Jack Petersen yng nghwmni Wynford Jones a John Petersen sef mab Jack – ma'r belt Lonsdale yn werth ffortiwn.

Gyda'r bocsiwr Colin Jones, y boi ddyle fod wedi ennill pencampwriaeth y byd yn erbyn Milton McCrory.

DH a Ken Buchanan, pencampwr byd arall.

Tîm rygbi HTV yn erbyn ORTF yn Ffrainc. Ymhlith y criw, yn y cefen trydydd o'r chwith ma Russell Issac, ac yn y rhes flaen ar y pen chwith ma 'hard man' Morris, yna Robin Ifans a Bryn Fôn yn y canol. Ni'n edrych yn rial *tough guys*.

Diwrnod yn Wembley cyn gwylio Rygbi'r Gynghrair, Prydain Fawr yn erbyn Awstralia sha 1993 yng nghwmni Jeff a Peter, tad Ioan Gruffudd. Ma 'ngwyneb i'n gweud faint wi'n joio.

Tîm criced y sêr adeg Eisteddfod Genedlaethol Aberystwyth 1992 ar Gaeau'r Ficerdy. Yn y cefen o'r chwith i'r dde: Alun Wyn Bevan, Owain Llew, Huw Ceredig, Aled Gwyn, Gwynaf Davies, Aled Eirug a Llŷr Evans. Yn y blaen o'r chwith i'r dde: Adrian Gregory, myfi, Emyr Wyn a Huw Llywelyn Davies. Sgorodd Alun Wyn Bevan drigen rhediad a wedyn rhedodd e fi mas!

Pwy sy fan hyn, feddyliech chi? Wel Dafydd Corn a Siôn Grav wrth gwrs!

Fy ffrindie mawr i o Fynyddygarreg – Mari a'r merched, Manon a Gwenan.

Siarad yng Nghilmeri adeg gorymdaith cofio marwolaeth Llywelyn Ein Llyw Olaf ar 10 Rhagfyr 2011.

Noson lansiad CD newydd Gillian Elisa ym mis Medi 2013. Nago'n i'n dishgwl canu, ond drychwch faint o sbort ni'n ca'l

Posteri pantos cwmni Mega. Dyma'r pethe wi wedi bod y mwya balch ohonyn nhw dros y blynydde. Adloniant Cymra'g sy'n mynd yn syth at y bobol ifanc – ein straeon *ni* sy'n ca'l eu gweud, ma gwbod rheiny'n bwysig i'n hunanieth ni. Llunie o sioe *Trywerynws* yn 2012 gyda Toni Carroll, Erfyl Ogwen Parry, Rhys Ruggiero a Non Haf.

Creodd yr anffyddlondeb, y styfnigrwydd, y twpdra, a phopeth da'th gyda hynny, dwll mawr yn 'y mywyd i. Ro'n i ar 'y mhen 'yn hunan yn gweld y plant yn achlysurol, yn dal i siarad â Betty, ond ro'dd ein perthynas ar ben – *finito*! Ro'n i wedi cymeryd pob dim yn ganiataol ar hyd y blynyddo'dd. Ro'n i wedi ca'l neud fel fynnen i; allen i fynd i'r fan a'r fan heb ofid yn y byd gan fyw bywyd dyn sengl i bob pwrpas, llosgi'r gannwyll y ddou ben yng nghlwb y Cameo a thafarndai lleol a chyrradd gartre gan wbod fydde'r drws ar agor a'r Corn Flakes a'r *croissants* ar y bwrdd bore dranno'th. Ro'n i 'di bod mor hunanol, mor blentynnaidd, mor ddifeddwl, a'r funed caewyd y drws yn glep arna i yn Plasturton Avenue, sylweddoles i mai'r teulu o'dd y peth pwysica yn fy mywyd i. Fe golles i'r cwbwl.

Ac ro'dd 'na ryw lais bach yn sibrwd yn dawel yn 'y mhen i. Llais o'dd rywsut yn mynnu gweud, 'Rhy hwyr yn y dydd, DH! *Too late, good boy!* Pwy ddiawl o't ti'n credu o't ti? Burton? Un o sêr byd Hollywood? Ma rheiny'n neud fel y mynnon nhw ond Hywel Evans o bentre Garnant yn Nyffryn Aman wyt ti, actor cyffredin, yn ddigon lwcus i ga'l gwraig sbeshal a dou o blant o'dd yn dy garu di fel tad a mor falch dy weld di'n ymddangos ar y sgrin fach, y sgrin fawr ac ar lwyfan. Be ar y ddaear dda'th drostot ti? Rhy hwyr. Rhy hwyr!'

Do'n i ddim yn gyfarwydd â chodi yn y bore a neb ambytu'r lle. Ro'n i am glywed llais Betty; am glywed y plant yn dadle a chwmpo mas â'i gilydd, am glywed cerddoriaeth ar beirianne Llŷr a Catrin yn atseinio drwy'r tŷ, boed hynny'n Gymra'g neu'n Eingl-Americanaidd, o'dd dim cythrel o ots 'da fi. Ro'n i'n dyheu am glywed sŵn tra'd ar y stâr, dryse'n slamo, tegyl yn berwi, peiriant golchi'n corddi yn y gornel. Ro'dd y diwrnode, yr wythnose a'r miso'dd a ddilynodd yn afreal – tawelwch llethol ar ôl dihuno, a'r tawelwch hwnnw'n para am beder awr ar hugen weithie. Dros nos fe droies i'n ddyn anhapus – y fi o'dd Mistar Diflas yng nghyfres

Roger Hargreaves! A nid dim ond Betty a'r plant o'dd wedi'u siomi – ro'dd ffrindie a phobol o'n i'n meddwl y byd ohonyn nhw yn dechre ymbellhau.

Ro'dd bywyd yn uffernol o undonog a'r dyddie di-waith yn Rhos-y-berth yn cynnig cyfle i gerdded canllath lawr yr hewl i gymdeithasu (ac yfed) yn Nhafarn Sinc. Ro'dd *profits* y lle yn *sky-high* siŵr o fod. Ac ar ôl dychwelyd i'r bwthyn, a alle erbyn hynny fod wedi ymddangos ar gyfres Aled Sam ar S4C ar ôl y gweddnewidiad, ro'dd hi'n amser agor poteled o win coch. A gan fod neb ar ga'l i rannu, ro'n i'n ei gwagio hi'n llwyr cyn noswylio.

Ro'dd adeg Nadolig yn gyfnod anodd iawn i fi ond o'n i'n ca'l cinio Nadolig gyda Dils a Ryan a wedyn ar noson Nadolig bydde Beaky, Hafwen a'r bois yn dod draw i gadw cwmni i'r hen foi. Ma 'niolch i'n fawr iddyn nhw a chymdogion caredig Rhos-y-berth.

Mewn cyfrol fel hon, rhaid i fi gyfadde 'mod i wedi ca'l 'y nal yn yfed a gyrru ddwywaith, a'r ddau dro o'n i jyst ychydig yn uwch na'r hyn o'dd yn dderbyniol, ond ro'dd yn enghraifft arall o'r ffaith 'mod i'n barod i herio'r awdurdode ac yn becso fawr ddim am y goblygiade. Fe fydd rhai ohonoch chi'n feirniadol iawn o 'mhersonoliaeth a 'nghymeriad i ar ôl darllen y bennod hon, ond ma nifer fawr ohonon ni'n mynd trw' gyfnode anodd yn ein bywyde; cyfnode pan y'n ni'n mynd off raels ac yn euog o neud penderfyniade annoeth a ffôl. Ac wrth ddishgwl 'nôl, tasen ni'n hollol onest, bydde'r mwyafrif ohonon ni'n cywilyddio am ambell ddigwyddiad yn ein bywyde, a'r hyn a ddigwyddodd yn ein dwysbigo am weddill ein hoes. 'Heb ei fai, heb ei eni' medde Mam, a dyna hi 'nôl eto i 'nghynghori a hithe wedi marw ers meitin.

'Ted – come home.'

'Smo fi erio'd wedi whare *rugby league*; dda'th neb o Wigan (na Widnes chwaith) i gnoco ar ddrws ffrynt yr Hafan yn y Garnant a chynnig miloedd o bunne i fi lofnodi cytundeb bras. A bod yn onest, yn ystod y chwedege a'r saithdege, do'dd neb o Ddyffryn Aman ar *radar* clybiau rygbi proffesiynol gogledd Lloegr er bod John 'Manora' a Gordon 'Bwtsh' Thomas wedi whare mewn gêm brawf un prynhawn Sul yn Warrington. Ond ro'dd pethe'n wahanol iawn ddechre'r ganrif ddiwetha. Bryd hynny ro'dd Dyffryn Aman yn Fecca i gadeiryddion clybiau ariannog gogledd Lloegr. Bydde dynion dylanwadol yn eu Bentleys, yn smygu sigârs King Edward ac yn gwishgo cotie *astrakhan* i'w gweld yn paradan ar hyd hewl Cwmaman yn dishgwl am dalent.

Yn ystod 'y mhlentyndod i ro'dd plant y Cwm yn mynd sha'r gwely naill ai yn sŵn *Chwedlau Aesop*, mewn penbleth ynglŷn â'r dirgelwch yn ymwneud ag Eiry fach yn nofel Moelona, *Teulu Bach Nantoer*, neu'n cau'u llygaid yn gysglyd i ramant storïau tylwyth teg y Brodyr Grimm. Do'dd Dad ddim cweit ar yr un donfedd â rhieni eraill y cyfnod achos, ar ôl ca'l bath a bowlen o Shreddies, ro'dd e'n mynnu sôn am Jack Evans, Billo Rees, Jac Elwyn, Dai Cefnder, Ted Ward a'r cewri lleol eraill a gipiwyd o gaeau rygbi'r Aman, Sain Helen, y Gnoll a'r Strade a'u cymryd i borfeydd breision llefydd fel Swinton, Halifax a Keighley. Yn wyth oed ro'n i wedi cwmpo mewn cariad â'r gêm tri ar ddeg er nad o'n i erio'd wedi gweld yr un gêm!

Fe ddylse rhywun fod wedi sgrifennu doethuriaeth am yr hyn ddigwyddodd i ddwsine o lowyr yn y Garnant a Glanaman yn y cyfnod rhwng 1895 a'r Ail Ryfel Byd. Fel y dywedodd Daryl Leeworthy yn ei lyfr *Fields of Play: the Sporting Heritage of Wales*, mae chwaraeon yn dod â'r holl gymuned yng Nghymru at ei gilydd mewn ffordd nad yw pethe fel gwleidyddiaeth na iaith yn gallu neud, a dyna'r unig beth niwtral sy'n ein huno ni fel gwlad. Alla i ddim anghytuno â'r hyn ma fe'n weud.

Bu'r filltir sgwâr hon yn Nyffryn Aman yn feithrinfa gyfoethog i rai o sêr byd y bêl hirgron a phan sefydlwyd y Northern Union yn 1895 penderfynodd rhai ymuno â chlybiau gogledd Lloegr er mwyn whare'n broffesiynol. Bellach ro'dd modd canolbwyntio ar whare rygbi, ac ennill bywoliaeth drwy neud hynny, heb orffod disgyn mewn caetsh i grombil y ddaear a thorchi llewys am ddeg awr mewn ffas mor dywyll â bola buwch.

Ymunodd Jack Evans, gynt o Penybont Rovers a Llanelli, â Swinton yn 1896 a mynd yn ei fla'n i whare 252 o gêmau i'r clwb. Ro'dd ei feibion Jack Jnr a Bryn yn wharaewyr talentog a ddewiswyd i deithio i Awstralia gyda thîm Prydain Fawr yn 1928. Yn yr un tîm ro'dd Billo Rees o Lanaman, un o deulu'r Plough, a hyd yn oed heddi ma fe'n dal i ga'l ei gydnabod gan *aficionados* y gamp fel un o'r chwaraewyr gore erio'd. Billo o'dd maswr Swinton pan faeddon nhw Oldham yn rownd derfynol y Cwpan yn Rochdale yn 1926, y gêm gyntaf un i ga'l ei darlledu'n fyw ar y radio. Chi'n cofio?! Dyma beth wedodd yr anfarwol Harry Sunderland o wlad Oz am Billo Rees yn dilyn taith Prydain i Awstralia yn 1928, 'No player ever left Australia with a bigger reputation than Billo Rees.' Ac ro'dd e'n arfer byw ar y sgwâr yng Nglanaman gyferbyn â Chapel Bryn Seion!

Fel holl ardaloedd diwydiannol Prydain yn y ganrif ddiwetha, ro'dd bywyd yn anodd os nad amhosib weithie yng nghymoedd glofaol Dyffryn Aman. Dyma'r math o hanes ddylse Gweinidog Addysg y Cynulliad fod yn cyflwyno i blant a phobol ifanc Cymru, pwy bynnag yw e neu hi erbyn hyn. Dynion galluog yn gorffod gadael ysgol yn ddeuddeg oed a mynd i weithio yn y pwll er mwyn ca'l deupen y llinyn ynghyd. O droad y ganrif ymlaen ro'dd hi'n amhosib gwrthod syllte Swinton, Huddersfield a Dewsbury ac ro'dd cnoc ar y drws yn fêl ar fysedd chwaraewyr dawnus yn ogystal â'i teuluoedd. Dyma fydde achubiaeth rhag tlodi i rai ohonyn nhw. Wrth gwrs, ro'dd rhai yn gwrthod gan eu bod am wishgo crys coch eu gwlad ond bydde'r mwyafrif yn manteisio ac yn elwa mewn mwy nag un ffordd.

Un o whararewyr proffesiynol mwya anlwcus y tridege o'dd Dai 'Cefnder' Davies, mewnwr disglair a wharaeodd dros dri chlwb gwahanol – Warrington, Huddersfield a Keighley – yn rownd derfynol y Cwpan Her yn Wembley a cholli'r tair gêm. Wharaeodd 335 o gêmau proffesiynol a pharhau wnaeth ei record aflwyddiannus yn Wembley. Buodd e'n cynrychioli Cymru yno ar ddou achlysur yn erbyn Awstralia a cholli'r ddwy gêm honno hefyd. Ma 'i fab Billy, o'dd yn ffwtbolyr pert, yn dal i fyw yn y cartre teuluol yn New School Road yn y Garnant.

Ro'dd Dad yn sôn yn amal am Evan Phillips o Glwb yr Aman gan ei fod e, yn ogystal â Jac Elwyn Evans, yn nhîm Llanelli a gollodd o 8–3 i'r Crysau Duon yn 1924. Chwaraeodd Seland Newydd 32 o gêmau ar ei daith i Brydain, Ffrainc a Chanada ac ennill pob un ornest. Y gêm ar y Strade o'dd yr anodda o bell ffordd, ac asgellwr Llanelli, Ernie Finch, yn croesi am gais ardderchog. Yn ôl Dad, derbyniodd Ernie'r bêl, ac agosáu at gefnwr gore'r cyfnod, George Nepia. Do'dd dim amser ganddo i feddwl; dibynnai'n llwyr, fel Shane Williams ar ei ôl, ar reddf a gras Duw am gymorth. Ro'dd y ddou o fewn dim i'w gilydd. Yna'n gwbwl ddirybudd, pan o'dd asgellwr chwith y Scarlets o fewn hyd braich i'r Maori anferth, fe stopodd Ernie yn gwmws fel awyren bwerus ar fwrdd llong rhyfel. Twyllodd e Nepia yn llwyr; ro'dd y cefnwr wedi ymbaratoi ar gyfer gwrthdrawiad a fydde wedi cludo Ernie ar *stretcher* i Ysbyty Cyffredinol Coed Cae – a gwibiodd Ernie yn rhydd i hawlio'r cais.

Ro'dd Cliff Porter a'i dîm yn llawn edmygedd o berfformiad arwrol y Scarlets y prynhawn hwnnw a chyflwynwyd crys y capten i Evan Phillips o'r Aman. Yn ôl y Crysau Duon, hwn o'dd y perfformiad gore a welson nhw gan flaenwr yn ystod y daith gyfan. Ymunodd Evan Phillips a Jac Elwyn Evans, o'dd yn frawd i hen fam-gu Shane Williams fel ma'n digwydd, â Broughton Rangers ym Manceinion ganol y dauddege.

Heb os nac oni bai, un o ffefrynne Dad o'dd y canolwr cydnerth Ted Ward, a ymunodd â chlwb Wigan o Lanelli ym mis Ionawr 1938. Ro'dd y teulu yn brynwyr a gwerthwyr gwartheg yn Iwerddon cyn i un aelod gyrradd porfeydd gwyrddlas Dyffryn Aman. Ro'dd Ted yn gicwr dibynadwy hawliodd dros 300 o bwyntie i dîm Central Park ddwywaith yn ystod ei yrfa. Treuliodd rai blynyddo'dd yn yr ysbyty yn dilyn ei drosglwyddo i Wigan, oherwydd fel sawl un arall, effeithiodd y diciâu yn andwyol ar ei iechyd. Meddyliwch am lowyr yr oes ddiwydiannol honno'n dodi'u twls ar y bar ar ôl bod lan idd'u gyddfe mewn dŵr dan ddaear ac yna hastu i whare i dîm y pentre a gobeithio ca'l bath mewn twba sinc cyn cyrradd gartre. 'Sdim rhyfedd eu bod nhw'n diodde o glefyde marwol yr oes.

Ond brwydrodd Ted i'r eitha ar ôl gwella o'i gyflwr a cha'l ei ddewis i gynrychioli Prydain Fawr yn Awstralia a Seland Newydd yn nhymor 1946 gan greu argraff ryfeddol. Plediodd yr *Aussies* arno i aros yno ac i ennill ei fara menyn yn hemisffer y de. Ma'n debyg iddo anfon teligram at ei fam – wel ro'dd Ted yn ŵr dibriod – yn gofyn am gyngor. Da'th ateb ar unwaith, teligram yn cynnwys tri gair sgrifenedig – 'TED – COME HOME.' A gartre dda'th e.

Cyn dychwelyd i Ddyffryn Aman i weithio fel weldiwr gyda chwmni Crompton Parkinson, treuliodd Ted Ward rai blynyddo'dd yn cynorthwyo tu ôl i'r llenni yn Wigan. Ma'n debyg ei fod yn ŵr allweddol pan lofnodwyd Billy Boston i'r clwb yn y pumdege cynnar ac ma'n debyg iddo anfon deg ar hugen o gryse coch a gwyn i'r Aman pan o'dd arian yn brin yn dilyn y rhyfel. Da'th Undeb Rygbi Cymru byth i wbod am y rhodd.

A finne'n yn fy arddege da'th rygbi'r gynghrair yn fyw ar y

sgrin fach pan benderfynodd y BBC ddangos gêmau cynghrair ar *Grandstand* ar brynhawne Sadwrn, ac yna darlledu cystadleuaeth o dan y llifoleuade ar BBC2 ar nosweithie Mawrth. Eddie Waring o'dd y sylwebydd carismataidd a ninne yn tŷ ni'n dechre cefnogi timau megis St Helens, Bradford Northern a Halifax ac yn eilunaddoli unigolion o stamp Neil Fox, Alex Murphy, Eric Ashton, Clive Sullivan, Billy Boston, Keith Holden, Frank Myler, Brian Gabbitas, Roger Millward, Tommy Bishop a Keith Hepworth.

A diolch i Dad ma'r diddordeb yn y gêm wedi parhau – ro'n i yno pan wharaeodd Jonathan Davies ei gêm gynta i Widnes, ac ar y teras yn Wembley pan sgoriodd yr athrylith o Drimsaran ei gais bythgofiadwy yn erbyn Awstralia. Ro'n i'n un o ffyddloniaid y Cardiff Blue Dragons pan ymunon nhw â'r gynghrair 'nôl yn yr wythdege. Ro'n i ar y bws i ogledd Lloegr pan o'dd y tîm un yn brin ar gyfer y gêm yn erbyn Batley. Ro'dd rhyw ddeg ohonon ni cefnogwyr yng nghefen y bws pan ofynnodd y rheolwr Dai Watkins os o'dd un ohonon ni'n dal i whare. Fe floeddiodd Geoff Skelding ei fod e'n asgellwr i dîm Machen, a chafodd ei gynnwys yn y garfan. Anghofiodd e weud mai i drydydd tîm Machen o'dd e'n whare! Colli o'dd yr hanes a dyna'r unig gêm wharaeodd Geoff yn broffesiynol. Wi'n dal ddim yn siŵr faint gas e fel tâl, ac a bod yn onest nid fe o'dd yn gyfrifol eu bod nhw wedi colli'r gêm chwaith.

Dyffryn Aman v. gweddill y byd

Ma nifer o bobol y dyddie 'ma, Clive Rowlands yn un, yn sôn am y wharaewyr rhyngwladol dawnus o bentre Trebannws ac o Gwm Tawe sy wedi whare i Abertawe, Castell-nedd, y Gweilch, Cymru a'r Llewod. Ac ar ôl parablu'n ddi-baid a sgrifennu colofnau am eu harwyr, clywir eraill yn rhamantu am faswyr Cwm Gwendraeth, arwyr y Rhondda a gloywon Gwent. Ma tuedd i anghofio am

DAFYDD HYWEL

fechgyn celfydd a chaled Dyffryn Aman. Wi wir o'r farn fod y tîm wi wedi'i ddewis i gynrychioli bro fy mebyd yn ddigon da i herio gweddill y byd, heb sôn am wynebu a whalu'r Cwm Tawe All Stars, y Viet Gwent a sêr y Rhondda. Ma'r tîm yn cynnwys Gareth Edwards a anrhydeddwyd yn 'chwaraewr gore'r bydysawd' gan arbenigwyr y byd rygbi, a Billo Rees, y maswr gore i whare'r gêm tri ar ddeg erio'd yn ôl rhai. Ac ar yr asgell whith yr unigryw Shane Williams, gŵr a groesodd am drigen cais rhyngwladol yn ystod ei yrfa disglair. *I rest my case*!

15 Joe Rees (yr Aman, Abertawe a Chymru)
14 Dai 'Cefnder' Davies (yr Aman, Castell-nedd, Warrington, Huddersfield, Broughton Rangers, Keighley, Cymru XIII)
13 Claude Davey (Cwmgors, yr Aman, Abertawe, Sale a Chymru)
12 Cyril Davies (Rhydaman, Brynaman, Llanelli, Caerdydd a Chymru)
11 Shane Williams (yr Aman, Castell-nedd, y Gweilch, Cymru a'r Llewod)
10 Billo Rees (yr Aman, Swinton a Phrydain Fawr)
 9 Gareth Edwards (Cwmgors, Caerdydd, Cymru a'r Llewod)
 1 Emrys Evans (Cwmgors, yr Aman, Llanelli, Salford, Wigan a Chymru)
 2 Don Tarr (Rhydaman, Abertawe, y Llynges, a Chymru)
 3 Tom Evans (Rhydaman, Llanelli a Chymru)
 4 R. H. Williams (Cwmllynfell, Llanelli, Cymru a'r Llewod)
 5 Richard Thomas (Penygroes, Cymry Llundain, a Chymru A)
 6 Trevor Evans (yr Aman, Abertawe, Cymru a'r Llewod)
 8 R. C. C. 'Clem' Thomas (Brynaman, Abertawe, Cymru a'r Llewod)
 7 Evan Phillips (yr Aman, Llanelli, eilydd i Gymru 1925, Broughton Rangers)

A maddeuwch i fi, wŷr Cwmllynfell! Wi ddim wedi cynnwys Dai Glyn Davies o'dd yn gapten ar Abertawe yn erbyn Awstralia ar Sain Helen yn 1947 chwaith – ma'n debyg o'dd e'n chwaraewr a hanner a phobol y pentre yn dal i sôn amdano'n wythnosol yn eu sgyrsie am rygbi yn Nhafarn y Boblen. A phetai Dad yn dal yn fyw fe fydde fe'n wallgo 'mod i wedi gadael Ted Ward ar y fainc! Ma'r pymtheg a ddewiswyd yn adlewyrchu cryfder y tîm sy'n cynnwys pump o gapteniaid y cryse cochion a phump a wharaeodd i'r Llewod rhwng 1955 a'r presennol, heb sôn am y wharaewyr tri ar ddeg a gynrychiolodd Gymru a Phrydain Fawr. Wi wedi dewis y mewnwr Dai Cefnder ar yr asgell dde oherwydd yno chwaraeodd e i Warrington yn rownd derfynol y Cwpan Her yn 1933 a chroesi am ddou gais. Petai Gareth yn ca'l 'i anafu, allen ni symud Dai i safle'r mewnwr a dod â Jac Elwyn Evans (yr Aman, Llanelli, Abertawe, Cymru a Broughton Rangers) mewn ar yr asgell.

Os y'n nhw'n whare rygbi yn y nefo'dd, ma 'na bosibilrwydd y gwelwn ni'r tîm yma'n cystadlu ryw ddydd. Yn y lle cynta, cofiwch, ma gofyn i fi gyrradd y nefo'dd er mwyn eu gweld! Meddyliwch, tase Claude a Cyril yn y canol, bydde Shane yn derbyn meddiant mewn gwagle heb orffod mynd i ddishgwl am y bêl! Ac ma pob un o'r blaenwyr yn flagards – bydde Colin Meads yn crynu yn ei sgitshe cyn camu ar y ca'!

'Ody'r boi 'ma yn dy boeni di?'

'Ody'r boi 'ma yn dy boeni di?'

Dyna, ma'n debyg, wedes i'r tro cynta i fi siarad yn gymdeithasol â Siwsan Roderick – y fi yw'r unig un sy'n ei galw'n Siwsan gyda llaw; Sue yw hi i bawb arall yng Nghymru, Lloegr a dinas Efrog Newydd lle ma 'i merch Melisa yn amlwg ym myd y theatr. Ro'dd y ddou ohonon ni'n actorion yng Nghwmni Theatr Cymru, *Eli Babi*, bron i ddeugen mlynedd yn ôl. Mewn un nosweth mas yng ngwesty'r Castell ym Mangor ro'n i'n argyhoeddedig (diawl ma hwnna'n air mawr i fachan o'r Garnant) fod y bachgen o'dd yn dawnsio 'da hi ac wedi cymeryd ffansi ati, yn dipyn o niwsans, ond wedi i fi ofyn y cwestiwn deirgwaith, gwrthod unrhyw gymorth 'nath hi.

Hanner awr yn ddiweddarach fe ofynnes yr un cwestiwn iddi eto ond y tro hwn 'nath Siwsan gyfadde ei fod e fel rhyw *limpet* drosti – dyw'r geiriau 'llygad maharen' ddim cweit yn neud y tro fan hyn. Felly 'nes i afel yn y boi a'i hwpo fe yn erbyn y wal gerfydd ei goler. Ro'dd geirie Siwsan, 'That's my boy!' yn gadarnhad fod yr ymyriad wedi'i phlesio hi. O'r funed honno fe glicon ni fel ffrindie a rhaid gweud fod y ddou ohonon ni wedi bod yn gyfeillion clòs byth ers hynny.

Dros y blynyddo'dd ry'n ni wedi ca'l ein casto lot 'da'n gilydd, yn amal fel gŵr a gwraig. Un enghraifft o hynny o'dd cynhyrchiad Gwenlyn Parry, *I Fro Breuddwydion* (*A Penny for your Dreams* yn Saesneg), o'dd yn adrodd hanes bywyd a gwaith y ffotograffydd ffilm William Haggar o'dd â chysylltiad agos â thre Llanelli. O'r holl gynyrchiade ry'n ni'n dou wedi ymwneud â nhw, ma Siwsan yn cyfeirio'n gyson at un olygfa yn y ffilm pan o'dd hi ar fin marw a finne wrth ei hymyl yn dala'i llaw hi. Ro'dd yr olygfa'n un deimladwy a Siwsan yn gofidio rywfaint shwd fydde lens y camera yn dehongli'i marwolaeth. Yn dilyn yr olygfa meddai, 'DH. Diolch. Ro'dd y ffordd nest ti edrych arna i'n gymorth mawr. Nest ti roi pob dim mewn i'r olygfa.' Dangoswyd *A Penny for your Dreams* mewn sinema yn y West End yng nghyffinie Leicester Square, a'r adolygiade yn rhai hynod ganmoladwy.

Buodd y ddou ohonon ni yn *Angry Earth* hefyd, neu *Llid y Ddaear* yn Gymra'g, ac mewn sawl ffilm Karl Francis. Ro'dd rhannu llwyfan gyda Siwsan yn bleser pur, y ddou ohonon ni'n deall ein gilydd yn dda ac ar yr un donfedd fel actorion.

Er bod rhai yn fy nghyhuddo o fod yn gymeriad diserch a

diflas weithie, ma ffrindie agos yn fwy na pharod i weud 'mod i'n fachan doniol a digri sy'n wherthin ei ffordd drwy fywyd.

Ma Ms Roderick yn 'y nisgrifio i fel person calon feddal, sensitif a chymharol hael sy'n cymysgu'n dda yn gymdeithasol ac yn hapusach o lawer yng nghwmni pobol gyffredin na'r crachach. Ti yn llygad dy le, Siwsan! Rhaid gweud 'mod i wastod yn ymwybodol o brinder modfeddi yn 'y ngwneuthuriad – ro'dd Grav yn tynnu 'ngho's i'n amal drwy weud, 'DH, 'set ti'n whech tro'dfedd peder modfedd 'set ti'n fachan dansherys!' Ac mewn un *photo-shoot* 'da'r *paparazzi* yn Llunden, cyn rhyddhau *A Penny for your Dreams*, 'nath Siwsan ffafr go arbennig â fi. Ro'dd hi'n dalach na fi – dim llawer ynddi, cofiwch – whare teg iddi, fe dynnodd hi'i sgitshie sodle uchel bant er mwyn i'r ddou ohonon ni fod tua 'run maint yn y llun. Ro'n i wedi dwlu'i bod hi wedi neud y fath beth!

Fel ma nifer ohonoch chi'n gwbod wi'n itha beirniadol o'r Gogs. Ma'r Gogs yn eu cha'l hi byth a beunydd! A bod yn onest, siew yw'r cwbwl; rhyw dynnu co's gyda'n ffrindie i'r gogledd o Aberystwyth. Bob hyn a hyn, pan fydda i'n feirniadol ohonoch chi'r gogleddwyr ma Siwsan yn f'atgoffa i, 'Ond mi ydw i'n Gog!' A finne'n ymateb drwy weud, 'Ond rwyt ti'n wahanol, Siwsan' – brawddeg sy ddim bob amser yn datrys y sefyllfa!

Ry'n ni'n dou'n gweld ein gilydd yn reit amal gan ein bod ni wedi bod wrthi'n crwydro Cymru ers cwarter canrif bellach â'n *Nosweithie Joio*. Ar y dechre, Siwsan, Grav, Pete Williams a'r band a finne o'dd wrthi'n difyrru a diddanu pobol mewn neuadde pentre, theatrau, a chlybiau gwaith. Ro'n nhw'n dod yn eu cannoedd. Ma'n nhw'n sôn am hyfforddwyr a chapteniaid timau chwaraeon yn ysbrydoli'r chwaraewyr cyn mentro ar y ca'! Wrth newid yng nghefen llwyfan cyn y *Nosweithie Joio* ro'dd y criw yn eu dwble'n wherthin a Siwsan yn enwedig yn ei dagre gyda'r banter rhwng Grav a finne. Ro'n ni'n fwy na pharod i wynebu'r gynulleidfa, credwch chi fi! Geson ni lot o sbort; y farddoniaeth, y rhigymau, y caneuon a'r sgetsys yn plesio cynulleidfaoedd, ac ma'n dda 'da fi weud fod y nosweithie'n parhau a Dewi Pws, a'u ffrind Gos, wedi dod i'r adwy ar ôl marwolaeth sydyn ac annisgwyl Grav. O ran pryd a gwedd ma Siwsan Roderick y peth tebyca ar wyneb daear i Maureen O'Hara, un o actorese gore Hollywood, gyda'i chorff gosgeiddig, ei gwallt cochlyd tonnog a'r wên heintus, bryfoclyd. Ac ma'r gair ola'n mynd i'r actores o Borthmadog. Dyma fydd hi'n gweud bob tro bydd y ddou ohonon ni wedi ca'l un yn ormod i yfed, 'DH, ti'n actor da. Buaset ti'n actor hyd yn oed yn well petai mwy o amynedd gin ti. Mae'r camera 'di mopio efo chdi; ma gin ti dechneg ffilm wych.'

Diolch, Siwsan – actores ardderchog, a ffrind annwyl. Grêt o Gog!

'Mr Evans, can I have a word?'

Pwy ddiawl o'dd wrthi'n cnoco am hanner wedi wyth ar fore Sadwrn? Postman â pharsel i Betty falle? Neu rywun o'r Bwrdd Trydan ac am ddarllen y rhife ar y mesurydd yng nghornel pella'r garej? O'n ni'n hwyr â'n taliade morgej? O'dd aelod o'r teulu wedi ca'l pwl yn ystod y nos? A thra o'dd Betty'n dal mewn trwmgwsg a finne'n ystyried yr holl opsiyne, fe redes i lawr y stâr yn llawn gofid ac agor y drws i weld gŵr bach yn ei chwedege mewn siwt Harris Tweed yn cario llyfr nodiade trwchus a phensil HB yn ei law dde.

Ro'dd Lindon Grove, Caerffili, mor dawel â'r bedd; neb ambytu ond am yr ymwelydd o'dd yr un sbit ag Albert Einstein. Ma 'na ryw ddeugen mlynedd ers yr ymweliad hwnnw ond wi'n dal i gofio'i frawddeg agoriadol. Do'dd yna ddim ymddiheuriad am gnoco mor gynnar; o'dd hwn bown' o fod wedi codi cyn whech!

'Mr Evans, can I have a word?'

Nawr erbyn hyn ro'n i'n winad rywfaint, ond pan a'th yn ei fla'n i egluro mai Alexander Cordell o'dd ei enw, bues i bron â llewygu yn y fan a'r lle. ALEXANDER CORDELL! Un o'n hoff awduron i, fan'na ar stepyn y drws yn ein cartre yng Nghaerffili. Awdur tua deg ar hugen o gyfrole, gan gynnwys trioleg yn disgrifio hanes cythryblus cymoedd de Cymru adeg y chwyldro diwydiannol. Ma cyfrole Cordell yn glasuron, ro'dd sawl un ar silffoedd y parlwr, a finne wedi dwlu darllen *Rape of the Fair Country*, *The Hosts of Rebecca* a *Song of the Earth*.

Ganwyd George Alexander Graber yn fab i filwr yn ninas Colombo, Ceylon, sef y Sri Lanka presennol, 'nôl yn 1914, er bod ei fam yn enedigol o Gwm Rhondda. Fe dreuliodd e gyfnode'n byw yn Hong Kong ac Ynys Manaw cyn symud i Ynys Môn ar ddiwedd yr Ail Ryfel Byd i wella o'i anafiadau corfforol a meddyliol. Newidiodd ei enw i Alexander Cordell pan ddechreuodd ar ei yrfa fel awdur, ac ymsefydlodd e a'i wraig Rosina yn ardal Y Fenni. Cafodd ei hudo gan ochor ddiwydiannol yr ardal – y gwaith haearn ym Mlaenafon, gweithfeydd glo'r Rhondda, a'r rhamant ac antur fu'n gysylltiedig â therfysg Beca yn y gorllewin.

Ro'n i'n gyfarwydd â'r holl ffeithie 'ma am gefndir Cordell am fod 'da fi ddiddordeb mawr yn y maes. Ac yn rhyfeddol, dyna lle ro'dd awdur y nofelau poblogaidd ar fin camu i gyntedd ein cartre ni.

O'dd y gegin yn deidi? O'dd e wedi ca'l brecwast? Beth ar y ddaear o'dd e moyn 'da fi?

Os o'n i mewn stad o sioc, gallwch chi ond dychmygu'r anghrediniaeth ar wyneb Betty gan ei bod hi hefyd yn gyfarwydd â champweithiau Cordell. Ymunodd Donnie, ail wraig yr awdur â ni, ac aeth Betty yn ei blaen i baratoi rhywfaint o fwyd i'r ymwelwyr. Ro'dd Mr Cordell erbyn hyn yn arwr ac yn sant ac nid yn *Dai-bach-y-knocker*!

Ro'dd yr awdur a'r hanesydd wrthi'n ymchwilio i gyfrol o'dd e wrthi'n ei sgrifennu ar y bocsiwr Jim Driscoll. Ro'dd rhywun yng nghoridorau'r BBC yn Llandaf wedi gweud wrtho 'mod i'n gwbod peth am baffwyr y gorffennol ac wedi bod wrthi'n paratoi sgript ar gyfer rhaglen bosib ar y bocsiwr o Bontypridd, Freddie Welsh. A dyna shwd gyrhaeddod e Lindon Grove.

Bu Cordell wrthi'n gwrando'n astud arna i'n adrodd yr holl hanesion am Welsh mas yn yr Unol Daleithiau, hanesion o'dd yn cynnwys sôn am ei gyfeillgarwch ag F. Scott Fitzgerald. Ma nifer o'r farn fod Fitzgerald wedi selio'r cymeriad Jay Gatsby yn y gyfrol *The Great Gatsby* ar Freddie Welsh. Eglurais wrtho fod y nofelydd Americanaidd a Welsh i'w gweld yn amal yn ymarfer corff ac yn cymdeithasu â'i gilydd gan drafod llenyddiaeth Tolstoy a Maeterlinck a phethe tebyg.

Yn dilyn y Dirwasgiad yn y dauddege a'r Wall Street Crash collodd Welsh bob ceiniog o'i eiddo a bu farw'n dlotyn yn y Bowery, sef Skid Row dinas Efrog Newydd bryd hynny. Cyfaddefodd Cordell fod stori Freddie Welsh yn rhagori ar un Jim Driscoll ond ro'dd gofyn iddo fwrw mlaen â'i gyfrol ar Peerless Jim gan ei fod bron â'i chwblhau, felly fe gafodd Freddie Welsh fod.

Yn naturiol ro'dd yna gysylltiad agos rhwng Freddie Welsh a Jim Driscoll. Un o'r gornestau mwyaf a welodd Cymru erio'd o'dd yr un rhwng y ddou yn yr American Rink ar Stryd Westgate, Caerdydd. Yn dilyn yr ymladdfa bu terfysg ar strydoedd y ddinas oherwydd cnôdd Jim ei wrthwynebydd ar ei foch. Bu Alexander Cordell a finne'n parablu am y digwyddiade am ryw bedair awr y bore hwnnw yng Nghaerffili. Falle mai Alexander Cordell yw e i chi'r darllenwyr, ond yn dilyn ein sgwrs ben bore, 'Alexander' yw e wedi bod i Betty a finne byth oddi ar hynny. A gyda llaw, ers y bore hwnnw yng Nghaerffili, pan fydd rhywun yn cnoco'r drws ben bore wi lawr fel bollt i agor y drws ... jyst rhag ofon!

Adennill parch a hyder

Gan bwyll des i drwyddi. Yn bennaf oherwydd cyfeillgarwch pobol Rhos-y-berth a chymorth ffrindie agos, fe ymddangosodd rhywfaint o oleuni drwy'r ffurfafen ac yn ara deg fe lwyddes i ddringo mas o'r uffern 'nath 'yn droi i'n anghenfil am rai blynyddo'dd. Cyfeiriais yn gynharach fod cwmni Tinopolis yn Llanelli wedi rhoi cyfle i fi adennill parch a hyder drwy ofyn i fi adolygu ffilmie ar y rhaglen *Heno*, ac yn ddiweddarach fues i'n cydweithio â Bethan Clement a Wynford Jones ar y rhaglen *Prynhawn Da*. Bwriad y cynhyrchwyr o'dd gofyn i ni beintio pictiwr o rai o focswyr mawr y gorffennol yng Nghymru a chyfeirio hefyd at rywfaint o hanes cymdeithasol eu milltir sgwâr.

Ma Wynford yn arbenigwr mewn sawl maes: yn ddyfarnwr bocsio proffesiynol sy'n fawr ei barch yng nghymoedd Rhondda a Chynon Taf, yn ogystal â bod yn athro cerdd ac yn gôr-feistr o fri. Ro'dd e hefyd yn hanesydd bocsio gwybodus, a thrwy 'niddordeb i yn y maes, gwybodaeth fanwl Wynford a brwdfrydedd heintus Bethan fel ymchwilydd, fe lwyddon ni i gyfleu, mewn eitemau wyth muned o hyd, rywfaint o'r caledi a'r dioddefaint a nodweddai'r cymoedd glofaol ar ddechre'r ugeinfed ganrif.

Mae'r eitemau bellach ar gof a chadw yng nghrombil y Llyfrgell Genedlaethol yn Aberystwyth – cameos byr ar yrfaoedd bocswyr anfarwol. Jim Driscoll, pencampwr answyddogol y byd yn ystod y cyfnod cyn i ornestau ga'l eu cyfundrefnu yn ôl pwysau'r paffwyr; Tommy Farr o Glydach Vale, yr arhosodd y genedl gyfan ar eu traed i wrando ar y radio er mwyn dilyn hanes ei ffeit yn erbyn Joe Louis o'r Yankee Stadium yn y Bronx am dri o'r gloch y bore; Jimmy Wilde, y pencampwr pwysau plu gore fu erio'd; Freddie Welsh, anomali llwyr yn y proffesiwn gan ei fod yn dod o deulu cefnog ym Mhontypridd; Howard Winstone a drechodd Mitsunori Seki o Siapan i ddod yn bencampwr byd, ac eraill. O o'dd, ro'dd eraill.

Un o storïau mawr gyrfa Howard Winstone o'dd honno amdano mewn llys yng Nghaerdydd pan wnaeth y Barnwr Temple Morris, ar ôl iddo gyhoeddi'i ysgariad am odineb, ei alw mla'n at y fainc i'w longyfarch ar ei gamp yn y sgwâr y noson cynt.

Ro'dd sgript gen i am hanes Jimmy Wilde, ac o'dd hi'n un dda ac yn berffeth ar gyfer y sgrin fach, er 'mod i'n gweud hynny'n hunan. Yn wir, fe ddangosodd y cynhyrchydd Peter Marcucci – o'dd yn berchen ar gwmni teledu ei hunan mas yn America – ddiddordeb mawr yn yr hyn o'dd 'da fi gynnig a threfnodd e fod Betty a finne'n hedfan mas dosbarth cynta i Boston er mwyn 'y mherswadio i ofyn a fydde'r BBC weithio gydag e mewn cydgynhyrchiad. Ro'dd Jimmy Wilde yn bwriadu mynd i'r Unol Daleithiau yn 1912 ond gwrthodwyd mynediad ar fwrdd llong y Titanic iddo am ei fod e'n edrych yn rhy ifanc; a'th rhai o'i ffrindie ar y fordaith hebddo ac fe gollodd Wilde y ffrindie hynny yn y llongddrylliad. Wedi'r trip mas i America, dychwelais i Gaerdydd yn llawn gobeth, ro'dd tipyn o ffilm gyda ni fan hyn. Anfonwyd y sgript at yr adran berthnasol yn y BBC ond o fewn wythnose daeth llythyr 'nôl a'r geiriau swta, 'Dymuniadau gorau gyda'ch sgript.' Doedd dim diddordeb o gwbwl ynddi. A phwy yw'r bobol 'ma sy'n neud y penderfyniade tyngedfennol yng nghoridorau'r cwmnïau cyfryngol gwedwch? Pobol sy'n atebol i neb yn ôl beth wela i.

Yn sgil y teithio o gwmpas cymoedd Morgannwg Ganol des i nabod nifer o hoelion wyth y byd bocsio a cha'l sawl gwahoddiad i giniawau bocsio yng Nghaerdydd a Merthyr lle gwrandawes i ar y cewri'n datgelu cyfrinache am eu llwyddiant. Ar sawl achlysur, yn ogystal â cha'l pryd o fwyd blasus, treulies orie fel ryw fachgen pum mlwydd oed ar fin derbyn losin *a* lolipop, yn gwrando ar Jake LaMotta, Ruben Carter, Michael Watson, Steve Collins a sawl un arall yn gweud eu hanes. Nefo'dd!

Ro'dd LaMotta yn arwr i filoedd ar ôl ei ddewrder wrth wynebu Sugar Ray Robinson yn yr ornest anfarwol yn Stadiwm

Chicago yn 1951. Robinson yn ei glatsho'n ddidrugaredd ond LaMotta yn gwrthod ildio ac yn dala'n gadarn yn ymyl y rhaffau pan dda'th y dyfarnwr â'r ffeit i ben ar ôl tair rownd ar ddeg. Yn ôl cylchgrawn enwog *The Ring*, hon o'dd y fersiwn bocsio o'r St Valentine's Massacre gan fod y ffeit ar ddydd San Folant, ddwy flynedd ar hugen i'r diwrnod ar ôl y gyflafan rhwng Al Capone a Bugs Moran yn Chicago. Anfarwolwyd y ddou focsiwr, gyda LaMotta yn brif gymeriad ym mhortread y cyfarwyddwr Martin Scorcese o *Raging Bull*. Hon o'dd hoff ffilm Grav, yn benna am fod ei hoff actor, Robert De Niro, yn whare rhan y tarw o'r Bronx.

Ar nosweth arall des i ar draws Rubin 'Hurricane' Carter a garcharwyd am rai blynyddo'dd ar ôl ca'l ei gyhuddo o ladd tri dyn mewn digwyddiad gwaedlyd mewn bar yn Lafayette Street, Paterson, New Jersey. Yn y pen draw rhyddhawyd Carter gan fod y dystiolaeth yn ei erbyn yn ansicr a dryslyd. Ro'dd cyfarfod â Michael Watson yn brofiad cofiadwy. Anafwyd y bocsiwr yn ddifrifol ar ôl derbyn clatshen i'w ben mewn gornest yn erbyn Chris Eubank ar ga' pêl-droed White Hart Lane yn 1991. Ma'r arbenigwyr yn rhyfeddu ei fod yn dal yn fyw. Ma Watson yn treulio'i fywyd y dyddie 'ma yn codi arian at achosion da. Rhedodd Farathon Llundain yn 2003 a chymerodd ychydig dros chwe diwrnod i'w gwblhau.

Drwy gymysgu â phobol bocsio cymoedd Morgannwg Ganol des i nabod Eddie Thomas, pencampwr Prydeinig ac Ewropeaidd yn ei ddydd, yn ogystal â bod yn rheolwr craff ar nifer o gewri'r gamp, gan gynnwys Ken Buchanan a Howard Winstone. Bues i'n neud rhaglen 'da Eddie am Colin Jones o dre Gorseinon, un o'r bocswyr mwya anlwcus ar wyneb daear. Sôn am ffitrwydd! Ro'dd Colin wedi cysegru pob dim o'dd ganddo er mwyn cyrradd y brig a wi, a nifer o wybodusion penna'r gamp, yn dal i weud ei fod e'n drech na Milton McCrory yn yr ornest a ddyfarnwyd yn gyfartal yn Reno, Nevada yn 1983. Anrhydedd o'r mwya o'dd ca'l

Huw Llywelyn Davies yn cyfeirio at ddigwyddiad yn Lansdowne Road. Ro'dd Ray yn cynnal cyfweliad ar y ca' ddiwrnod cyn gêm ryngwladol a'r tirmon yn bloeddio'n wyllt ar dri a fentrodd i gyfeiriad hanner ffordd – 'Get off the playing surface immediately!' Ond fe welodd mai Ray o'dd un o'r tramgwyddwyr ac fe newidodd ei agwedd yn syth. 'Ray, what can I do for you?' fuodd hi am yr hanner awr nesa.

Ac fe fydde Ray'n cerdded o gwmpas y ddinas ar lannau afon Liffey ac yn adrodd, gydag arddeliad, ambell bennill o gerddi beirdd yr Ynys Werdd. Er enghraifft, ar Pembroke Road yn dyfynnu ar ei gof o gerdd 'If Ever You Go to Dublin Town' gan Patrick Kavanagh:

> On Pembroke Road look out for my ghost
> Dishevelled with shoes untied,
> Playing through the railings with little children
> Whose children have long since died.

'DH. Fi'n gwbod ein bod ni'n ffrindie mawr ac yn cyfadde dy fod ti'n actor grêt, ond os o's ffilm yn mynd i ga'l ei neud o 'mywyd i, dim ond un actor sy ar y rhestr fer. A bod yn onest, 'sdim ishe cyfweliad na gwrandawiad. Ma Robert De Niro ishws wedi ca'l y rhan.' Fe fydd rhai ohonoch chi'n bloeddio, 'Ond Grav! Smo fe'n siarad Cymra'g!' Ond, fel o'dd Grav yn gweud, os alle Alan Ladd siarad Cymra'g yn y ffilm gowboi *Shane*, yna gall technegwyr talentog yr unfed ganrif ar hugen sicrhau fod gwefuse De Niro yn cyfateb yn berffeth â iaith y nefo'dd!

Yn 1999, a'th Alun Wyn Bevan mas 'da Grav i ddinas Galway adeg Cwpan Rygbi'r Byd, a'r ddou yng nghwmni'r Gwyddel Kevin Loughney yn torri'r siwrne ym mhentre cysglyd Kilreekill. Ro'dd Kevin yn gyfarwydd â pherchen siop y pentre, adeilad hynafol o'dd yn gyfuniad o garej – a'r pwmps petrol heb eu defnyddio ers i gwmni petrol Regent a National Benzole fynd i'r wal – *village stores* a thafarn. Do'dd neb yn y siop pan gyrhaeddon nhw, ond o fewn ugen muned ro'dd y pentre cyfan wedi clywed fod un o sêr y byd rygbi wedi galw heibio. O fewn dim ro'dd y Guinness yn llifo, y sgwrsio'n troi o gwmpas y bêl hirgr on a Ray yn ei seithfed ne' yn ail-fyw gêmau rhyngwladol y gorffennol rhwng Iwerddon a Chymru. Ond sylwodd Raymond graff fod yna gant a mwy o *toilet rolls* ar y silff ucha ac yn naturiol ddigon dyma fe'n holi'r perchennog am eu presenoldeb. Derbyniodd eglurhad: 'Some ten years ago my father – who's now passed away, God rest his soul – bought a thousand rolls of Andrex from a commercial traveller at a competitive price. These,' meddai gan bwyntio at y silff ucha, 'are the only ones left.' Aeth yn ei flaen, 'A few years ago I was given a similar deal when a salesman offered me a thousand tubes of toothpaste. Ray, I refused. If people in Kilreekill,' meddai, gan ddal i bwyntio at y silff ucha, 'don't wipe their arses, there's no way they're going to clean their teeth!'

Er ei lwyddiannau ysgubol ar y maes chwarae, ro'dd Ray o'r Mynydd yn dalp o ddiffyg hyder. Cyn gêm bydde Grav wastad ar bige'r drain. Bydde'r canolwr cydnerth yn cyrradd yr ystafell newid yn whys stecs ac yn treulio o leia hanner awr yn cwestiynu ei gyd-chwaraewyr. Rhwbeth fel hyn: 'Delme, pwy yw'r canolwr cryfa yng Nghymru?' A'r ail reng mawr ei barch yn ateb yn gywir gan ddweud, 'Ti, Grav. Do's neb arall i gymharu â ti.' Nid hunanfalchder o'dd hyn o gwbwl; o'dd Grav wir yn becso a alle fe neud jobyn iawn o bethe ac yn amau ei hunan yn ofnadw.

Yna bydde fe'n camu i gyfeiriad Phil gan ofyn, 'Pwy yw'r *centre* gore ym Mhrydain Fawr?' A Phil, o'dd wastod yn ymdrechu i siarad Cymra'g â Grav, yn ateb, 'Lot o *centres* da ambytu'r lle ond ti yw'r gore, Grav.' Ond wedi ca'l ateb, fydde Grav dal ddim yn siŵr o bethe.

Derek o'dd y nesa i ga'l ei holi. 'DQ, pwy yw'r chwaraewr perta yn nhîm y Scarlets?'

'Dim *doubt* pwy yw hwnna. Ti, Grav. Allet ti fod yn fodel!'

Ro'dd hyd yn oed y reffarî yn ei cha'l hi. Cyn i'r swyddog ddishgwl ar gyflwr sgitshe'r chwaraewyr, bydde Ray yn cydio ynddo fe gerfydd ei goler ac yn mynnu ca'l ateb, 'Who's the most skilful centre in Welsh rugby?' A'r reffarî druan mewn dou feddwl ynglŷn â'i 'ala bant cyn bod y gêm wedi dechre neu drial bod yn gwrtais. Bydde'n rhaid iddo weud rhywbeth: 'Well, that's a no-brainer – it's you, the man mountain from Llanelli.'

A dyna o'dd y drefen arferol yn y munude cyn i'r tîm adael yr ystafell wishgo. Mewn un gêm rhwng Pen-y-bont a'r Scarlets ar Gae'r Bragdy ganol y saithdege yr un o'dd y patrwm cwestiynu a'r chwaraewyr yn fwy na pharod i ymateb yn gadarhaol er mwyn cynnal hyder simsan Ray. Ar ôl rhyw gwarter awr o whare ac yn dilyn pêl gyflym o lein ar hanner ffordd, da'th y bêl yn syth at Ray ac a'th y canolwr fel bollt o din gŵydd ar y tu fas i Steve Fenwick a rhyddhau J. J. Williams ar yr asgell â phas hir, gelfydd. Gwibiodd yr asgellwr rhyngwladol i gyfeiriad llinell gais Pen-y-bont, ond yn rhedeg ar draws y ca' o'dd y cefnwr caleta yn y byd rygbi sef, J. P. R. Williams. A JJ yn y broses o blymio am y llinell, amserodd JPR ei dacl yn berffeth a hyrddio'r asgellwr i gyfeiriad y byrdde hysbysebu ymhell y tu hwnt i linell yr ystlys.

Gorweddodd JJ yn yr unfan, yn amlwg wedi anafu pont ei ysgwydd. Y cynta i gyrradd y gyflafan o'dd Ray. 'Quick, Ray,' medde JJ gan wichian mewn poen. 'Get Bert Peel. I think I've dislocated my collar bone.'

'Yes, yes, yes, JJ, all in good time,' medde Raymond. 'But who's the best centre in Wales?'

Ces i 'nghyflwyno i Grav gynta tua diwedd y saithdege gan Carwyn James ar ôl gêm gyfeillgar rhwng Clwb Rygbi Cymry Caerdydd ac

Athletig Llanelli ar y Strade. Ro'n i'n hynod falch o'i gyfarfod gan ei fod erbyn hyn yn un o fawrion y bêl hirgron yn ogystal â bod yn gymeriad carismataidd. Ac ro'dd yntau yr un mor gyffrous ynglŷn â 'nghyfarfod i ddim am fy 'mod i'n berfformiwr cyson ar lwyfan ac ar deledu ond oherwydd mai fi o'dd Caleb yn y rhaglen *Miri Mawr*! Nid yn unig o'dd hi'n rhaglen boblogaidd gyda'r plant ond o'dd hi'n boblogaidd 'da Grav hefyd. Ffindes i ychydig o eirie'r hen gymeriad mewn drâr y dydd o'r bla'n a sylweddoli fod Grav wedi llwyddo rywsut i gofio rhai o eirie'r hen Caleb a'u defnyddio'n achlysurol, yn enwedig y gair 'byti':

> Geith e gleren, geith e slejad,
> Geith e ddolur cas.
> Bydd 'na drwbwl mawr
> R'ôl i mi ffindo mas.
> Ma'r lleidr wedi dwyn fy mhengwins i
> Does yna ddim ar ôl i fy mytis i
> Cwlwm pump . . . cwlwm pump!

> O'n ni draw yn y berllan
> Y dydd o'r bla'n (cwlwm pump)
> Ac roedd yr adar bach yn canu cân (cwlwm pump).
> Ond pan edrychais i fyny i'r pren
> Doedd 'na ddim pengwin ar ôl drachefn
> Cwlwm pump . . . cwlwm pump!

> O fy mytis annwyl,
> Does dim amser ar ôl . . . o na!

A than y diwrnod trychinebus hwnnw ym mis Hydref 2007 buodd y ddou ohonon ni'n ffrindie mynwesol, a rhai yn gofyn weithie os o'n ni'n ddou frawd hyd yn o'd! Yn nhafarn y King's Head yng Nghapel Hendre o'n i pan ganodd y ffôn a chlywed llais Adrian 'Pinky' Howells, un o gyfeillion ysgol Ray. Ro'n i'n gwbod fod rhywbeth ofnadw wedi digwydd cyn i Pinky weud gair. A'th pymtheg ohonon ni i faes awyr y Rhws i dderbyn y corff 'nôl o Sbaen, gan gynnwys y gweinidog, y prifardd a'r cyn-Archdderwydd Meirion Evans o Borth Tywyn o'dd hefyd yn ffrind i Ray. Fe ddwedodd Meirion air pan o'n ni i gyd yn ymyl yr arch – geiriau i'w trysori am weddill oes; nid datganiade crefyddol ond teimladau hynod hynod bersonol am y dyn.

Ma Mari a'r merched yn gweld ei ishe'n ddyddiol, a finne hefyd yn hiraethu am y cymeriad annwyl, y Cymro tanbaid a'r gŵr o'dd yn meddu ar bersonoliaeth fagnetig.

Cynyrchiade cofiadwy

The Mouse and the Woman

'Nes i gwrdd â Karl Francis am y tro cynta 'nôl yn 1979 adeg cyfnod castio'r ffilm *The Mouse and the Woman* – stori fer gan Dylan Thomas a addaswyd ar gyfer y sgrin fawr gan Vincent Kane a Karl Francis. Ariannwyd y prosicet gan Vincent Kane a'r diwydiannwr Alf Gooding. Ffurfiwyd Cwmni Alvicar gyda'i bencadlys yng Nghaerffili. Yn dilyn sgwrs â John Hefin cysylltodd Karl Francis â fi un prynhawn pan o'n i'n barod i adael y tŷ i fynd i ddyfarnu gêm rygbi ar gaeau Llandaf. 'Can I meet you sometime during the next few days?' o'dd cwestiwn Karl, a finne'n gweud 'mod i'n fishi ond bydde modd i fi rhoi cwarter awr iddo y prynhawn hwnnw yng nghlwb y BBC yn Llandaf. Bu'n rhaid i fi hastu rywfaint ar hyd yr hewl fynyddig, droellog o Gaerffili i'r brifddinas ac fe gerddes i mewn i *foyer* y clwb yn edrych yn ddigon di-raen siŵr o fod yn fy nhracwisg Fred Perry o'r chwedege a phâr o ddaps Dunlop Green Flash o'dd yn brin iawn o'r gwyn gwreiddiol. O's rhywun wedi cyrradd cyfweliad a gwrandawiad mewn cweit gyment o bicil, dwedwch?

Wi'n dal i gofio geiriau agoriadol y cyfarwyddwr mawr ei barch. 'They tell me that you're a bit of a trouble maker and difficult to get to know.' Nes i ymladd 'y nghornel heb ofidio'n ormodol am y canlyniade. 'The only time I'm a bit of a rebel, Mr Francis, is when I work with arseholes. I'm told that you're a highly respected director who's in great demand. I would relish the opportunity of working with you.'

Cwarter awr yn ddiweddarach edrychais ar y cloc a gweud mewn llais uchel a chlir, 'Mr Francis. Unfortunately I have my priorities for this evening. I have to referee a rugby match at Llandaff fields. The players are waiting for me.' A bant â fi. Derbynies alwad ffôn y noson honno yn cadarnhau 'mod i wedi ca'l y rhan!

Ffilmiwyd *The Mouse and the Woman* ym mhlasty crand Trewern yn Llanddewi Felffre ger Arberth, ac yn amal yn ystod y ffimio ro'dd Alan Devlin, Karen Archer a finne'n rhyfeddu fod Karl yn gallu neud ffilm mor safonol ar gyllideb o g'inog a dime. Yn sgil llwyddiant y cynhyrchiad bu'n rhaid i ni ymweld â gwylie ffilm ledled y byd, a finne'n cynrychioli'r actorion yn St Étienne yn Ffrainc, Llundain a Dulyn. Ro'dd yr adolygiadau'n gadarnhaol a phositif gan y papure mawr Llundeinig.

Ar hyd yr amser, rhaid cyfadde mai ffilm a theledu sy wedi mynd â 'mryd – wi ddim yn un o'r actorion *pseudo* sy'n credu fod theatr yn bwysicach ac yn cynnig gwell parch a statws. Allwch chi stwffo'ch theatr – ma fe'n rhy galed! Yn ogystal, ro'dd ffilm yn talu'n well, ac o safbwynt personol ro'n i wrth fy modd yn ymateb i lens y camera. Gyda *The Mouse and the Woman*, ro'dd hi'n bleser ca'l cydweithio â chriw technegol campus o Gymru. Ges i foddhad mawr o weithio 'da Karl a Hayden Pearce a'r criw ar sawl ffilm arall hefyd, gan gynnwys *Yr Alcoholig Llon* ac *Angry Earth*. Ro'dd Hayden Pearce yn un o'r cyfarwyddwyr celfyddydol gore o'i gyfnod a theimlais hi'n anrhydedd mawr i ga'l darllen pwt yn ei angladd yng Ngwlad yr Haf yn 1997.

Da'th Dad a'n frawd lawr i set *the Mouse and the Woman* unweth, ac o'n i ar fin neud golygfa garu ble ro'n i'n gorffod dadwisgo Karen Archer. O'dd popeth yn mynd yn iawn, a fi'n neud yn union fel o'dd ishe, os chi'n deall beth wi'n feddwl, ond yn y cefndir glywes i Dad yn tytio wrth 'y ngweld i'n dadwisgo menyw'n gyhoeddus, 'Nage fel'na gwnnes i fe.'

Llid y Ddaear/Angry Earth

Ro'dd y ffilm hon yn seiliedig ar hanes trychineb Senghennydd. Yn y cast cryf ro'dd Jack Sheperd, Sue Roderick, Bob Pugh, Mark Lewis Jones a Maria Pride. Roedd hi'n stori rymus ac fe gafodd Llŷr y mab ran fach fel un o'r bechgyn ifanc gafodd eu dala yn erchylltra'r danchwa. Wi'n cofio gweld Mark Lewis Jones yn cario corff bach llipa Llŷr mas o'r pwll a finne'n llefen y glaw wrth wylio. Ma'n biti nad ail-ddangoswyd y ffilm hon ar deledu adeg canmlwyddiant cofio tanchwa Senghennydd.

Yr Alcoholig Llon

Tra buon ni'n ffilmo *Yr Alcoholig Llon* des i i gysylltiad â nifer o alcoholics o'dd yn brwydro i'r eitha er mwyn cael gwellhad o'r afiechyd erchyll. A ro'dd yna storïau anhygoel. Wi'n cofio cyfarfod â chyn bêl-droediwr proffesiynol o Gaerdydd o'dd yn gwbwl ddibynnol ar y ddiod feddwol. O bryd i'w gilydd bydde ffrindie'n gorffod torri mewn i'w gartre i neud yn siŵr ei fod e'n iawn a fynte wedi bod yn gorwedd yn ei fudreddi ei hunan dros nos wedi iddo ffaelu cripad draw i gyfeiriad y sinc lle ro'dd e wedi cuddio poteled o Vodka. Yn 1991 ces i ran yn y ffilm *Stanley and the Women*, yn whare plismon o'r enw Taff Wyndham, 'da John Thaw a Geraldine James. Ro'dd ei thad hi'n dod o Hendy-gwyn ar Daf. Wi'n cofio cynnal sgwrs ag un o'r *extras*, ac edde fe, 'You were in that Welsh film about alcoholics, weren't you?'

'Well, yes I was,' atebais.

'We watched it over and over again with subtitles in our Alcoholics Anonymous sessions, and it was a great help in our recovery programme,' cyfaddefodd. Deimles i'n itha gwylaidd rhaid i fi weud.

O'dd, ro'dd cynhyrchiad Karl yn rhywbeth amgenach a mwy gwerth chweil na dim ond y ffilm ei hun, ac ro'dd hynny'n hollol amlwg yn dilyn y sgwrs honno a ges i ar y set yn Llundain. A gyda llaw, fe lwyddes i ddod mla'n yn reit dda gyda John Thaw. Falle bod adroddiade yn y wasg yn ei ddisgrifio fel tipyn o ddiawl ond fe ddes i mla'n yn nêt 'da fe a ges i fe'n ddyn reit siaradus er ei fod e yn y bôn yn ŵr preifat. Ystyried ei hun yn Saesnes o'dd Geraldine oherwydd ei magwraeth, er y cysylltiad Cymreig, ond cyfaddefodd ar y llaw arall fod ei whâr yn Gymraes o'i chorun i'w sawdl. Ma *CV* Geraldine yn un sylweddol, a'i phresenoldeb diweddar mewn ffilmie fel *Sherlock Holmes* (2009 a 2011), *Made in Dagenham* (2010) a *The Girl with the Dragon Tattoo* (2011) yn cadarnhau ei statws yn y proffesiwn.

Rhosyn a Rhith
Stephen Bayly o'dd cyfarwyddwr *Rhosyn a Rhith* (*Coming up Roses*), o'dd yn stori hyfryd yn ymwneud â'r ymdrech i achub sinema yn y cymoedd. Pan benderfynwyd cau'r sinema ro'dd y dyfodol yn dishgwl yn dywyll i Trevor y tafluniwr ffilmie a Mona o'dd wedi gwerthu Mivvies a Kia-Oras mas o'i chiosg bach i genedlaethau o blant. Ac unwaith eto cafwyd derbyniad cadarnhaol i'r cynhyrchiad mewn gwylie ffilm Ewropeaidd. Yn Hof, yn nwyrain yr Almaen, ro'dd y gynulleidfa ar eu tra'd yn cymeradwyo'r perfformiad. A bod yn onest, wi'n torri 'nghalon wrth feddwl shwd ma ffilmie S4C wedi dirywio a bron â diflannu'n gyfan gwbwl o'r sgrin. Gobeithio o dan y drefen newydd yn Llanisien y bydd y gwŷr a'r gwragedd yn eu siwts fflash yn defnyddio rhywfaint o synnwyr cyffredin a sicrhau fod

gwasanaeth cynhwysfawr ar deledu yn cynnwys dos sylweddol o ddramâu a ffilmie. Smo pawb am weld rygbi a phêl-droed o fore gwyn tan nos! Ma ishe cofio fel o'dd Karl Francis yn llwyddo i greu cyfanwaith gydag ond hyn a hyn o gyllid.

Ro'dd Karl Francis yn ddylanwad mawr ar 'y ngyrfa i fel actor; galle'r berthynas fod yn un danllyd ar brydie ond ro'n i ac eraill, yn enwedig yn Llundain, yn barod i gydnabod ei athrylith yn y maes. Y peth gwaetha 'nath Karl o'dd derbyn swydd Pennaeth Drama'r BBC – fe gollodd ei *raison d'être* yn dilyn ei benodiad ac fe ddiflannodd yr egni a'r ynni naturiol.

Pan o'dd Peter Edwards, cyfarwyddwr drama i'r BBC, wrthi'n creu fersiwn newydd o *Only Two Can Play*, ffilm a dda'th ag enwogrwydd gynta gyda Peter Sellers, Kenneth Griffith a *drop dead gorgeous* Mai Zetterling, dewisodd e Albanwr, sef Denis Lawson, i gymeryd rhan John Aneurin Lewis ac actores o swydd Lincoln i whare rhan Mrs Gruffydd-Williams. Ro'n i'n *gobsmacked*! Mewn cyfweliad ar y radio gofynnwyd i Peter egluro'r rhesyme am y penderfyniad a fe 'nath e weud nad o'dd neb o safon ar ga'l yng Nghymru! Mae'n sefyllfa druenus os yw hyn yn wir.

Nawr, da chi, pidwch â meddwl 'mod i'n ymladd rhyw grwsâd bersonol ar ran Dafydd Hywel fan hyn. Wi'n ymladd achos fy nghyd-actorion yma yng Nghymru. Fe gipiodd *Rhosyn a Rhith* dlws Charlie Chaplin yn 1987 a bydde actorion o stamp a chalibr John Ogwen, Huw Ceredig, Bryn Fôn, Pws, Stuart Jones, Bob Pugh, Steve Spiers ac eraill dipyn mwy credadwy na Denis Lawson wedi bod ar ga'l i'r rhan. Ma'n rhyfedd fel ma trwch cynhyrchwyr Cymru â mwy o barch i bobol estron na phobol o'u gwlad eu hunen. Hyd yn oed heddi ma cynhyrchwyr Cymru'n dal i'w hystyried hi'n anrhydedd cymysgu 'da chynhyrchwyr o Loegr ar *Dr Who* a *Casualty* yn y Bae. Karl Francis 'nath gwestiynu beth yw manteision yr holl gynyrchiade rhwydwaith sy'n ca'l eu lleoli ym Mae Caerdydd gan fod yr actorion a'r criw technegol, yn amlach na phido, yn dod o bant. Ma'n wir gweud fod yna gyfleon achlysurol i Gymry, yn wir ma'r mab Llŷr yn oleuwr sy wedi gweithio ar *Dr Who*, ond yn gyffredinol yr unig rai sy'n dueddol o elwa yw perchnogion Pont Hafren a'r cwmnïau sy'n rhedeg gwestai a thai bwyta'r brifddinas. Mae'r cyfan mor wahanol i feddylfryd Tidy Productions ar y gyfres *Stella* a Chwmni Rondo a'r BBC sy'n gyfrifol am *Indian Doctor*. Athroniaeth ardderchog y cwmnïau hyn yw cyflogi cyment o Gymry â phosib, gan gynnwys actorion, cyfarwyddwyr y cynhyrchwyr a chriwiau technegol.

We Are Seven

Ro'n i'n aelod o gast *We Are Seven* ac a bod yn onest wi'n dal i binsio'n hunan fod 14 miliwn o wylwyr wedi tiwno mewn i'r gyfres gynta. Seiliwyd y gyfres ar lyfr y Wyddeles Una Troy. Stori o'dd hi am ŵr o'dd â gwraig a saith o blant a phob un o'r saith plentyn â thad gwahanol. Am wythnose fe fuodd Alan Clayton y cyfarwyddwr yn whilo am Una er mwyn ca'l caniatâd i addasu'i stori i'r sgrin fach. Ffilmiwyd pob dim yn Llanddewibrefi yng nghefen gwlad Ceredigion, pentre sy'n denu actorion fel ma pot o fêl yn denu gwenyn, oherwydd bod y lle'n dal i edrych fel o'dd e flynydde 'nôl.

Do'dd yr ail gyfres ddim cweit cystal – ac yn sgil hynny fe gollodd y rhaglen rywfaint o'i hawch. Yn ogystal, fe benderfynodd Alan Clayton y cyfarwyddwr ffarwelio â'r rhaglen hefyd ac ro'dd hynny'n golled.

Chwedl Nadolig (*Christmas Story*)

Ar hyd y blynyddo'dd ma bywyd Richard Burton a'r straeon amdano wedi bod yn rhan allweddol o 'ngyrfa i ar y teledu. Ma *Christmas Story* yn sôn am blentyndod Richard ym mhentre Pont-rhyd-y-fen yn Nyffryn Afan ac unwaith eto llwyddodd y cyfarwyddwr dawnus Alan Clayton wau elfennau o hud a lledrith i'r cynhyrchiad. Hwn, yn 'y marn i, o'dd un o berfformiadau gore fy ngyrfa i. Cefais y profiad o gyfarfod â Sally Burton adeg y ffilmo a gofynnais iddi yn ddiflewyn-ar-dafod, 'Pam claddu Richard yn y Swistir?' Atebodd yn ddiffuant a gonest, 'Am mai dyna o'dd ei ddymuniad e.' A galla i ddeall pam. Ar ôl ffilmo *Burton: Y Gyfrinach* yn ardal Céligny yn y Swistir yn 2011 gyda Richard Harrington, sylweddolodd y ddou ohonon ni a'r criw technegol hefyd fod y tawelwch llethol a'r golygfeydd trawiadol o gwmpas Llyn Genefa yn gweddu'n berffaith i'r hyn o'dd e'n ei ddymuno ar ddiwedd ei fywyd, sef tangnefedd.

Beth bynnag, yn dilyn fy mherfformiadau fel Mad Dan yn *Christmas Story* a Jamesy James yn *We Are Seven* derbynies enwebiadau yn 1992 am actor gore'r flwyddyn gan BAFTA Cymru. Hon o'dd y seremoni gyntaf erio'd gan yr academi yng Nghymru. Ma 'na ugen mlynedd bellach ers i BAFTA Cymru ddosbarthu'r fath anrhydeddau a rhaid gweud, ar y pryd, ro'n i'n teimlo balchder rhyfeddol pan gyhoeddwyd yr enwau. A bod yn onest ro'n i'n reit emosiynol ynglŷn â'r holl beth, a gan fod Mam a Dad wedi marw ro'n i am ennill y tlws er eu mwyn nhw. Ro'dd Dad yn gweud yn gyson, 'Pam na alli di ga'l job tidi?' Do'dd e ddim yn deall y busnes acto 'ma o gwbwl, a do'dd Mam ddim chwaith, ddim yn llwyr. Wi'n cofio cyrradd 'nôl i Garnant rywbryd wedi bore o waith yn ffilmo un o raglenni cynnar HTV i blant yn rhywle, a Dad yn gofyn, 'Faint gest ti am bore 'ma?'

'Ges i ddecpunt,' medde fi, o'dd yn lot o arian bryd 'ny.

'Decpunt?'

'Ie.'

'Am fore o waith?'

'Ie.'

'Grynda 'ma, galli di neud beth ti moyn 'da'r busnes acto 'ma! Caria mla'n!' A wi'n siŵr y bydde fe wedi bod yn reit falch o weld enw'i fab ar dudalennau'r *Western Mail*, am y rhesyme iawn!

Ro'dd dou arall ar y rhestr actor gore gyda BAFTA, sef Mei Jones am ei botread gwych o Walter 'Wali' Thomas yn *C'mon Midffild*, a'r Gwyddel Patrick Bergin a ymddangosodd yn *Morphine and Dolly Mixtures*, ffilm a gyfarwyddwyd gan Karl Francis. Cystadleuaeth yn wir.

Fe benderfynodd Betty a finne ddathlu'r achlysur yn y modd mwya *stylish* posib drwy wahodd ffrindie, Allan a Judith Lewis o Landybïe a Bob Pugh, i rannu bwrdd â ni yn y sbloet yn Neuadd yr Arena Rhyngwladol yng Nghaerdydd. Ac am y tro cynta, a'r unig dro yn fy mywyd, fe benderfynes i logi *tuxedo* o Moss Bros, ac yn ôl Betty ro'n i'n dishgwl yn bictiwr. Cyn cymeryd ein lle ar gyfer y ginio a'r cyhoeddiadau swyddogol fe yfon ni lased neu ddwy o siampaen Moët et Chandon yn y Marriott ond y funed gerddon ni mewn i'r neuadd syweddoles i fod y noson yn debygol o fod yn un hunllefus. Yno, o mla'n i yn y cnawd, o'dd yr actor Gwyddelig, Patrick Bergin. Do'dd BAFTA ddim wedi'i wahodd e i Gaerdydd ar gyfer pryd tri chwrs dim ond i'r seremoni ac o'n i'n gweld pam! Ro'n i'n yffarn i gyd – nid oherwydd unrhyw siom bersonol, oherwydd petai Mei Jones wedi derbyn yr anrhydedd, fi fydde wedi bod y cynta i'w longyfarch. Ro'dd e'n un o hoelion wyth un o'r cyfresi gore a sgrifennwyd i'r sianel. Na, *typical* o'r blydi Cymry – do'n nhw ddim am i actor o Gymru ennill y BAFTA cyntaf un. Llwyddodd *We Are Seven* i gipio'r tlws am y rhaglen ore ond do'dd hynny fawr o gysur i fi'n bersonol.

Dros y blynyddo'dd wi wedi anwybyddu sbloets blynyddol BAFTA Cymru achos, credwch chi fi, ma 'na ddrwg yn y caws yn rhywle. O'm safbwynt i, BAFTA Cymru, fe allwch chi stwffo'ch mygydau pres lan eich tine! Ar y ffordd gartre a ninne'n straffaglu ar hyd Heol y Gadeirlan yn ein *finery* fe floeddiodd John Hefin o gefen tacsi, 'DH! Fe gest ti 'mhleidlais i!'

Burton: Y Gyfrinach

O'dd hi'n fraint ca'l whare rhan Ivor, brawd hyna Richard Burton, yn y ffilm *Burton: Y Gyfrinach*. Ffilmiwyd mas yn y Swistir yn 2011. Ro'dd Richard, ma'n debyg, yn eilunaddoli Ivor a phan dderbynies gadarnhad gan gwmni Green Bay 'mod i wedi ca'l rhan bwysig yn y cynhyrchiad ro'n i ar ben 'y nigon. Ro'dd y rôl yn apelio'n fawr a rhaid cyfadde nawr y bydden i wedi llofnodi'r cytundeb am y nesa peth i ddim, jyst i ga'l whare'r rhan. Hedfanodd y criw i Genefa ar gyfer y ffilmo – cast o ddou, sef Richard Harrington a finne, y cyfarwyddwr Dylan Richards a chriw technegol o ryw bump.

Cyn neud y ffilm hon, o'dd Richard Harrington a fi wedi gweithio gyda'n gilydd o'r bla'n a mwynhau; ond dethon ni'n fwy o ffrindie fyth wedi i ni neud *Burton*. A wi'n credu'n bod y ddou ohonon ni wedi lico'r llall. 'DH, o't ti'n arwr i fi,' medde Richard wrtha i unweth. 'Ni wastad wedi ca'l perthynas sbesial. Wnes i hyd yn oed adael i ti ysgrifennu dy linellau di ar 'y nghoes i yn ystod pennod o *Holby City*. Ond mas yn y Swistir, o'n ni fel brodyr.' Ac er 'mod i wedi gweithio gyda Richard Harrington o'r bla'n, fe ddethon ni'n agos iawn adeg y ffilmo ac erbyn hyn ry'n ni'n cyfarch ein gilydd â'r frawddeg, 'Shwmae, frawd?'

Y fi fydde'r cynta i ganmol perfformiad Richard Harrington a gweud ei fod e'n actor o wir safon. Ond pan ddarlledwyd y ffilm ar deledu S4C ro'n i'n rhyw deimlo fod holl hanfod y cynhyrchiad wedi newid a'r cynhyrchydd wedi canolbwyntio'n llwyr ar y digwyddiade o safbwynt Burton. Rhaid cofio nad o'dd y ddou frawd wedi siarad am bum mlynedd. Teimlais fod rhywun fu'n ymwneud â'r holl beth naill ai o safbwynt Green Bay neu S4C wedi ca'l tra'd oer, wedi potshan â'r thema ac wedi dileu darnau reit ddramatig o'r hyn nethon ni ffilmo.

Yn sicr, cafodd y profiad o ffilmo ddylanwad arnon ni, ac ro'dd nifer yn llefen y glaw yn gadael y fynwent. Ar ôl dod i wbod mwy am y teulu da'th Harrington a finne i lico Burton a'i frawd a chasáu Elizabeth Taylor. Ar ddiwedd y dydd nid Richard *Burton* o'dd e ond Richard Jenkins o Bont-rhyd-y-fen.

Ac ma 'da fi'r parch mwya at Rich a'i gyd-ddisgyblion o Ysgol Gyfun Rhydfelen a fu drwy gyment dan law eu hathro drama John Owen; rhywun o'dd fod yn eu cynnal a'u gwarchod ac a faeddodd eu plentyndod nhw. Ma'r bechgyn a'r merched dewr hyn wedi codi'n uwch na'r drinieth wael gafon nhw dan law bwli llwfwr.

Dewi Pws

Un o'n ffrindie penna i. Gan fod fy nghof i fel shife'r dyddie 'ma, bu'n rhaid i fi ga'l gair â'r trwbadŵr a'r comedïwr o Drebo'th, ond sydd o Dresaith erbyn hyn, ac sy â chof fel eliffant. Cofiwch, ar ôl clywed y storïau wi'n amau nag o's dim un ohonyn nhw'n wir – wel, falle un neu ddwy . . .

DH: Pryd nethon ni'n dou gyfarfod am y tro cynta?

Pws: Rwyt ti'n anobeithiol am ddyddiade ond wi'n wa'th na ti! O't ti ddim yn gwishgo sandals Start-Rite ond yn bendant ro't ti wedi dechre shafo. Ond o ddifri, ddechre'r saithdege weles i ti am y tro cynta ar raglen deledu hwyr Gwyn Erfyl ar HTV. Ro't ti wrthi'n siarad dwli a nonsens am Ddyffryn Aman – o't ti'n blydi *obsessed* am Ddyffryn Aman, w. O't ti'n cyfadde i'r eicon o ddarlledwr dy fod ti'n coethan yn wythnosol 'da'r cownsil a'r theatr yng Nghymru a Chyngor y Celfyddydau am hwn a'r nall. Fe driodd Gwyn Erfyl egluro fod angen adeiladu pontydd, a ti'n bloeddio'r frawddeg anfarwol ato, 'Ond smo i moyn bildo pontydd yn Nyffryn Aman!' Ma'n amlwg fod y ddou ohonoch chi ddim cweit ar yr un donfedd! 'Nes i fathu'r enw Alff Garnant arnot ti achos ro't ti'n beio pawb a phopeth am ddiffyg cefnogaeth, am ddiffyg gweledigaeth, am ddiffyg buddsoddiad, ac am ddiffyg synnwyr cyffredin, bla-bla-bla . . . 'Sen i'n gwbod y noson honno mai David o'dd dy enw cynta di fydden i wedi dy fedyddio'n di'n Dai Diffyg! Penderfynes i'r noson honno 'mod i am gyfarfod y *nutter* 'ma o Ddyffryn Aman . . . a gwaetha'r modd, fe wnes i!

DH: Dewi, shwd o'n i fel actor? Shwd o'n i fel cyfarwyddwr?

Pws: Blydi *hopeless*! DH, fel actor ro't ti wrthi'n ddyddiol yn delio mewn geirie ac o't ti'n anobeithiol am gofio'r geirie! Wi'n cofio bod mewn un ddrama a ti'n cyfarwyddo. Ro'dd ffon yn dy law di ac os o'dd rhai ohonon ni'r actorion yn y man anghywir ar y llwyfan ro't ti'n wafo'r blincin ffon ac yn ala llond twll o ofan ar bawb. Ro't ti fel rhyw Graham Henry ar lwyfan yn rhoi *pep-talks* yn hytrach na geirie pwrpasol o gyngor. Fi jyst yn falch nad o'dd Larry Olivier ddim yn y cynhyrchiad! Ac ma pob un o'r actorion a'r criw technegol o'dd yn rhan o'r cynhyrchiad yn dal i siarad am y *tormentors*!

DH: Na, paid! Embaras llwyr!

Pws: Alla i dy atgoffa di, darne hir o frethyn tywyll yw *tormentors*, ma cynllunwyr artistig a chynllunwyr set yn eu defnyddio i greu naws ac awyrgylch mewn sioe, ac ma nhw'n handi pan ma sioeau ar daith o gwmpas neuadde pentre. Steve o'dd 'yn *set-designer* ni – arbenigwr yn y maes a ninne'n lwcus iawn o'i ga'l e. Ro'dd un sgwrs rhyngddot ti a Steve yn hynod ddiddorol:

DH: Steve, in Llandysul, we'll need big black curtains.

Steve: Yes, DH. We'll have *tormentors* with us throughout the tour.

DH: Never mind that, Steve. We need those big black things.

Steve: Yes, yes. We're bringing *tormentors*.

DH: Remember then, Steve, big black drapes.

Steve: The *tormentors* are already in the van DH!

Ro'n ni'r actorion yn pisho'n hunen yn y cefndir, yn methu â chredu dy fod ti mor blydi dwp! Ac fe eglures i ti y noson honno dy fod ti wedi neud ffŵl o dy hunan gan mai'r *tormentors* o'dd y *big black drapes* – *tormentors* o'dd y gair technegol yn y proffesiwn am y *big black things*. Ta waeth, yn Llandysul ma'n amlwg fod y bregeth wedi suddo mewn oherwydd est ti mla'n yn syth at Steve o'dd newydd orffen â'r set a gweud mewn llais uchel, 'Steve, excellent. The set looks awesome, and I see you've brought the *tremeloes* with you.'

DH: Olreit, olreit. Ac fe ddethon ni'n ffrindie mawr ar *Miri Mawr* wedyn.

Pws: Wel, ar ôl i'r genedl gyfan glywed yr hanesyn nesa 'ma smo i'n siŵr faint o ffrindie fyddwn ni. 'Sgwn i sawl un sy'n gwbod pam o'dd Caleb yn ei gwrcwd byth a beunydd. A bod yn onest, DH, ro'dd yr anifail afreolus yn treulio hanner ei amser yn plygu drosodd ac yn steran ar y llawr. A'r rheswm? Er mwyn i ti Hywel ddarllen dy sgripts fel o't ti'n mynd yn dy fla'n. Ha! Ha! Mae wedi cymeryd deugen mlynedd ond nawr ma pawb yn gwbod!

DH: Ble gest ti'r holl anwiredde 'ma?

Pws: Ma llyfr nodiade 'da fi a nid dim ond cerddi a *limericks* sy rhwng y clorie. Ma ribidires o storïau amdanat ti. Fe glywes i dy fod ti yn Llundain unweth ar gyfer cyfweliad a gwrandawiad, a chyrradd y *Green Room* lle ro'dd Sais yn ishte mewn cader yn darllen y *Times*. Yn ôl y stori fe ddwedest ti 'Good morning' a mei-lord yn ateb a'r llinell, 'Good Morning boyo'. Fe gitshest ti yndo fe a'i godi ryw whech modfedd lan o'r llawr gan weud, 'Don't you *ever* call me boyo again.' Yn ôl pob tebyg ro'dd e'n ffaelu canolbwyntio am weddill y bore!

DH: Wel, ody, ma honna'n wir bob gair. Ond cofia, 'nes i achub dy gro'n di sawl gwaith ar y ca' rygbi pan o'dd y ddou ohonon ni'n whare i Glwb Rygbi Cymry Caerdydd.

Pws: Ti'n iawn. Yn enwedig yn y gêm gwpan 'na lawr yn Splott yn erbyn y CIACS pan bwnes i eu maswr nhw a cha'l pregeth gan y reffarî. Mynnes i siarad â fe yn y Gymra'g ac fe alwodd e amdanat ti fel capten i sorto pethe mas. Ro'n ni yno o fewn hyd braich yn gwrando ar y sgwrs. A medde'r reffarî, 'Captain. If your outside half does that again – he's off. Speak to him now.' Ac fe droiest ti ata i a gweud, 'Pws, pwna'r ****** yn galetach tro nesa!'

DH: Ond ma tuedd yndo ti i ddod â'r gwaetha mas yndo i!

Pws: Ro'n i'n windo ti lan cyn i'r gêm ddechre! Er enghraifft, 'DH, ti'n *hooker* tidi ond ti rhy fyr i fod yn actor!' A tithe'n ymateb drwy atgoffa pawb yn yr ystafell newid mai pum trodfedd tair modfedd o'dd Alan Ladd!

Ta beth, wi'n cofio un gêm yn arbennig a honno yn erbyn Cardiff High School Old Boys ar y Diamond Fields yn yr Eglwys Newydd. Ro'n nhw'n fechgyn itha posh i gymharu â thimau eraill y gynghrair. O fewn pum muned gest ti rybudd oddi wrth eu bachwr nhw, 'After that last incident in the ruck when you butted my hand you are not welcome in the bar after the match. You are a cad!' O fewn munude ro'dd e'n gorwedd ar lawr, ti wedi ca'l dy 'ala bant ac wedi mynd yn syth gartre ar dy feic heb yfed peint o Double Diamond ar y Diamond Field!

Ac i goroni pob dim, y digwyddiad 'na ar gaeau criced Llandaf a ti yno mewn cot wen a finne'n cyrradd i fato. Ma'n arferiad i fatwyr ofyn am *guard* cyn wynebu pelen – naill ai co's, canol neu *middle and leg*. Fe ddales i'r bat yn syth lan a gweud, 'CANOL – 'run peth â'r batwr d'wetha' DH.' A wi'n dal i gofio dy ateb di o ben arall y llain, 'Paid â bod yn blydi stiwpid, Pws. *Left hander* o'dd e.' A rhag ofon eich bod chi yn y niwl, canol yw canol 'sdim ots pa law y'ch chi'n dal y bat!

A gan ein bod ni'n sôn am griced, ma gen i gof am ryw saith ohonon ni'n gadael Sain Helen ar ôl un o gêmau Morgannwg a llond crêt o gwrw ar ein cyfer yng nghefen fan Transit. Ac yn syden, o fla'n pawb, ti'n gweud yn drist, 'O! Dewi, licen i 'se Betty 'ma!' A'th pawb yn fud, o'dd neb yn gwbod beth i weud. O't ti'n edrych fel taset ti ar fin llefen; a bod yn onest bu bron i'r drifwr stopo'r fan yng nghanol y Kingsway. 'Be ti'n feddwl, DH? Ma Betty gartre 'da'r plant! Pam yffach y't ti moyn iddi fod 'ma?' Ac yna'r ateb, 'Wel, er mwyn iddi ga'l gweld cyment wi'n joio'n 'unan!'

DH: Reit, ma'n hen bryd i ti gau dy ben. Wyt ti wedi cwpla?

Pws: Na, ma 'na un stori 'da fi ar ôl ac ma'n ymwneud â'r diweddar David Lyn. Ro'dd e'n actor o'dd yn cymeryd ei waith o ddifri, yn hynod gydwybodol a hyd yn oed ar fore'r ffilmo yn mynd dros ei sgript fel petai e'n paratoi ar gyfer arholiad lefel O. Do'dd yna ddim lot o hiwmor yn perthyn iddo, a phan gyrhaeddes i un bore ar gyfer sesiwn ymarfer *Pobol y Cwm* a'th y sgwrs rhywbeth fel hyn:

Dewi: Be ti'n neud Dai?

David: Mynd dros y sgript. Gwneud yn siŵr 'mod i'n gwbod y *lines*. Fi a Dafydd Hywel mewn un olygfa weddol hir.

Dewi: Paid â bod mor sofft, achan. 'Na gyd sy 'da ti neud yw 'wait for the gap' a cher amdani. Dyna'n gyngor i i ti David, 'Wait for the gaps!'

Fe ddishgwlodd e arna i fel 'sen i o blaned arall.

Ddiwrnod y ffilmo ro'dd David yn camu 'nôl a mla'n yn nerfus yn y coridor pan atgoffes i e o'r hyn o'dd 'da fe i neud.

Dewi: Dai, wait for the gaps!

David: But Dewi, I don't get any gaps with DH!

Un o'r pethe doniola sy wedi bod ar y teledu erio'd yw'r olygfa enwog 'na mas o *Only Fools and Horses* pan ma David Jason yn cwmpo drwy *hatch* mewn bar a William Thomas yn actor barman yn 'i weld e'n mynd. Wel, fe 'nath Pws hwnna ugen mlynedd ynghynt pan o'dd e'n whare rhan ditectif dodji wrth ffilmo *Glas y Dorlan*. Yr unig broblem o'dd, nago'dd y cameras mla'n i'w ddala fe'n cwmpo. *Typical*!

Mwy o gynyrchiade cofiadwy

Traed Moch

Un o'r pethe gore 'nes i erio'd o'dd lleisio'r cartŵn *Traed Moch*, a Pat Griffiths o gwmni Atsain yn cadw llygad barcud ar bob dim. Crewyd y stori a'r cymeriade gan Mike Young, y gŵr fu'n gyfrifol am lwyddiant Superted. Ma Pat yn gariad, yn gwbod ei stwff, a dros y blynydde ma hi wedi bod yn ffrind mawr i Betty a finne. Lleisio dafad o'n i, dafad o'dd yn bendant ddim yn dilyn y praidd; ro'dd ganddi ei phersonoliaeth unigryw ei hun a do'dd hi ddim yn lico pobol yn fawr iawn ac yn gweud hynny'n amal yn y cartŵn. Ro'dd lot 'da ni'n gyffredin! Tra o'dd y defaid eraill yn cysgu ro'n i (y ddafad) yn pregethu a wi wrth 'y modd yn neud 'ny! Ces i wbod gan sawl un fod y rôl yn berffaith ar 'y nghyfer i. Ro'dd yna lot o hiwmor gweledol yn y stribed a 'sdim dou nad o'n i wrth 'y modd yn whare'r rhan; nid gwamalu, ond 'nes i dowlu'n hunan mewn i'r rhan a cha'l boddhad mawr o neud hynny. Mel Brookes o'dd yn whare'n rhan i yn y cynhyrchiad Saesneg *Jakers*, ac ma 'Jakers!' yn ebychiad Gwyddelig, er yn ôl Pat G ro'dd y fersiwn Gymra'g yn rhagori ar yr un Saesneg.

Dros y blynydde wi wedi ca'l cyfle i drosleisio cartŵns yn Llundain, Llanelli a Chaerdydd, ond heb unrhyw amheuaeth, Pat yw'r gore yn ei maes er mai hi fydde'r ola i gydnabod hynny gan ei bod fel sawl seren arall o'r gorllewin yn gwrthod bod yn geffyl bla'n. Yn ddiweddarach fues i'n gysylltiedig â chynhyrchiad am fwncïod byw i Adran Blant y BBC, cyfres a gyfarwyddwyd gan Des Bennett. Do'n i ddim yn hapus â thrywydd y stori gan fod y mwncïod yn diodde'n enbyd ac ro'dd Des, whare teg, yn cytuno â'm safbwynt. Penderfynes nad o'n i am barhau yn y rôl, ac o fewn diwrnode da'th y ffilmo i ben. Ma'n debyg i bawb ga'l eu talu ond amdana i!

I Fro Breuddwydion

Un o'r ffilmie 'nes i gyda Sue Roderick o'dd *I Fro Breuddwydion*, sef stori hynod ddiddorol am fywyd William Haggar. Ffilmiwyd hanes bywyd y ffotograffydd ffilm yn y ddwy iaith, *A Penny For Your Dreams* yn Saesneg, ac ma'n rhyfedd meddwl fod gŵr o'dd yn arloeswr yn ei gyfnod ac yn un o'r cynta i feddwl am symud y camera i ddilyn yr actorion wedi treulio cyment o'i fywyd yma yng Nghymru. Ma mawrion byd ffilmie'r Unol Daleithiau yn cydnabod eu dyled i Haggar gan iddo'u hysbrydoli i arbrofi â thechnegau chwyldroadol adeg ffilmie tebyg i'r *Keystone Cops*.

Treuliodd Haggar ran o'i fywyd yn Llanelli, a'r teulu'n byw ar y pryd ym Mhontarddulais. Un diwrnod a'th sinema'r Bont ar dân ond ma'n debyg i Haggar redeg mewn i'r adeilad i geisio achub ei offer. Bu Siwsan a finne'n siarad â hen ŵr yn Abertawe o'dd yn cofio'r digwyddiad ond yn anffodus bu'r hen foi farw cyn i'n cynhyrchiad ni weld gole dydd. Seiliwyd hanes bywyd Haggar yn *I Fro Breuddwydion* ar un o ffilmie'r meistr, *Y Ferch o Gefn Ydfa*. Yn anffodus, 'nôl ar ddiwedd y bedwaredd ganrif ar bymtheg a dechre'r ugeinfed ganrif methwyd ag adeiladu ar lwyddiant William Haggar yng Nghymru. Ro'dd yna un digwyddiad reit wefreiddiol yn y ffilm pan o'dd gwraig Haggar, sef Siwsan, ar fin marw. Ei huchelgais o'dd ca'l organ yn ei chartre ond ro'dd ei gŵr, sef fi, yn gwario pob dime goch ar offer ffilm. Ffilmiwyd yr olygfa yn y Saesneg yn gynta ac wedyn yn y Gymra'g. Ar ôl cwblhau'r darnau, a brofodd yn ddagreuol ac emosiynol, gofynnodd y cyfarwyddwr i ni ail-neud yr olygfa Saesneg gan fod ein perfformiadau'n dipyn mwy gafaelgar yn y Gymra'g. Atebodd y ddou ohonon ni ar unwaith, 'Amhosib!'

Ffilmwyd rhan ohoni yn ysbyty meddwl Hensol, ac ro'dd un o'r trigolion yno'n ein gwylio ni'n creu'r ffilm. Ro'dd diddordeb mawr ganddo yn yr hyn o'dd yn mynd mla'n.

'Why are you dressed like that?' medde fe.

'Because the film is set a long time ago, around the 1900s,' atebes i.

Meddyliodd am funud, 'Don't you think I should be out there and you should be in here?' Gall fod y dyn yn iawn, a nonsens yw'r busnes acto 'ma?

A thros y blynyddo'dd ma Siwsan a finne wedi gweithio 'da'n gilydd droeon heb un gair croes er iddi orffod ymdopi â sawl *tantrum* sr fy rhan i. Ac ma'n rhyfedd mai ffefryn Dad fel actores o'dd Maureen O'Hara, a bod Siwsan, â'i gwallt tonnog cochlyd a finne'n dwlu gyment arni.

Halen yn y Gwaed

Rhaid gweud fod y profiad o weithio ar y gyfres hon wedi bod yn un pleserus er bod yna rywfaint o flas cas yn y diwedd oherwydd amgylchiadau personol. Yn ystod y cyfnod hwn digwyddodd tor-priodas Betty a finne. Do'dd ffilmo *Halen yn y Gwaed* ddim fel gweithio, a gyda Cwmni Opus yn gyfrifol am y cynhyrchiad, Gwyn Hughes Jones a Richard Lewis yn cyfarwyddo, a Mervyn Williams yn cynhyrchu ro'dd hi'n bleser mynd i'r gwaith bob bore. Yn y bôn, beth o'n i'n neud o'dd teithio 'nôl a mla'n rhwng

Abergwaun a Rosslare, a finne fel capten llong yn ca'l modd i fyw. Bob hyn a hyn ro'n i'n aros draw yn Iwerddon ac yn treulio'r amser yng Nghymru yn Nhafarn Sinc a phentre Rhos-y-berth. Cofiwch, ro'n i 'bach yn rwystredig yn y drydedd gyfres pan benderfynwyd dodi Capten Tom Francis mewn cader olwyn. Arweiniodd hyn, yn ogystal â'r cyfnod emosiynol o ddelio â thor-priodas, at rywfaint o iselder ysbryd.

Rhai blynyddo'dd yn ddiweddarach a'th Anthony Davies, Llŷr y mab, Dai Doc, John Daniel – o'dd yn Brif Uwcharolygydd 'da'r Heddlu ac yn gyfrifol am Sir Benfro a Dociau Abergwaun – a finne draw ar y fferi i Rosslare a thrafaelu lan i Ddulyn i weld Morgannwg yn whare criced yn erbyn Iwerddon. O'n ni siŵr o fod yn dishgwl yn griw amheus i'r awdurdode oherwydd gofynnwyd i ni symud y car naill ochor ac aros i rywun neu'i gilydd archwilio'r cerbyd. Fuon ni'n sefyll am ryw hanner awr a finne'n pledio â John Dan i ddod mas o gefen y car ac egluro i bawb pwy o'dd e. Ond er yr holl berswâd, pallodd ag ildio, gan wrthod manteisio ar ei swydd am ei fod ar wylie. Ac yna, fel a'th yr amser yn ei fla'n ymddangosodd y wraig o'dd yn gyfrifol am y Gwasanaeth Tollau. Welodd hi fi a bloeddio, 'Captain Tom Francis! It's great to see you! Carry on immediately.'

Y Milwr Bychan

Ffilm o'dd hon am Gymro Cymra'g o'dd yn filwr ifanc Prydeinig yn ninas Belfast ac a gwmpodd mewn cariad â Gwyddeles Gatholig. Richard Lynch o'dd y milwr, Karl Francis yn cyfarwyddo eto, a finne'n whare rhan y sarjant o'dd yn amddiffyn y milwr yn erbyn yr awdurdode. Profiad cofiadwy o'dd gweithio gyda Robert Pugh a dda'th yn ffrind da. Ffilmiwyd yr holl olygfeydd o gwmpas Caerdydd a fe benderfynodd Karl ddefnyddio *extras* o dras Gwyddelig o'dd yn byw yng nghyffinie'r ddinas yn hytrach na chyflogi *extras* proffesiynol. Yn anffodus bu bron i bethe fynd dros ben llestri gan i'r criw afreolus yma dreulio'r prynhawn mewn tafarn leol cyn ca'l eu cyfarwyddo i ymosod arnon ni'r Prydeinwyr. Ro'dd yr holl beth yn dishgwl yn grêt ar ffilm gan i'r Gwyddelod daflu brics a cherrig i'n canol ni. Gwelwyd Karl ar ei ore fan hyn; wedodd e dim gair wrthon ni am yr hyn o'dd ar fin digwydd, dim ond annog yr *extras* i roi amser caled i ni.

Es i mas i Ŵyl Ffim Dulyn gyda Karl a Ruth Kenley, y cynhyrchydd, a derbyn croeso gwych gan y Gwyddelod. Ro'dd *Y Milwr Bychan* yn enghraifft arall o ffilm Gymreig yn derbyn cymeradwyaeth gref, a'r sesiwn holi ac ateb yn adlewyrchu'r diddordeb yn y diwydiant yng Nghymru. Gofynnwyd un cwestiwn crafog i Karl: 'Pam nethoch chi'r ffilm?' Ro'dd ateb Karl yn agos i'r asgwrn, 'Mae'n ffilm y dylsech chi'r Gwyddelod fod wedi ei gwneud flynyddo'dd yn ôl.' Do'dd Karl Francis byth yn pilo wye.

Yn sgil *Y Milwr Bychan* a nifer o ffilmie tebyg o wledydd eraill cododd proffil y diwydiant ffilmie yn Iwerddon, yn wahanol iawn i'r hyn a ddigwyddodd yng Nghymru. Yn Iwerddon os oes unrhyw un am ffilmo yn y wlad yna ma'n rhaid defnyddio technegwyr Gwyddelig. Nid dyna sy'n digwydd yng Nghymru ar hyn o bryd gyda'r myrdd o gynyrchiade Saesneg sy'n ca'l eu cynhyrchu lawr yn y Bae.

Clwb Rygbi Cymry Caerdydd

Ro'dd Clwb Rygbi Cymry Caerdydd yn rhan hollbwysig o 'mywyd i yn y saithdege a'r wythdege a hynny fel chwaraewr a hyfforddwr. Ffurfiwyd y clwb yn 1967 ac ar hyd y blynyddo'dd ma'r iaith Gymra'g wedi bod yn rhan hanfodol o fywyd y clwb. Ro'dd whare yng nghyngreiriau dinas Caerdydd yn her, a nifer o'r gwrthwynebwyr yn cynnwys bechgyn cadarn o'dd yn whare gêm gorfforol a chystadleuol a o'dd, o bryd i'w gilydd, yn ymylu ar fod yn frwnt. Wi'n cofio mynd i weld gêm yn Nhredelerch (Rumney) cyn ca'l 'y mhenodi'n hyfforddwr gyda John Davies o Lanbed, o'dd yn gyn-gefnwr gyda Chaerdydd, a gweud wrth y bois ar ôl y gêm, 'Ma'n rhaid i ni sefyll lan i'r bwlis 'ma; dy'n ni ddim yn mynd i ga'l ein pwno rhagor.' A gyda dyfodiad chwaraewyr o safon a phrofiad Wyn Lewis, Gwynaf Davies, Huw Llywelyn Davies, Huw Bach Jones, Dai Davies a Dai 'My Boy' Lewis da'th timau eraill ardal Caerdydd i barchu grym, gallu ac agwedd y bois. Do'dd dull negyddol, flagardus o whare y gwrthwynebwyr ddim yn mynd i dalu ffordd mwyach gan fod chwaraewyr ein clwb ni yn fwy na pharod i ddial a thalu'r pwyth yn ôl.

Yn y gorffennol ro'dd yna duedd yn y clwb i anwybyddu chwaraewyr o'r gogledd ond cyn pen dim fe ddethon ni i sylweddoli fod y gogs, Now Eames, John Humphreys ac eraill, yn gaffaeliad i'r garfan. Newidiwyd Now i fod yn flaenasgellwr tanllyd ac yn sicr petai nifer o fois y gogs wedi'u geni yn y gorllewin bydden nhw wedi cymrychioli timau dosbarth cynta, 'sdim dowt. Ro'dd yna fachwyr talentog ymhlith y blaenwyr, sef Chris Howells a Brian Sullivan, a'r ddou yn adlewyrchu'r ymroddiad llwyr a gafwyd yn ystod tymhorau yn yr wythdege pan gyrhaeddodd y tîm rownd wyth ola a rownd gynderfynol Cwpan y Bragwyr. Un o gyfrinache hyfforddwr da yw'r gallu i ddewis y tîm gore i wynebu'r gwrthwynebwyr ac yn erbyn Glyncorrwg yn Rownd yr Wyth Ola, wi'n cofio gadael Huw Charles, sy'n frawd i'r sylwebydd Gareth, mas o'r tîm. Collwyd y gêm a wi'n dal i deimlo fod y penderfyniad wedi bod yn un anghywir. Bob tro bydda i'n gweld Charlie ma'r sgwrs yn dechre ag ymddiheuriad iddo am i fi ei adael mas ar gyfer gornest bwysica'r tymor. Anfaddeuol!

Ganol yr wythdege ro'dd Clwb Rygbi Cymry Caerdydd yn feithrinfa gyfoethog i griw o sylwebwyr. Ro'dd Huw Llywelyn Davies yn llais cyfarwydd i wylwyr S4C ac ma'n rhyfedd meddwl ei fod e'n dal i ddarlledu ar gêmau rygbi rhyngwladol a rhanbarthol â'r un brwdfrydedd ac egni. Beth yw ei gyfrinach e, gwedwch? Wel, yn ogystal â'i wybodaeth *encyclopaedic* am y gêm rhaid ei ganmol am ei allu i gadw'r *aficionados* yn hapus yn ogystal â'r rheiny sy'n tiwno mewn yn achlysurol ac yn gwbod fawr ddim am y gêm a'i rheolau. A'r cyfan yn ca'l ei gyflwyno yn nhafodiaith goeth Gwauncaegurwen.

Ac yn darlledu i'r BBC yn Saesneg ar y pryd o'dd un arall o gyn-chwaraewyr a hoelion wyth y clwb, Martyn Williams, a fu'n ddarlledwr cyson yng Nghymru a ledled Prydain am dymhorau lawer. Gwnâi hyn yn ogystal â chyfrannu colofn wythnosol i'r *Guardian* yn dilyn marwolaeth Carwyn James yn 1982. Penodwyd Alun Tudur Jenkins yn gapten am dri thymor a chafodd ei ddewis i whare i dimau llai Cymru yn erbyn Gwlad Belg. Ma Alun yn dal i ddarlledu ar brynhawne Sadwrn ar raglen *Y Gamp Lawn*, a'i allu fel sylwebydd yn cyrradd penllanw bob Ebrill pan fydd y Grand National yn ca'l ei rhedeg yn Aintree. Ma 'i allu i drosglwyddo'r cyffro yn rhyfeddol gan gofio mai unwaith y flwyddyn ma BBC Radio Cymru yn darlledu ras geffylau o broffil uchel yn fyw. Prentis o chwaraewr o'dd Gareth Charles ar ddechre'r wythdege ond y dyddie hyn ma fe'n llais cyfarwydd ar radio a theledu fel un arall sy'n wybodus iawn yn y gamp ac yn berffaith gysurus yn darlledu yn y ddwy iaith.

Ro'dd hi'n bleser mawr ca'l gweld y penderfyniad ganol yr wythdege i feithrin a datblygu timau dan bedair ar ddeg yn y clwb, ac yn fraint ca'l cyd-hyfforddi dros ddeugen o fechgyn unwaith yr wythnos ar gaeau Pontcanna. Wi'n cofio Grav yn ein cynorthwyo ar un achlysur ac yn trefnu gêm i ni yn Nhrimsaran a'r criw yn aros mewn *chalets* gwylie lawr yng nghyffinie Bae Caerfyrddin lle ro'dd tad y canwr poblogaidd Robbie Williams yn rheolwr. Colli o'dd ein hanes mewn gêm gystadleuol iawn ond cafwyd penwythnos bythgofiadwy gyda Grav yn trefnu tocynne i ni ar y pnawn Sadwrn i watshan un o gêmau'r Scarlets ar Barc y Strade.

Yn anffodus, yng Nghymru, pan ma pethe'n mynd yn reit dda, ma gofyn ethol pwyllgor. Yn ôl pob tebyg 'sdim modd llwyddo hebddyn nhw a ma pawb a phobun am fod ar y *committee*. Dyna ddigwyddodd gyda'r garfan dan 14 ac asgwrn y gynnen yn y cyfarfodydd o'dd yr iaith Gymra'g. Ro'dd y cadeirydd, Huw Llywelyn Davies, ac ambell un arall am weld pob un o'r bois ifanc a ymaelodai yn siarad Cymra'g, yn groes i ddymuniade John Davies a finne. Ar y pryd ro'dd Dai Kenya (boi du o gyfandir Affrica) yn whare i'r tîm cynta a Geraint Lewis, o'dd yn un o'n hoelion wyth ein tîm dan 14 ni, yn ddi-Gymra'g. Ro'n i'n awyddus i estyn croeso i bawb o'dd am whare i'r clwb, hyd yn oed os o'n nhw'n siarad Swahili, ac yn teimlo y bydde aelode di-Gymra'g hwyr neu hwyrach yn bwrw ati i ddysgu'r iaith gan eu bod yn gysylltiedig â chlwb o'dd yn hybu'r iaith Gymra'g. A'th hi'n bleidlais yn y pwyllgor a phenderfynwyd am y tro mai'r Cymry Cymra'g fydde'n cynrychioli'r tîm dan 11.

Ro'dd Huw a finne'n amal yn anghydweld, ond yn anghytuno mewn ysbryd brawdol a heb unrhyw ddrwgdeimlad a malais ac ma hynny'n dal i fod yn wir hyd heddi. Ma 'da fi lot o barch iddo a wi'n barod i gydnabod yr hyn ma fe wedi'i gyflawni fel darlledwr a sylwebydd. Ro'dd ei dad, Eic Davies, yn arloeswr mewn sawl maes; gwasanaethodd Gymru a'r Gymra'g ym myd y ddrama ac ym myd y campau, ac ma mab Huw, Rhodri Llywelyn, yn profi'i hun yn ddarlledwr naturiol ac yn gaffaeliad i Adran Newyddion y BBC.

Bron i ddeg mlynedd ar hugen yn ddiweddarach fe hoffen i feddwl fod Huw wedi ail-feddwl ynglŷn â'r penderfyniad. Jyst meddyliwch am y peth. Ma ystadege Cyfrifiad 2011 newydd eu cyhoeddi a'r canlyniade mewn ambell faes yn dorcalonnus. Serch hynny, ma 'na le i ddathlu gan gofio'r hyn sy wedi digwydd ym myd addysg yng nghymoedd Morgannwg a Gwent a dinasoedd coridor yr M4. Ma ysgolion cyfrwng Cymra'g yn ymddangos fel madarch ben bore; ma 'na gynnydd sylweddol yn niferoedd y disgyblion, a'r mwyafrif o'r rhieni'n ddi-Gymra'g gyda chyfartaledd uchel wedi symud i Gymru i fyw o Loegr a gwledydd eraill. Dyma'r rhieni sy'n hapus i weld eu plant yn astudio gwyddoniaeth a mathemateg yn y Gymra'g lle ma'r Cymry Cymra'g yn fwy drwgdybus ac ansicr.

Yn dilyn penderfyniad y pwyllgor, ymddiswyddodd John Davies a finne, a hynny heb unrhyw ddiflastod gan fod Llŷr y mab yn dal i gynrychioli'r tîm. Diolch i'r drefen sylweddolwyd fod y rheol ieithyddol yn un annheg ac amhoblogaidd ac ymhen amser aethpwyd ati i groesawu pawb i rengoedd Clwb Rygbi Cymry Caerdydd. Ma'r degawd diwetha wedi bod yn un hynod lwyddiannus iddynt; y clwb yn dringo cynghreiriau Undeb Rygbi Cymru, wedi ennill Cwpan y Bragwyr ar Stadiwm y Mileniwm, ac o dan gadeiryddiaeth Martyn Wiliams yn mynd o nerth i nerth.

Tri chap i HTV

Do fe whareues i mas yn Ffrainc. Na, nid i Toulouse, Perpignan na Biarritz, ond i HTV! Ie, Teledu Harlech, y cwmni a ffurfiwyd tua 1970 gyda Richard Burton a Elizabeth Taylor yn gyfarwyddwyr. Trefnwyd tair gêm mas yn Ffrainc yn y saithdege a wi'n dal heb ffindo mas os o'dd polisi yswiriant i ni'r chwaraewyr oherwydd fe brofon nhw'n frwydrau bron mor waedlyd â'r hyn a gafwyd yn Agincourt a Waterloo. Wharaewyd y gêm ar fore'r gêm ryngwladol – ninne'n cyrradd maes awyr Charles de Gaulle tua whech ar y nos Wener ac yn treulio gweddill y noson yn gloddesta diolch i haelioni ORTF, cwmni teledu a'i bencadlys ym Mharis. Ro'dd y gwin yn llifo tan orie mân y bore ond gwrthod pob diferyn o gynnyrch Bordeaux 'nath ein gwrthwynebwyr a dibynnu'n llwyr ar Perrier ac Orangina – hyn er mwyn canolbwyntio'n llwyr ar y gêm. Bore dranno'th ro'dd John Pierce Jones – neu Mr Picton i lot ohonon ni – yn *blotto* a wi'n dal i gofio'i weld e'n paco lawr mewn un sgrym 'da'r Ffrancwyr! O'dd e ddim yn ddyn iach. Digon yw gweud, nid ni enillodd!

Ma un digwyddiad yn 1975 yn dal yn codi gwên. Fe wharaeon ni'n gêm ben bore a phawb ond am Dewi Pws yn neud eu ffordd i gyfeiriad Parc des Princes wedi hynny i wylio gornest ryngwladol. Ro'dd pump cap newydd yn nhîm Cymru ac un ohonyn nhw, sef Trefor Evans, o bentre Garnant. A ninne'n dangos ein ticedi er mwyn derbyn mynediad sylweddolwyd fod Dewi'n dal ar goll. O'dd e wedi neud ei ffordd i'r Pigalle tybed, neu falle wedi penderfynu gwerthu'i diced er mwyn gweld perfformiad matinée o'r Folies Bergère? Ar ôl ei antics yn y ffilm Grand Slam ro'dd unrhyw beth yn bosib. Ro'dd y gêm yn un fythgofiadwy; Grav yn un o whech o'dd yn whare 'u gêmau cynta i Gymru, er do'n i ddim yn ei nabod e bryd hynny. Enillwyd y gêm o 25–10 gyda'r cryse cochion yn croesi am bump cais. Ar y ffordd mas o sgerbwd goncrit y stadiwm, pwy o'dd yn aros yn ei ddagre bron, yn ymyl tacsi o'dd y brawd Dewi Pws. 'Ble ddiawl 'yt ti wedi bod?' o'dd y cwestiwn ar wefuse pob un ohonon ni ac yna pawb yn eu dwble'n wherthin pan dda'th yr ateb, 'Golles i'n ffordd. Es i yn y metro mas i Stade Colombes lle ro'n nhw'n arfer whare. Fe gerddes i ddwy filltir o'r stesion i'r ca' ond do'dd neb 'na! Erbyn i fi gyrradd fan hyn ro'dd y gêm drosodd.' Ha!

Baneri a *bunting* a sawl stori arall

Mis Gorffennaf 1981 o'dd hi a thrigolion Linden Grove yng Nghaerffili, fel pawb arall yng Nghymru a gweddill Prydain, wedi mynd dros ben llestri ynglŷn â'r briodas frenhinol. Ro'dd pob un eitem ar y newyddion a bron pob erthygl yn y papure torfol, oni bai am y *Guardian*, yn trin a thrafod yr uniad rhamantus rhwng Charles a Di. Dyma o'dd priodas y ganrif yn ôl rhai! Ro'dd pawb yn ein tŷ ni wedi ca'l llond bola, ac ymhell cyn i Diana archebu'i ffrog ac ymhell cyn i Charles ymweld â Thomas Cook ynglŷn â threfniadau'r mis mêl, fe benderfynodd Betty a finne y bydde'r Evansiaid yn dianc i heulwen Portugal ac osgoi'r holl rialtwch. Roiodd e bleser mawr i fi weud wrth drefnwyr parti'r stryd na fydden ni yno i fwynhau'r brechdane samwn coch a'r *blancmange* nac i gynorthwyo gyda'r baneri a'r *bunting* chwaith.

Fe gyrhaeddon ni 'nôl yn hwyr y nos rhyw dridie ar ôl y briodas a bu bron i'r pedwar ohonon ni lewygu yn y fan a'r lle pan ddrifodd gyrrwr y tacsi mewn i Linden Grove. Ro'dd y *bunting* yn dal i chwifio ar y stryd, ond y tro hwn ro'dd ein tŷ ni yn galeidosgop o liw coch, glas a gwyn, a'r talcen a'r wal ffrynt wedi'u plastro â baneri Jac yr Undeb. Ro'dd llunie lliwgar o'r pâr brenhinol i'w gweld ar bob un ffenest, a'r geirie 'Good Luck Charles and Di' wedi'u sgrifennu mewn llythrenne bras ar y drws ffrynt. Ro'n ni gyd yn winad a finne'n teimlo fel dihuno'r stryd er mwyn ffindo mas pwy o'dd yn gyfrifol am fandaliaeth o'r fath. Es i'n bananas!

Stopodd Betty fi rhag dringo ar ben ysgol am ddou o'r gloch y bore i rwygo pob dim lawr, ac i rwbo halen i'r briw fe gysylltodd rhywun o'r *Echo* bore dranno'th i weud mai ni o'dd wedi ennill y wobr am y tŷ a addurnwyd ore adeg y briodas. Erbyn i'r ffotograffydd gyrradd ro'n i wedi ca'l gwared o'r holl addurniade, a phan gyrhaeddodd Geoff Skelding a'i deulu amser cinio i weud mai nhw o'dd yn gyfrifol ro'n ni i gyd wedi sobri rhywfaint ac yn gweld ochor ddoniol y digwyddiad. Fe fenthyces i un o ddyfyniadau'r Frenhines Fictoria i ddatgan ein teimlade wrth Geoff a'i deulu: 'We are not amused.'

Ro'n i'n dwlu ar ein Mini Cooper bach ni ac yn anfodlon iawn gwerthu'r hen gerbyd, hyd yn oed pan gyrhaeddodd Llŷr a Catrin. Fe ethon ni ar wylie teuluol i Sir Benfro unwaith gyda fi a Siani'r ci yn y sedde bla'n, ac yn y sedd gefen o'dd Betty, ei mam, Llŷr a Catrin a'r cesys wedi'u lapio rownd i'r *roof-rack*. Ro'dd Siân y ci yn bictiwr yn ishte'n sidêt yn ei sêt a gwregys o'i chwmpas. Fydde neb yn meiddio neud y fath beth y dyddie 'ma ond fe gyrhaeddon ni ben y daith a joio'r wthnos bant. Yn rhyfedd, ddeng mlynedd ar hugen yn ddiweddarach, smo'r plant yn cofio dim am y gwylie ei hunan, ond ma'n nhw'n dal i ramantu am y daith ar hyd yr A48 yn y Mini Cooper.

Ma'n rhyfedd beth ma plant yn cofio. Yn 1994 archebwyd tocynne i'r pedwar ohonon ni fynd i'r Arena Rhyngwladol yng Nghaerdydd i weld cyngerdd gan Meatloaf. Hanner ffordd drwy'r sioe ma'n debyg i fi gerdded mas gan bregethu, 'Wi ddim yn bwriadu aros fan hyn tra bod hwn yn trio bod yn Dduw!' Smo fi'n cofio hyn, ond hyd heddi ma Catrin yn dal i fynnu ei bod hi wedi bod yn noson grêt.

Llywelyn ap Gruffudd, neu Llywelyn ein Llyw Olaf, o'dd Tywysog Cymru a Gwynedd yn y cyfnod tua 1255 hyd 1282, cyn i Gymru ildio tiriogaeth i Frenin Lloegr, Edward I. Ro'dd Llywelyn ap Gruffudd yn ŵyr i Llywelyn Fawr. Dienyddiwyd Llywelyn ap Gruffudd mewn brwydr waedlyd yng Nghilmeri ger Llanfair-ym-Muallt ar yr unfed ar ddeg o Ragfyr 1282, ac oddi ar hynny ma'r dyddiad wedi bod o arwyddocâd mawr i wladgarwyr.

Ma nifer wedi derbyn gwahoddiad i areithio adeg y dathliadau gan gynnwys yr Athro Hywel Teifi Edwards, Dafydd Iwan, Roger Williams, Aelod Seneddol Aberhonddu a Maesyfed, a chyn-Aelod Seneddol yr etholaeth, y Barwn Livsey o Dalgarth. Yn 2010 derbynies wahoddiad i ddarllen cerdd Gerallt Lloyd Owen, 'Cilmeri', o flaen cannoedd ger y gofeb yng Nghilmeri. Ro'dd nifer o'r teulu'n bresennol, gan gynnwys Catrin, Llŷr y mab, ei bartner Sïan a'u merched Mali ac Anni. Nawr, rhyw flwydd a hanner oed o'dd Anni a heb barablu'r un gair er ei bod hi'n ynganu rhai synau cyfarwydd. A finne'n canolbwyntio'n llwyr ar 'y ngwaith fe ddes i'n ymwybodol fod Anni yn cerdded tuag ataf. Am ryw rheswm es i'n fud, edrychais arni ac yna o fla'n y gynulleidfa luosog fe floeddiodd ei gair cynta un – 'Ta'-cu!'

Ta pryd ry'n ni'r teulu'n ramantu am y gorffennol ma un o'r plant yn fy atgoffa o ffra' tu fas i'r tŷ yn Plasturton Avenue. Ro'dd yna deulu newydd symud mewn yr ochor arall i'r hewl ac yn protesto 'mod i wedi parco 'nghar ar y borfa yn ymyl eu cartre nhw. Nawr, hyd yn oed heddi ma parco ym Mhontcanna heddi yn anodd os nad amhosib, a fel'na ro'dd hi yn yr wythdege cynnar hefyd. Yn ôl y plant 'nes i wrando'n ofalus ar eu cwyn ac yna datgan dou air yn glir i'r pâr priod fel math o groeso i'r hewl a'r gymuned. Yr ail air o'dd 'off'.

Ffrindie

O, fel ma'r rhod yn troi a phethe'n newid. Ond ma'n rhyfedd fel ma ffrindie ysgol yn dal yn gyfeillion ddegawdau'n ddiweddarach. A finne bellach yn derbyn pensiwn y wladwriaeth ma atgofion bore oes yn dal yn rhai melys. A 'sdim byd fel mêts, neu bytis, i neud i chi deimlo'n dda, a whare teg, wi wedi ca'l ffrindie triw ar hyd y blynydde. Wi wedi sôn am rai ishws, a 'co chi ragor o hanes am rai ohonyn nhw.

Yn ddiweddar bu farw ffrind agos i fi, sef Dai 'Manora', a fu'n diodde o ganser y pancreas am rai blynydde cyn ildio i'r clefyd ar ôl brwydr ddewr. Ro'dd y ddou ohonon ni'n gyd-ddisgyblion yn Ysgol Ramadeg Dyffryn Aman lle ro'dd Dai yn disgleirio ym myd y campau. Ond i gyrradd y brig ma angen disgyblaeth yn ogystal â dawn, a phetai Dai wedi canolbwyntio mwy bydde'r byd a'r betws wedi dod i wybod amdano'n sicr. Treuliodd ddegawd ola'i fywyd yn byw yn hapus yng Ngwauncaegurwen gyda'i bartner Rhianydd a'r teulu ac ro'dd y gofal a'r cariad a dderbyniodd yn golygu fod yna wên barhaol ar ei wyneb tan y diwrnod olaf un yn Ysbyty Glanaman. Yn ogystal, bu ei fab Rhodri, ei ŵyr George, ei efaill John, a'i whâr Janet yn galondid mawr iddo yn ystod ei salwch a wi'n dal i gofio'r hwyl a'r cyfeillgarwch gafwyd dros sawl cyrri a chinio dydd Sul yn ystod y blynydde diwetha yng nghwmni Dai, Rhianydd ac Anne y Post.

Yn ystod cystudd Dai, fe lwyddodd criw ohonon ni, o'dd yn gyfoedion iddo dros y blynydde, i ddod at ein gilydd yn gyson a chyfarfod am bryd bwyd neu noson gymdeithasol a'i gadw mewn hwylie da a fynte'n gwbod nad o'dd unrhyw wellhad ar ga'l iddo. Ro'n i'n bersonol wedi cadw mewn cysylltiad 'da fe yn ystod y blynydde ond heb ei weld yn rheolaidd. Bu'r cyfarfodydd yma'n fendithiol i Dai wi'n credu, ond yn bendant fuon nhw'n dda i'r gweddill ohonon ni sy erbyn hyn yn dipyn mwy ymwybodol o bwysigrwydd cyfeillgarwch ac atgofion.

Un wi wedi cadw mewn cysylltiad agos ag e yw Allan Lewis o Landybïe. Ma fe a'i wraig Judith wedi bod yn ffrindie mawr â ni ers blynyddo'dd lawer a bob tro bydda i'n ei weld e wi'n rhamantu am beth alle fe fod wedi'i gyflawni ar y ca' rygbi. Yn ôl Carwyn James a Ray Gravell bydde Allan, oni bai am anaf difrifol a gafodd tra oedd yn whare mewn gêm dros Lanelli yn erbyn Abertawe ar y Strade, wedi cynrychioli Cymru a'r Llewod gan ei fod yn ganolwr cydnerth o'dd yn hynod alluog a'r bêl yn ei ddwylo. Ro'dd e hefyd â'r gallu i ddod â'r gore mas o'i gyd-chwaraewyr, yn darllen y gêm yn ddeallus ac yn seren lachar. Ro'dd adrenalin y chwaraewyr a'r cefnogwyr yn llifo bob tro bydde Allan yn derbyn meddiant. Yn anffodus, ar ôl torri'i goes ar y Strade, bu'r driniaeth ddilynol yn aflwyddiannus, a'i freuddwyd bersonol yn dod i ben ac ynte ond yn un ar hugen oed.

Caewyd un drws ond agorwyd un arall ac fe benderfynodd Allan ganolbwyntio ar hyfforddi, gan ddatblygu'n ara deg i fod yn un o hyfforddwyr gore 'i gyfnod. Fe weithiodd e gyda'r tîm cenedlaethol yn y nawdege a chynorthwyo Graham Henry am gyfnode. Arweiniodd Lanelli i un o'i dymhorau mwya llwyddiannus erio'd yn 1992–23 pan enillwyd y gynghrair a'r cwpan, yn ogystal â maeddu pencampwyr y byd, Awstralia. Y dyddie 'ma, ar ôl hyfforddi'r Rhyfelwyr Celtaidd, Casnewydd a Phrifysgol Hartpury yng Nghaerloyw, ma Allan yn ca'l ei gyflogi gan Undeb Rygbi Cymru i ddatblygu'r to ifanc ar gyfer y dyfodol. Do's dim amheuaeth y dylse Allan ar un adeg fod wedi ei ddewis i hyfforddi'r tîm cenedlaethol ar ei liwt ei hun. Ma Allan a'i wraig Judith a Clive a'i wraig Ann wedi bod yn gymorth mawr i fi dros y blynydde.

Wi ishws wedi talu teyrnged i'r diweddar Vernon Pugh, a fu'n gymorth mawr i ni fel teulu adeg y frwydr i sicrhau lle i Catrin yn Ysgol Coed-y-gof. Glöwr o'dd Glanville Pugh, ei dad, gŵr a frwydrodd i'r eitha i sicrhau nad o'dd ei deulu i'w ddilyn i grombil y ddaear. Ac o holl deuluoedd Dyffryn Aman wi'n amau os o's pedwar o blant o'r un teulu wedi cyflawni cyment – Vernon yn QC ac yn Llywydd y Bwrdd Rygbi Rhyngwladol, John ei frawd â doethuriaeth academaidd am ei waith ym myd addysg ac yn gyn-Ddirprwy Is-Ganghellor yn yr Athrofa yng Nghaerdydd, Elizabeth yn gantores adnabyddus a fu'n canu i Gwmni Opera Lloegr, a David yn ddeintydd ym Mro Morgannwg. Wi'n teimlo'n reit annigonol.

Wi'n cofio unweth 'nath Vernon a fi gyfarfod yn ddamweiniol yng ngwesty tîm Cymru ar ôl gêm ryngwladol yn yr Alban. 'Hywel! Smo fi wedi dy weld di ers blynydde achan!' medde fe. Nawr ro'dd Vernon ar ei ffordd i'r ginio swyddogol yn dilyn y gêm ond wedi 'ngweld i, fe benderfynodd e newid ei gynllunie'n llwyr ac ymuno â fi am gyrri mewn bwyty Indiaidd lawr yr hewl, a da'th e a'i deulu cyfan gydag e hefyd. Dychmygwch! Un o'r bobol mwyaf pwerus ym maes rygbi yn dewis mynd am gyrri gyda hen ffrind o gartre yn hytrach na gwledda gyda phwysigion byd y bêl hirgron. Ma hynny'n gweud lot am y dyn.

Ma John, brawd Vernon, a finne wedi bod yn agos iawn yn ystod y blynyddo'dd, ac er i ni golli cysylltiad am gyfnode, ma'r cyfeillgarwch yn amlwg bob tro y byddwn ni'n cyfarfod. Ma'r ddou ohonon ni wedi'n naddu o'r un graig. Ma'r blynyddo'dd diwetha wedi bod yn rhai anodd i John a'i wraig Margaret ar ôl colli'u hunig blentyn, Lowri, o'dd yn ddarlledwraig ddawnus a phoblogaidd gyda'r BBC yn y Gymra'g a'r Saesneg, i ganser y fron. Ma dewrder y rhieni a'u brwdfrydedd dros fywyd a thros fyw yn esiampl i eraill. Dyna o'dd dymuniad Lowri.

Bu farw'r addysgwr, y pregethwr a'r emynydd Watkin Hezekiah Williams, neu Watcyn Wyn, yn 1905 ond canrif a mwy ar ôl ei farwolaeth ma pentrefwyr Brynaman a Chymru gyfan yn dal i gofio'i gyfraniad i'r gymuned ac i'r genedl hefyd. Yn yr un modd ma trigiolion presennol y pentre ar lethrau'r Mynydd Du o'r farn y bydd straeon am Garth Morgan hefyd yn ca'l eu lledaenu yn hir i'r dyfodol fel yr hen Watcyn Wyn, gan ei fod yn un o gymeriade mwya bywiog a doniol y dyffryn. Ma 'i whâr, Beti, yn briod â'r tribannwr o Geredigion, Tegwyn Jones, a phetai'r bardd wedi treulio mwy o amser yng nghwmni'i frawd-yng-nghyfreth bydde cyfrolau di-ri o dribannau wedi ymddangos am Garth. Yn ei gwmni ma hyd yn oed y selebs mwya siaradus yn fud gan fod y gŵr o'r Gwter yn hawlio sylw ac yn traethu'n ffraeth am anturiaethe cymeriade'r ardal. Ma Garth yn gwbod busnes pawb!

Ganol yr wythdege ro'dd Garth yn rhan o dîm Clwb Rygbi Brynaman yng nghwis chwaraeon *Penigamp* ar S4C. Yn y sgyrsiau cyn recordio ro'dd e ar ei ore, a gweddill y cystadleuwyr yn wherthin fel ffylied ond pan dda'th hi'n amser cystadlu a'th e'n fud, yn enwedig ar ôl gweld y meicroffon ar y ddesg. Er mwyn canfod lefel ei lais gofynnodd y cwisfeistr Huw Llywelyn Davies iddo weud brawddeg. Distawrwydd llethol. Yn synhwyro ei fod e'n nerfus, fe driodd Huw eto. 'Garth, pryd fuodd Owain Glyndŵr farw?' Fe dda'th yr ateb fel bwled o wn: 'Diawch, o'n i ddim yn gwbod fod e'n dost!'

Ma 'da fi barch mawr at Jeff Thomas, a hynny ers dyddie ysgol.

Dyn o egwyddor yw Jeff, wastad wedi bod, a dyn sy wedi cyfrannu'n helaeth mewn ffordd ardderchog a hynny i nifer fawr o feysydd gwahanol hefyd. Cyrhaeddodd y brig yn ei waith fel heddwas, yn cyfrannu cyment fel cynghorydd yn nhre Caerfyrddin, yn gadeirydd gweithgar o Glwb Pêl-droed Caerfyrddin, yn driw i'w deulu ac yn ŵr o arddeliad ac argyhoeddiad.

Fe 'nath ddod â fi 'nôl o'r dibyn pan o'n i mewn lle gwael, os cofiwch chi, drwy'n atgoffa i o ba mor siomedig fydde Mam tyse hi'n 'y ngweld i'n yfed yn ystod y dydd. Ro'dd e'n rhwbeth syml iawn iddo fod wedi gweud, ond yffach, fe gafodd e effaith fawr. A dyna chi'r math o ddyn yw Jeff, boi sy'n gweld pethe'n glir, boi sy'n deall beth sy'n bwysig a sy ddim yn ofni pechu ffrindie drwy weud y pethe rong.

'Nes i gyfarfod Huw Ceredig am y tro cynta pan o'n i'n whare rygbi i Ben-y-bont ar Ogwr a'r tedi bêr o gymeriad yn aelod brwd o'r pwyllgor. Ar y pryd ro'dd e'n athro ysgol yn Nyffryn Llynfi, wastad yn groesawgar, ac yn ystod y blynyddo'dd buodd y ddou ohonon ni'n cydweithio'n gyson ar wahanol gynyrchiade. Un o'r uchafbwyntie o'dd drama Urien William *Y Siaced* a berfformiwyd yn Eisteddfod Genedlaethol Llanbed yn 1984.

Pan glywodd Huw Ceredig ei fod e'n diodde o glefyd y siwgr, fe gysylltodd e ar unwaith â Grav ym Mynyddygarreg er mwyn derbyn gair o gyngor ganddo gan fod Ray wedi bod drwy'r un peth. Ro'dd Grav wedi diodde'n itha gwael gyda'i iechyd am gyfnod ac wedi dod drwyddi'n itha da. Yn gwbwl driw i natur Huw, a'th e i fecso am bethe. Bu'r ddou'n parablu am gryn amser ar y ffôn, a'r gŵr o Drelales yn gwrando'n astud ar shwd i ymdopi â'r cyflwr. Cyn ffarwelio penderfynodd Huw ofyn yr un cwestiwn o'dd wedi bod yn ei drwblu ers i'r arbenigwr drosglwyddo'r newyddion iddo, 'Grav, a fydd modd i fi ga'l glased bach o win coch nawr ac yn y man?' Bu distawrwydd llethol ar y lein cyn i Ray, yn ei lais unigryw, ei ateb, 'Huw, ma glased o win coch mas o'r cwestiwn .

. . ond fe alli di ga'l *poteled*!' Whare teg i Ray, ro'dd ganddo galon fawr ac yn barod bob tro i gysuro'i ffrindie. Mwynhau bywyd ro'dd Grav yn neud ore; dyn ag awch am y pethe gore o'dd e ac yn awyddus i bawb arall joio hefyd.

Yn naturiol, ry'n ni'r Cymry yn cysylltu Huw â *Pobol y Cwm*, ond dewch i ni ga'l bod yn onest, fe dda'th e i enwogrwydd rhyngwladol fel Fatty Lewis yn y ffilm *Twin Town*, fel gall brwdfrydedd George Best dros gwrdd â'i arwr dystio, a do'dd e'n haeddu dim llai hefyd. Galle Huw fod wedi bod yn *international superstar.*

Ar hyd y blynyddo'dd, ma Gillian Elisa a finne wedi bod yn ffrindie agos. Yn naturiol fe ddechreuodd y cyfeillgarwch ar set *Pobol y Cwm* lle ro'dd y ddou ohonon ni – Sabrina a Jac Daniels – yn ŵr a gwraig. Os wi'n cofio'n iawn, ro'n ni'n gyd-actorion yn y ddrama *Y Siaced* adeg Eisteddfod Genedlaethol Llanbed yn 1984 gyda Conrad Evans a Huw Ceredig. Ma hi'n bersonoliaeth ffantastig sy'n rhoi 150% i bob dim ma hi'n ei neud. O ble ma hi'n ca'l ei hegni, gwedwch? Buodd hi'n fraint ac anrhydedd i ganu un o ganeuon Frank Sinatra 'That's Life' gyda Lisa ar ei chryno ddisg diweddar *We Belong* – un o'm hoff ganeuon i fel ma'n digwydd – 'na fe, o'ch chi ddim yn gwbod bo' fi'n gallu canu cystel, o'ch chi?

A sôn am ganu, licen i weud hefyd fod Margaret Williams yn drysor cenedlaethol, a'i bod hi bob amser wedi dangos parch i fi fel actor ac ar lefel bersonol, a hyd yn oed fel unawdydd. Ie wi'n gwbod! 'Sdim llawer yn gallu gweud eu bod nhw wedi canu deuawd 'da Margaret; ma hi'n *diva* Cymreig heb unrhyw amheuaeth, a hynny yn y modd neisa posib. Fe ganodd y ddou ohonon ni 'Mae Lleucu wedi Marw' gyda cherddorfa Ronnie Hazlehurst unwaith, ac ro'dd Dewi Pws yn hynod genfigennus. Rhaid i fi weud 'mod i wastad wedi ffansïo Margaret; ma hi yn *gorgeous.*

Arwyr

O's 'da fi arwyr? Wel, wrth gwrs ei fod e, a'r arwyr hynny o bob maes a phob cyfnod. Ro'n i'n clywed y dydd o'r bla'n am Leigh Halfpenny, chwaraewr celfydd y Gleision, Cymru a'r Llewod, yn treulio bron i awr a hanner ar Barc Eirias ym Mae Colwyn yn llofnodi'i enw i gannoedd ar gannoedd o blant o'dd wedi aros yn amyneddgar i'w gyfarfod. 'You must be tired,' o'dd sylw un o'i hyfforddwyr. 'Not at all,' o'dd ateb y cefnwr. 'You have to remember that just a few years ago I was one of those children in the queue.' Ac os yw'n harwyr yn ymddwyn yn debyg i Leigh Halfpenny yna ma'r to ifanc yn sicr o ga'l eu tanio a'u hysbrydoli.

Ar hyd y blynyddo'dd ma tri o eiconau Hollywood wedi creu argraff arna i a wi byth yn blino ar eu gwylio'n perfformio. O'r dyddie cynnar bu Rod Steiger yn arwr personol gan ei fod yn actor talentog yn ogystal â bod yn gymeriad cryf o'dd yn barod i frwydro yn erbyn bwlis y diwydiant. Steiger a Brando o'dd y prif gymeriadau yn y ffilm *On the Waterfront*. Steiger o'dd Bill Gillespie, Pennaeth yr Heddlu yn y clasur *In the Heat of the Night* gyda Sidney Poitier, a Komarovsky yn *Doctor Zhivago* lle ro'dd Steiger yn un o'r ychydig Americanwyr yn y cynhyrchiad bythgofiadwy hwnnw. A heb unrhyw amheuaeth, fi yw ffan penna Jack Nicholson gan ei fod wedi meistroli'r grefft o ymdopi â rhannau anodd sy tu hwnt i gyraeddiadau gallu'r mwyafrif o'r actorion. Ma Nicholson bellach wedi cyhoeddi ei fod e'n rhoi twls ar y bar o ran acto am ei fod e'n teimlo'i fod e'n mynd yn rhy hen. Alla i barchu 'na, ond i fi, fydd e byth yn rhy hen. Ma'r dyn yn seren. Un o'n hoff ffilmie i yw *One Flew Over The Cuckoo's Nest*, a Jack ar 'i ore.

Droeon yn y gyfrol wi wedi cyfeirio at y talent sy 'da ni yma yng Nghymru a phetai nifer ohonyn nhw wedi croesi Clawdd Offa bydde sawl un wedi anfarwoli'i hunan. Y Cymro sy'n adnabyddus ledled byd yw'r gŵr o Ynys Môn, Hugh Griffith, a fu'n feistr ar lwyfan ac o fla'n y camera. Ry'n ni gyd yn dal i gofio'i berfformiad anhygoel yn y ffilm *Ben Hur* a Griffith yn derbyn Oscar am ei bortread gwych o'r sheik Arabaidd, Ilderim. A phwy all anghofio'i bresenoldeb fel Caradog Lloyd-Evans yn *Grand Slam*; ffilm gomig sy'n dal i swyno'r hen a'r ifanc. Fe glywes i un stori a briodolwyd i Hugh Griffith a Wilfred Lawson er do's yna ddim sicrwydd mai nhw'u dou o'dd y ddou ddihiryn. Am ddegawde ro'dd Griffith yn actor Shakespeareaidd o'dd yn fawr ei barch. Bu'n troedio llwyfanne Stratford yn helaeth. Y tro hwn, yn ôl y sôn, bu'n rhaid gohirio perfformiad *matinée* o *Henry VI Part 3* ac fe benderfynodd nifer o'r cast dreulio'r prynhawn yn torri'u syched mewn tafarn ar lannau'r afon gerllaw. Pan dda'th hi'n amser paratoi ar gyfer y perfformiad hwyrol ro'dd sawl un o'r actorion yn ansicr ar eu traed ac yn aneglur o ran eu lleferydd. Ro'dd 'da Griffith araith allweddol i'w thraddodi, a gan ei fod yn siarad yn shigledig iawn, taflwyd rhaglenni ar y llwyfan, a nifer yn bloeddio'u hanfodlonrwydd. Arhosodd y Cymro yn yr unfan a datgan y geirie anfarwol, 'If you think I'm p****d, wait till you see the Duke of York!'

Helen

A bod yn onest, do'n i ddim yn teimlo fel mynd i'r parti yng Ngwesty Parc y Strade ar ddiwedd 2000 ond gan fod pantomeim arall gan Gwmni Mega wedi bod yn llwyddiannus, fe brynes i grys newydd a sblasho'r Old Spice ar y boche a'r gên – *sell-by-date* wedi hen baso – a llogi tacsi i bentre Ffwrnes ar gyfer yr achlysur gyda'n hen ffrind Adrian 'Pinky' Howells. Ac yno, o dan y balŵns a'r uchelwydd, y des i ar draws Helen Weston, athrawes yng Ngwauncaegurwen, yr ysgol gynradd Gymra'g sy wedi'i lleoli jyst drws nesa i safle Hall y Waun lle, yn fachgen diniwed pymtheg o'd, y gweles i Brigitte Bardot am y tro cynta, os cofiwch chi.

Ma sgrifennu am ramant a chariad yn anodd; digon yw gweud fod y cymdeithasu geiriol y noson honno wedi bod yn bleserus a'r ddou ohonon ni'n penderfynu cwrdd eto yn y flwyddyn newydd. Fe fuon ni'n bartneriaid am saith mlynedd, yn cyd-fyw ym mhentre Llan-non ger Llanelli ac yn hynod hapus yng nghwmni'n gilydd. Ro'dd yna fwlch oedran digon o seis rhyngddon ni; finne'n 55 mlwydd oed ar noson y parti a Helen ddwy flynedd ar hugen yn iau. Ond, fel wi'n lico pwysleisio, ro'dd Helen yn fenyw aeddfed yn ei thridege a finne'n dal yn nhrowsus byr yr ysgol gynradd yn feddyliol! O'r cyfarfyddiad cynta, do'dd y bwlch o ran oedran ddim yn peri unrhyw ffwdan. Cofiwch, do'n i ddim yn debyg i'r *blueprint* o ran pobol yn eu pumdege chwaith. Do'n i ddim yn gwrando ar Radio 2, o'n i ddim yn aelod o'r Ymddiriedolaeth Genedlaethol nac yn drifo rownd Cymru mewn *coupé*!

Ro'dd Helen yn enedigol o bentre Cynwyl Elfed, Shir Gâr, lle ro'dd ei thad, Tom Morgan, yn brifathro'r ysgol leol. Astudiodd Seicoleg ym Mhrifysgol Reading cyn mentro i fyd addysg. Yn ystod ein perthynas, fe'i penodwyd yn brifathrawes ar ysgol Gymra'g Blaendulais, ac erbyn hyn, ma hi'n un o uwch-swyddogion adran addysg Cyngor Bwrdeistref Castell-nedd Port Talbot. O ran ein perthynas ni, bu'r radd gafodd hi mewn seicoleg yn fantais iddi oherwydd yn gyffredinol ro'n i wastod yn ca'l anhawster ymlacio, yn amal yn ymladd gyda 'mhersonoliaeth, yn grac yn achlysurol ac yn colli 'nhymer yn rhwydd. Rhywsut ro'n i'n llwyddo i ymdawelu yn ei chwmni hi. A do'dd dim ishe i fi neud apwyntiad â'r seicolegydd lleol chwaith; ro'dd y cyfan yn rhad ac am ddim gartre. 'Rwyt ti braidd yn ddiened ond yn llawn egwyddorion,' medde hi. 'Ma 'da ti duedd dwcud beth ma pobol eraill yn dymuno'i ddweud ond yn ofni dwcud.' Dyna fydde hi'n ei weud.

Do, fe dda'th Helen i 'neall i. Ro'n i'n dal i yfed gormod ond yn yfed llai, a hi o'dd yn benna cyfrifol am y gostyngiad yn y lefel alcoholig hwnnw. Ar y pryd ro'dd ishe rhywun arna i a fydde'n wrthgyferbyniad o ran cymeriad a wi'n ddyledus iddi am ddod â rhywfaint o sefydlogrwydd i mywyd i.

Wi'n cofio ei chwestiynu ar sawl achlysur, 'Beth o'dd yr atyniad yn y lle cynta? Wi'n dipyn hŷn na ti.' Ac yn amal, pan o'dd hi mewn hwylie da ro'dd yr ansoddeiriau amdana i'n llifo.'Ti'n ddyn hael, chwareus, cymwynasgar, brwdfrydig, cellweirus, storïwr da, *raconteur* diddorol, ti'n gymhleth, yn driw, yn frwd dros yr iaith ac yn y blaen. Ond ar adege ma'r negyddol yn dod i'r amlwg. Ti'n fyr dy amynedd, yn wrth-sefydliad. Un funed ti'n Victor Meldrew a'r funed nesa ti'n dedi bêr.'

Yn ystod y saith mlynedd, ddes i'n ffrindie mawr gyda'i thad Tom, ei whâr Meinir, a'i brawd-yng-nghyfreth Gareth Jones, sy'n weithgar ar bwyllgor tîm pêl-droed Caerfyrddin a gyda chyngor y dre. Wi'n cofio mynd i weld Tom, o'dd yn gymeriad annwyl ac yn fachan gwerth ei nabod, yn Ysbyty Glangwili a thrio egluro 'mod i'n gweithio ar addasiad o'r gyfrol *Diary of a Swagman*. Yn ogystal â'i salwch, ro'dd Tom yn drwm ei glyw, a phawb arall yn y ward yn clywed pob gair o'r sgwrs.

'Wi'n gwitho ar addasiad o'r gyfrol *Diary of a Swagman*, Tom,' bloeddiais yn ei glust.

'Pa gyfrol?' gofynnodd.

'*Diary of a Swagman*,' atebais yn uchel.

'Diarrhoea of a Frogman?' medde Tom.

'Ie!' ddwedes i gan adael iddo feddwl 'mod i'n ffilmo hanes cymeriad â chyflwr anffodus, snorcel yn ei geg ac yn plymio i ddyfnderoedd ffos yn Llanwrtyd. Ro'n i'n meddwl y byd o Tom ac yn dal i gysylltu ag e ar ôl i Helen a finne wahanu.

Bu'r blynyddo'dd a dreulies yng nghwmni Helen yn rhai hapus a difyr. Fe deithion ni'r cyfandir gyda'n gilydd ac ma hi'n ferch beniog o'dd yn dod â phethe da mewn i 'mywyd i. Gyda'i chymorth, llwyddes i roi'r meddwl ar waith ac i ailsefydlu 'ngyrfa. Ar hyd 'y mywyd wi wedi brwydro i ga'l cydnabyddiaeth, ac wedi gorffod diodde sawl cnoc i'r ego, ond yn ara deg, yn ystod ein perthynas, sylweddoles fod yna bethe eraill yn yr hen fyd 'ma sy'n dipyn pwysicach. Yn sicr dychwelodd yr hunanhyder a hynny'n arwain at hapusrwydd a boddhad personol.

Pam dda'th y berthynas i ben, wi'n eich clywed chi'n gofyn, os o'dd pethe cystel? Wel, falle fod y bwlch oedran wedi bod yn ormod hefyd. Diawch, ma hyd yn oed Catherine Zeta a Michael Douglas wedi madel â'i gilydd! Pan benderfynodd Helen symud i Aberdulais ar ôl ei dyrchafiad, fe benderfynes i'n syth nad o'n i am symud i Gwm Nedd. Ac wedi meddwl, falle 'mod i'n feddyliol yn methu ag anghofio 'ngorffennol i. Ma Helen erbyn hyn wedi ailbriodi ac wi'n dymuno'n dda iddi hi a'i chymar.

Y Bennod Ola – Myfyrdodau

Fe fydde 'diawled diegwyddor' yn ddisgrifiad teg o ambell arweinydd unbenaethol yr ugeinfed ganrif a'r unfed ganrif ar hugen. Ond ma'r term yn briodol ar gyfer nifer o uwch-swyddogion llywodraethau, sefydliadau ac asiantaethau yma yng Nghymru, a Phrydain hefyd. Wi ddim am funed yn cyhuddo Cymry a Phrydeinwyr blaenllaw o greulondeb Stalin, Mugabe, Pol Pot a Ceausescu, ond ma'n ofid a chonsýrn dyddiol i fi i weld pobol, rhai yn ddigon galluog, yn ca'l dyrchafiad ond yn methu â gwasanaethu'n effeithiol yn sgil hunanbwysigrwydd, diffyg gweledigaeth a diogi.

Ar hyd y blynydde fe welwyd y bobol hyn yn cerdded yn ffroenuchel ar hyd coridorau San Steffan, y BBC, S4C, Undeb Rygbi Cymru, Cyngor y Celfyddydau, y Cynulliad Cenedlaethol, y banciau, Cynghorau Sir, Prifysgolion, Awdurdodau Iechyd, cwmnïau cyhoeddus ac yn y blaen. Beth yw gallu academaidd heb owns o synnwyr cyffredin i fynd gydag e? A'r hyn sy'n fy nghorddi i yw clywed am unigolion yn ymddeol o'u swyddi bras fel prif weithredwyr ac yn y bla'n ac yna'n ca'l eu cyflogi i ymgymeryd â dyletswyddau mewn meysydd sy'n gwbwl ddierth iddyn nhw. I'r pant y rhed y dŵr, myn yffarn i.

Ma nifer o enghreifftie yng Nghymru o bobol sy wedi ca'l eu cyflogi i neud job o waith onest a theg ond wedi methu ei chyflawni hi'n effeithiol. Weithie, ma rhyw sgandal neu'i gilydd yn rhan o'r fusnes. Ac ar ôl ca'l eu diswyddo, fe welwch chi nhw'n derbyn swyddi bras gyda chwmnïau ac asiantaethau eraill, ac yn amlach na pheidio ma'n nhw'n derbyn codiad cyflog hefyd! Anhygoel! Yn bersonol, wi'n gallu derbyn methiant; ma pawb yn methu gyda rhywbeth. Ond alla i ddim derbyn anonestrwydd a diffyg ymdrech. Dyma'r bennod lle wi am weud 'y ngweud. 'Rant', os mynnwch chi. Cofiwch, 'y marn i yw hyn a neb arall, a falle byddwch chi'n anghytuno â fi, ond weda i wrthoch chi, 'sdim taten o ots 'da fi, achos fel hyn wy'n teimlo a dyna ni.

Ma'r anfodlonrwydd yn dechre yn Nyffryn Aman, 'y mro enedigol. Da'th rhinwedde pobol Dyffryn Aman, fel trigolion sawl cwm glofaol arall, i'r amlwg yn ystod dechre'r ganrif ddiwetha. Roedden nhw'n dangos ymroddiad, gwydnwch, brwdfrydedd a dos sylweddol o hiwmor. Dou o nodweddion y cwm o'dd ei gyfeillgarwch a'i gariad angerddol at y diwylliant Cymra'g. Ond ma'r dyddie da wedi hen ddirwyn i ben, ac er bod rhai yn dal i fynnu fod popeth yn 'tip-top', wi'n amau a yw hynny'n wir, gan nad yw'r olwyn fawr yn troi mwyach, a 'gêr y gweithwyr wedi'u gorchuddio â rhwd segurdod'.

Ma'n bosib fod dirywiad yr iaith ar lafar yn anochel yn Nyffryn Aman gan fod yr hen gymunedau clòs wedi colli tir. Do's yna ddim gwaith ar ga'l ar gyfer pobol ifanc, a phan fydd unigolion yn llwyddo'n academaidd ma swyddi yn eu denu ar hyd coridor yr M4 a phorfeydd brasach y tu hwnt i Glawdd Offa. Ond pam, o pam, a'r ysgolion yn darparu mwy o Gymra'g nag erio'd o'r bla'n, fod teuluoedd yn mynnu siarad Saesneg â'u plant er mai'r

Gymra'g yw iaith gynta'r rhieni? A'r hyn sy'n wir ledled Cymru, yw mai *Saesneg* yw iaith yr iard. Falle fod angen i'r hen gymoedd Cymreig a Chymra'g golli'r iaith yn gyfan gwbwl cyn i'r rhod droi. Wi'n mawr obeithio fod y balchder, y penderfyniad a'r awydd yn dal yno yn rhywle, ond rywsut wi'n amau hynny.

Ond ma yna resymau i ymfalchïo hefyd, yn enwedig yn hen gymoedd glofaol Morgannwg a Gwent. Beth sy wedi 'mhlesio i'n ddiweddar yw'r niferoedd o Loegr sy'n symud i Gymru ac yn mynnu addysg Gymra'g i'w plant. Hefyd, ma 'na ysfa i ddysgu'r iaith ymhlith y rhieni hynny hefyd, a chyfartaledd dda yn ymaelodi â dosbarthiadau dysgu Cymra'g ac yn benderfynol o ymdoddi'n naturiol i'w milltir sgwâr newydd. Yn y cymoedd ma 'na genhedlaeth o rieni di-Gymra'g am weld eu plant yn siarad yr iaith gan eu bod yn ymwybodol o fanteision dwyieithrwydd.

Gellir gweud â rhywfaint o sicrwydd fod y Blaid Lafur, o'dd mor elyniaethus tuag at yr iaith yn y gorffennol, am weld y Gymra'g yn ffynnu. Ie, 'na gnoc o'dd Kinnock, boi o'dd gyda'r Cymro mwya gwrth-Gymreig yn 1979, yn datgan mor agored a digwilydd ugen mlynedd yn ddiweddarach, 'We will meet the genuine demands for new democratic developments with an elected Welsh Assembly.' Ond o'dd y drwg wedi'i neud erbyn hynny.

Yn y Gymru gyfoes ma 'na agweddau positif yn ca'l eu meithrin tuag at yr iaith gan fod ieithoedd yn agor drysau, ac ma cyfran o gyflogwyr yng Nghymru yn dishgwl am arbenigedd yn y Gymra'g a'r Saesneg. Y rhieni di-Gymra'g yng Ngwent (hyd yn oed ym Medwellte, Mr Kinnock) a chymoedd Morgannwg, yw'r rhai sy am weld eu plant yn astudio Mathemateg a'r Gwyddorau drwy gyfwng y Gymra'g. Fel y dywedodd Dr Steffan Lloyd, mab y cyn-ddyfarnwr rygbi o Nantyffyllon, Denzil Lloyd, 'Ro'n i'n gwbod beth o'dd y termau yn Saesneg beth bynnag.' Y rhieni Cymra'g eu hiaith sy'n anfodlon i'w plant ddysgu'r pyncie hyn drwy gyfrwng y Gymra'g.

Ddiwedd y chwedege aeth Lewis Evans o Dregaron – brawd y sylwebydd adnabyddus John Evans – a'i wraig Siân i fyw a gweithio yn Lloegr. Da'th Lewis yn Brif Weithredwr Girobank ac yn ddiweddarach yn bennaeth ar y Swyddfa Bost. Cymra'g o'dd iaith y cartre, ac er nad yw'r mab Dyfed erio'd wedi byw yng Nghymru, Cymra'g o'dd ei iaith gynta o'r crud. Ar ôl graddio a'th Dyfed i weithio yn Tsieina, priodi merch o'r wlad a sefydlu'u cartre yn Shanghai. O'r dechre penderfynodd Dyfed a Ling mai Mandarin a'r Gymra'g fydde ieithoedd y cartre, a'r ddou blentyn, Tomos ac Eli, yn siarad yr iaith frodorol gyda'u mam a'r Gymra'g gyda'u tad. Gan eu bod yn mynychu ysgol ryngwladol yn y ddinas ma'r ddou bellach yn gwbwl rugl yn y Gymra'g, Mandarin a Saesneg. Ymddangosodd y ddou ar y rhaglen *Wedi 3* yn 2009 a chynnal sgwrs ddeallus gyda'r cyflwynwyr Elinor Jones a John Hardy. Ma'n stori i godi calon, yndyw hi? Trueni bod gyment o Gymry Cymra'g amlwg y dyddie 'ma yn gwrthod ystyried cyflwyno'r Gymra'g i'w plant.

> The current of the time is sweeping to nationalism. Wales, in throwing in her lot with Ireland in the self-government struggle, has struck a blow not only for the national rights of another Celtic country, but also for her own.
>
> Araith gyntaf David Lloyd George yn Nhŷ'r Cyffredin,
> 13 Mehefin 1890

'Sdim lot o feddwl 'da fi o wleidyddion; falle fod rhai yn well na'i gilydd ond wi'n casáu'r rheiny sy am blesio pawb ac yn fwy na pharod i raffu celwydde er mwyn datrys anghydfod yn hytrach na thrafod o safbwynt egwyddor. A hyn er mwyn ennill pleidleisiau. Ma'r dyfyniad uchod yn enghraifft o feddylfryd Lloyd George adeg ei ddyrchafu'n Aelod Seneddol Caernarfon ac Arfon yn 1890. Ro'dd e'n gefnogwr brwd o safbwynt annibyniaeth i Gymru a derbyniodd glod ac anrhydedd am ei arweiniad adeg y Rhyfel Byd Cyntaf, ond dyma'r gŵr wnaeth y penderfyniad i anfon y Black and Tans i Ddulyn, Munster a Connacht i gynorthwyo Heddlu Brenhinol Iwerddon (Royal Irish Constabulary) adeg Rhyfel Annibyniaeth y wlad. Ie, falle mai Lloyd George o'dd Prif Weinidog Prydain ar y pryd ond ma'n amlwg do'dd e ddim yn ŵr o argyhoeddiad.

Ro'dd awdurdodi anfon y milwyr cyflogedig i Iwerddon yn eu gwisgoedd *khaki* i ddefnyddio grym a thrais yn erbyn y brodorion, gwahardd y Daíl a chwyddo niferoedd y Fyddin Brydeinig, yn groes i'r hyn ro'dd e'n ei gredu'n bersonol. Rhaid bod e. I rywun o'dd yn teimlo mor gryf ynglŷn ag annibyniaeth, dylse David Lloyd George fod wedi ymddiswyddo adeg yr helynt. Dyma'r gwleidydd o'dd yn swyno'r werin gyda'i areithiau tanbaid. Ei freuddwyd o'dd sicrhau rhyddid a thegwch i'r werin bobol. Dyw'r ddou beth ddim yn mynd gyda'i gilydd.

Ro'dd y cyfarwyddwr ffilm a'r actor Kenneth Griffith o Ddinbych-y-pysgod yn ystyried Michael Collins, arweinydd carismataidd yr IRA, yn un o'i arwyr penna. Yn 1973 fe gyfarwyddodd Kenneth ffilm ddogfen eiriasboeth o ran emosiwn o'r enw *Hang Up Your Brightest Colours: The Life and Death of Michael Collins*. Gwrthodwyd darlledu'r ffilm ar y teledu hyd 1993 am ei bod hi'n rhy ddadleuol, ond pan ddarlledwyd hi ar y BBC yn 1993, yng Nghymru yn unig ddigwyddodd hynny, hyd y gwn i. Dy'n nhw dal heb ei dangos hi yn Lloegr eto. Pidwch boddran mynd i weld ffilm ddi-ddim Neil Jordan, *Michael Collins*, gyda Liam Neeson yn y brif ran. Mynnwch weld ffilm ddogfen wych yr hen Kenneth. Ta beth, yng ngŵyl ffilmie gynta Caerfyrddin penderfynwyd dangos y ffilm am y tro cynta a gwahodd Kenneth ar gyfer sesiwn holi ac ateb. A'th y drafodaeth yn dilyn y ffilm ar drywydd gwleidyddol, a Kenneth Griffith yn cwestiynu'r gynulleidfa'n frwd. Gofynnodd gwestiynau pigog iddyn nhw. Pam nad o'dd aden weithredol 'da Plaid Cymru? A pham nad o'dd

Plaid Cymru wedi ymuno 'da Sinn Fein? A'th hi'n noson i'w chofio – yn noson danbaid – yng nghwmni dyn o egwyddor gadarn. Ro'dd y Cymro di-Gymra'g hwn o Ddinbych-y-pysgod yn fwy o genedlaetholwr na rhai o grachach Plaid Cymru yn y gorffennol.

Yng Nghymru, oddi ar y chwedege ry'n ni'n ymwybodol fod 'Y Brawd Mawr' yn ein gwylio a'r heddlu cudd yn cadw llygad barcud ar rai o aelode Mudiad Amddiffyn Cymru a Meibion Glyndŵr. Dewch i ni ga'l bod yn onest, ro'dd y ddou fudiad, mewn rhai ardaloedd, yn nofio mewn môr o gyfeillgarwch. Yn ôl cyn-olygydd y *Western Mail*, John Humphries, yn ei gyfrol *Freedom Fighters: Wales's Forgotten War 1963–1993*, ro'dd John Jenkins – sy'n arwr personol i mi – ac un o fomwyr Tryweryn, Owain Williams, yn arwyr cenedlaethol. Ma'r llyfr yn sefydlu cyswllt rhwng y rhai fu'n ymosod ar bron 180 o dai haf rhwng 1979 ac 1982 ac ymgyrch fomio'r chwedege. Rhai blynyddo'dd yn ôl ces i'r pleser o gyfarfod John Jenkins yng Nghilmeri a'i ga'l yn ŵr o argyhoeddiad dwfn.

Arestiwyd neb am osod ffrwydron wrth gronfa ddŵr Clywedog yn 1966, a hynny am fod yna gydymdeimlad tuag atyn nhw. Ma Humphries yn ei lyfr yn cyhuddo Plaid Cymru o fod yn blaid o athrawon a phregethwyr. Ma ymgyrchu effeithiol yn gallu newid pethe. Dyw John Jenkins erio'd wedi dadlau dros ladd neb, ond ma fe'n eithafwr yn sicr ac wedi'i siomi gan yr hyn ma gwleidyddiaeth gyfansoddiadol yn ei gyflawni. Awgryma Jenkins fod angen ymladd dros enaid Cymru. Ma'r wladwriaeth wedi bod yn cadw llygad ar John Jenkins ar hyd y blynyddo'dd, ac ma hynny'n wir am gannoedd o Gymry dros yr hanner can mlynedd diwetha. Ie, *spooks*, yma yng Nghymru, myn yffarn i.

A pheidiwch sôn am Winston Churchill! Ma'r mwyafrif ohonoch chi'r darllenwyr yn meddwl am Winston fel arweinydd carismataidd Prydain yn ystod yr Ail Ryfel Byd. Ond wrth ystyried ei gyfraniad fel gwleidydd cyflawn rhaid cofio am ei agwedd ryfelgar, ddi-droi-'nôl fel Ysgrifennydd Cartref adeg

Terfysg Tonypandy 1910 a Streic Rheilffordd Llanelli yn 1911. Do'dd rhesymu a cheisio datrys sefyllfa ddyrys ddim yn rhan o'i gyfansoddiad. Y bwled o'dd y ffordd i dawelu'r werin bobol yn ei dyb e. Ddeugen mlynedd yn ddiweddarach ro'dd yr atgasedd yn dal yno yn ystod ei ymweliad â Pharc Ninian adeg Etholiad Cyffredinol 1950. Do'dd pobol Cymru ddim wedi anghofio terfysgoedd Tonypandy a Llanelli.

'Is the pit allowed to do this to us, Mr Gruffydd?' I asked him.

'Do what, my son?' Mr Gruffydd asked.

'Put slag here,' I said.

'Nowhere else to put it, my son,' he said.

How Green was my Valley,
Richard Llewellyn (Michael Joseph, 1939)

Ar 21 Hydref 1966, yn dilyn glaw trwm, llithrodd tip glo Glofa Merthyr Vale a dinistrio Ysgol Gynradd Pantglas yn Aberfan. Lladdwyd 144, gan gynnwys 116 o blant. Cafwyd sawl trychineb lofaol yng Nghymru dros y blynyddo'dd ond ro'dd trychineb Aberfan gyda'r gwaetha. O fewn diwrnode, cyhoeddodd maer tre Merthyr y bydde cronfa'n ca'l ei sefydlu i gefnogi'r gymuned. Llifodd arian mewn o bedwar ban byd i gynorthwyo'r teuluoedd – cyfanswm o £1.75 miliwn, sydd â gwerth presennol o tua £20 miliwn.

Ro'dd nifer yn ymwybodol fod yna ddrwg yn y caws o ran dosbarthu'r arian. Rhyddhawyd dogfennau ar ôl 30 mlynedd yn cadarnhau fod y Swyddfa Gymreig, George Thomas, y Prif Weinidog Harold Wilson a'r Arglwydd Robens wedi defnyddio £150,000 o arian Cronfa Aberfan i glirio'r tip a'i wneud yn ddiogel yn hytrach nag i helpu'r teuluoedd dioddefus. Cadarnhawyd y ffeithiau hyn yng nghyfrol afaelgar Iain McLean a Martin Johnes, sef *Aberfan: Government and Disasters*, a gyhoeddwyd yn 2000.

Yn dilyn y drychineb sefydlwyd pwyllgor ar gyfer clirio'r tip ac ro'dd yr aelode'n benderfynol yn eu hamcanion o'r cychwyn cynta. Ro'dd rhaid i'r Bwrdd Glo a'r Llywodraeth sicrhau fod y tip yn saff, ond araf o'dd yr awdurdode i weithredu. Derbyniodd George Thomas lythyr gan y pwyllgor yn dweud yn blwmp ac yn blaen eu bod nhw'n fwy na bodlon gweithredu'n filwrol er mwyn dylanwadu arno fe a'r llywodraeth. Yn dilyn cyfarfod aflwyddiannus rhwng aelode'r pwyllgor a George Thomas penderfynwyd arllwys cymysgedd o lo mân a dŵr drwy goridorau'r Swyddfa Gymreig yng Nghaerdydd. Yn ogystal, difrodwyd pob un teiar ar gar Ysgrifennydd Cymru. Yn sicr, fel y cyfeiriodd Gwynfor Evans yn y siambr yn San Steffan, 'Petai'r tip wedi llifo i gyfeiriad Hampstead neu Eton, bydde ymateb y Llywodraeth wedi bod yn dipyn gwahanol.'

Yr un gŵr a frwydrodd i'r eitha ar ran Aberfan a'i phobol o'dd yr aelod seneddol lleol, S. O. Davies. Dyma ŵr o argyhoeddiad, yn gyn-löwr ac yn wallgo ynglŷn â'r penderfyniad i wario arian y gronfa ar glirio'r tip. Ymddiswyddodd o'r pwyllgor apêl gan ddweud, 'Disgraceful and contemptible . . . sheer blackmail.' Ymosododd yn chwyrn ar y Bwrdd Glo Cenedlaethol am beidio â gweithredu'n effeithiol gan gyhuddo'r Blaid Lafur yn lleol a chenedlaethol o ddiffyg moesoldeb. Penderfynodd cangen y Blaid Lafur ym Merthyr ei ddad-ddewis. Anhygoel! Shwd allen nhw gefnogi'r Bwrdd Glo, George Thomas, Harold Wilson a'r Arglwydd Robens a thrywanu S. O. Davies yn ei gefen, a hwnnw'n ymladd am degwch i drigolion Aberfan?

Brwydrodd S. O. Davies yn ei ôl drwy ymladd sedd Merthyr yn 1970 fel ymgeisydd Llafur Annibynnol, a whalodd ei wrthwynebydd Llafur yn rhacs. Yn rhyfedd, hyd yn oed heddi, dyw'r mwyafrif ohonon ni ddim yn gwbod fawr ddim am y rôl allweddol wharaeodd George Thomas yn nrama Aberfan, a dyma chi gythrel mewn croen os buodd un erio'd. Cliriwyd y safle gyda chymorth y £150,000 o'r Gronfa, ond yn dilyn ymdrechion Ron

Davies yn Awst 1997, ad-dalwyd yr arian i'r Gronfa leol. Do's dim angen i fi ddatgan 'y marn am weithredoedd diegwyddor George Thomas, Harold Wilson, yr Arglwydd Robens a'r gweddill – ma'r ffeithiau moel yn gweud y cwbwl. A gyda llaw, o dan gadeiryddiaeth Robens, diflannodd 300,000 o swyddi yn y diwydiant glo rhwng 1961 ac 1971, gyda llywodraeth Harold Wilson yn cau 43 o weithfeydd glo yn 1964.

Ar hyd y blynyddo'dd, wi, fel sawl un arall, wedi bod yn gefnogol i Blaid Cymru, ond y dyddie 'ma wi'n dechre amau'r rhesyme dros y teyrngarwch hwnnw. Yn ddiweddar, ro'n i'n pori drwy dudalennau llyfr Beti Jones *Etholiadau'r Ganrif* a sylwi ar ganlyniade ardderchog Victor Davies (39.9% o'r bleidlais yng Ngorllewin y Rhondda 1967), Dr Phil Williams (40.4% o'r bleidlais yng Nghaerffili 1968), ac Emrys Roberts (37% o'r bleidlais yn isetholiad Merthyr yn 1972). Nawr, wi'n gwbod ei bod hi'n rhwydd cyffredinoli, ond yn sgil eu llwyddiannau mewn isetholiadau, pam nad aethpwyd ati i whilo am rôls allweddol iddyn nhw o fewn cyfundrefn y blaid?

Ces i'n siomi un diwrnod yng Nghaerfyrddin yn 1987. Fe deithies i o Gaerdydd yng nghwmni Liz Miles ac Orig Williams er mwyn cefnogi ymgyrch yr Athro Hywel Teifi Edwards yn etholaeth Shir Gâr. Ro'dd e'n brwydro yn erbyn Dr Alan Williams, Gwynoro Jones a Rod Richards – chi'n cofio nhw? Fe gafon ni wbod fod Hywel yn canfasio mewn ardal gyfagos ac ro'dd hynny'n siom gan ein bod ni wedi gobeithio ei gyflwyno i'r bobol mewn llefydd fel Dyffryn Aman. 'Ry'n ni am gnoco dryse tai cownsil lle'r ma'r mwyafrif yn bwriadu foto Llafur,' medde fi, gan obeithio bydde modd 'ala car am Hywel a'i gludo yno. 'Does dim pwynt,' medd rhywun gafodd ei eni â llwy arian braint yn ei geg. 'Dy'n nhw ddim yn gwbod digon am wleidyddiaeth Cymru.' Fe gafodd y boi ateb 'da fi. 'Ces i nghodi mewn tŷ cyngor. Cest ti dy godi mewn palas mae'n amlwg!' Ac es i gartre.

Fuon nhw ddim yn hir yn ymgyrchu yn Shir Gâr y diwrnod hwnnw. Ro'dd Hywel saith mil o bleidleisiau'n brin o gyfanswm Dr Alan Williams ar ddiwrnod yr etholiad. Ma'n amlwg y dylse'r Blaid fod wedi cnoco ar ddryse mwy o dai cownsil!

O leia nawr, o dan ddylanwad a gweledigaeth unigolion o galibr Leanne Wood, Rhun ap Iorwerth, Adam Price a Jill Evans, ma gobeth ar gyfer y dyfodol a phosiblrwydd y bydd Cymru'n ennill ei hannibyniaeth. Wi wedi pleidleisio dros Blaid Cymru ar hyd y blynyddo'dd, gan gynnwys y cyfnod pan o'dd yr arweinyddiaeth yn ansicr ynglŷn ag annibyniaeth. Dyma beth wedodd Dafydd Wigley ar y 13 Ebrill 1999: 'Plaid Cymru has never advocated independence – never, ever, on any occasion.' Ma'n hen bryd iddyn nhw sorto'u hunen mas!

Os bydd unrhyw un ohonoch am ailddarllen y gyfrol hon, fe welwch fod yna gyfeiriadau cyson at hanes Cymru a'r pwysigrwydd o gyflwyno'r hyn a ddigwyddodd yn ein gwlad ein hunen yn y gorffennol i'n to ifanc ni. Do's neb wedi cyfleu hynny'n well na'r diweddar Carwyn James yn ei araith fel Llywydd y Dydd yn Eisteddfod Genedlaethol Hwlffordd yn 1972:

Heb gof, heb genedl. Cof cenedl yw ei hanes ond fe geidw cenedl ei chof yn fyw drwy ofalu fod ei hanes yn rhan o'i haddysg a dyna ddagrau pethau i mi, yng Nghymru, yn ystod y ganrif ddiwethaf un. Chi, sydd yn perthyn i bwyllgorau addysg, wnewch chi wrando? Gobeithio y gwnewch chwi wrido yn ogystal! Gyfarwyddwyr Addysg y siroedd, prifathrawon ysgolion – yn arbennig ysgolion uwchradd, darlithwyr colegau, athrawon ysgolion, gwrandewch. Gwrandewch ar ddychan y bardd hwn ac mae ef yn llygad ei le:

Yn gynnar eisteddem i lafarganu siâp hanes
Dysgu am Lisa Drws Nesa.

Rwy'n adnabod y bardd yma, does ganddo fe ddim byd yn
erbyn y Frenhines mwy nag sy gen i, ond yn y cyswllt hwn . . .

Dysgu am Lisa Drws Nesa a gwybod dim am mam
Ten Sixty Six, Ten Sixty Six.....
Ac nid oedd i Lanfair-ym-Muallt le yng nghuriad yr alaw.
Rhigymu ddoe ar gam.
The Spanish Armada, Fifteen Eighty Eight, Fifteen Eighty Eight
A'r llong o Lanrhaeadr-ym-Mochnant yn hwylio'n llwythog
gan oludoedd yr adnodau
A ninnau heb wybod ond am y boi yn chwarae bowls.

Oes angen dweud mwy?

Carwyn, Un o 'Fois y Pentre' gol. John Jenkins (Gomer, 1983)

Gwynfor 1 Thatcher 0
Dyna weles i fel graffiti ar lannau afon Tafwys yn 1980 yn dilyn
tro pedol y Blaid Geidwadol ynglŷn â darparu sianel deledu i
Gymru.

Heb unrhyw amheuaeth gosodwyd seiliau cadarn i S4C adeg
cyfnode Owen Edwards (1981–1989) a Dr Geraint Stanley Jones
(1989–1994) fel Prif Weithredwyr. Ar y dechre ro'dd ffilmie'n
boblogaidd ac ro'dd yna gydnabyddiaeth genedlaethol i holl
gynyrchiade'r sianel. Cynhyrchwyd rhaglenni diddorol gan
gynnwys cyfresi ardderchog am Iolo Morganwg, Joseph Jenkins
a Lewis Lewis. Darlledwyd dramâu a rhaglenni dogfen penigamp
fel *Y Weithred*, a nifer o raglenni hanesyddol gwych yn y gyfres
Almanac, gyda chyfraniadau pwysig gan y cynhyrchydd Wil
Aaron a chyflwynydd y gyfres, yr Athro Hywel Teifi Edwards a'r
awduron unigol.

Yn 1993 *Hedd Wyn* o'dd y ffilm Gymra'g gynta i ga'l ei henwebu
gan yr Academi yn America ar gyfer Oscar, ac mewn derbyniad

yn Los Angeles ro'dd yr actor amryddawn Gregory Peck am wbod rhywfaint am y costau cynhyrchu. Holodd y cyfarwyddwr Paul Turner yn fanwl.

'What was the total cost of producing your remarkable film?' gofynnodd Peck.

'Approximately £3.5 million,' o'dd ateb gonest Paul.

'No, no,' medde Peck, 'I meant the total cost, not the cost of filming the war sequences.'

'The total cost of the film *was* £3.5 million sir,' pwysleisiodd Paul.

Ro'dd Gregory Peck wedi'i syfrdanu ac yn methu â chredu fod S4C wedi cynhyrchu'r fath ffilm am gost mor isel. Bu Gregory Peck y noson honno yn LA yn canmol y ffilm i'r cymyle ac yn rhyfeddu nad o'dd *Hedd Wyn* wedi ennill yr Oscar am y ffilm dramor ore.

Dirywio'n ara deg ma pethe wedi neud ym myd ffilmo yng Nghymru yn ystod yr ugen mlynedd, diwetha, ac yn 'y marn i rhaid pwyntio bys at brif weithredwyr ac Awdurdod S4C y cyfnod. Pa gwmni yn y byd fydde'n hala ffortiwn ar gyntedd moethus yn hytrach na buddsoddi arian yn y diwydiant? Do's dim amheuaeth fod arian wedi ca'l ei wastraffu dros gyfnod o flynyddo'dd. Do's dim amheuaeth chwaith fod yr Awdurdod wedi penodi staff aneffeithiol dros y blynydde, gan gynnwys prif weithredwyr a chomisiynwyr. Yn ddiweddar penderfynodd llywodraeth David Cameron y bydde gostyngiad sylweddol yn y cyllid a roddir yng nghoffrau S4C yn dilyn y dirwasgiad economaidd a'r cwyno a fu ynglŷn â'r ffordd ro'dd y sianel wedi bod yn ca'l ei rhedeg. Camgymeriad, yn 'y marn i, yw gwahodd pobol 'nôl i ymgymryd â'u hen swyddi wedi iddyn nhw ymddeol. Ffolineb llwyr mewn sawl maes yw ceisio dal gafel ar bethe ar ôl i chi adael. Unwaith ma swyddogion yn rhoi'r gore iddi yna ma'n amser iddyn nhw fynd i balu'r ardd, whare *bridge* ac ymuno â'r Ymddiriedolaeth

Genedlaethol. Pam dod 'nôl i ymyrryd 'to? Fe fydde'r mwyafrif ohonon ni'n rhannu'r farn fod yr ailstrwythuro diweddar sy wedi digwydd yn S4C wedi bod o fudd i'r sianel.

Cofiwch, do'dd pethe ddim bob amser yn *hunky-dory* yn y gorffennol chwaith. Wi'n cofio cyd-actor yn *Derfydd Aur*, Robin Griffith, yn mynd at adran gyhoeddusrwydd S4C ar ôl siarad â'r cynhyrchydd Terry Ohlsson. Ro'dd hanner poblogaeth Awstralia wedi gwylio'r ffilm ac wedi joio. Gofynnodd Robin, 'Pam nad y'ch chi'n ymdrechu i werthu'r ffilm i'r Unol Daleithiau, Canada a Seland Newydd lle ma llawer o Gymry'n byw?' Ro'dd yr ateb yn brawf pendant o ddiffyg profiad a diffyg gweledigaeth yr adran: 'Ma gormod o Gymra'g yn y ffilm.' Fel bydde Ifas y Tryc Wil Sam yn ei weud, 'Sgersli bilîf!'

A'r botwm coch diawledig! Wi, fel sawl un o fyd y campau hefyd, wedi ymdrechu yn ystod y blynyddo'dd i ddylanwadu ar aelode Clwb yr Aman i droi'r sain lan a gwrando ar sylwebaeth Huw Llywelyn Davies ar y Clwb Rygbi acha nos Sadwrn. Wi'n siŵr fod Jeff Thomas wedi neud yr un peth adeg y rhaglen *Sgorio* yng Nghlwb Pêl-droed Caerfyrddin ar y Waun Dew. Ac yna, dros nos, penderfynwyd cynnig sylwebaeth yn Saesneg ar S4C drwy dechnoleg y botwm coch! Pam?

Un sydd i'w ganmol yn fawr am ei ddefnydd o'r Gymra'g yw'r dyfarnwr rygbi enwog, Nigel Owens o Fynydd Cerrig. Droeon ry'n ni'n ei glywed e'n siarad Cymra'g ar y ca', hyd yn oed mewn gêmau yn Lloegr, Ffrainc, neu hyd yn oed hemisffffer y de – os o's yna Gymro'n whare hynny yw. 'Sdim pwynt siarad Cymra'g â Saeson, smo nhw'n deall. Do's neb erio'd wedi cwyno gan eu bod yn ymddiried yn llwyr yn Nigel ac yn gwbod nad yw e'n manteisio ar y sefyllfa. Yn gyson fe glywn ni Alain Rolland yn parablu yn ei famiaith â chwaraewyr o Ffrainc. Ond yna, un nos Wener ar Barc y Scarlets, fe benderfynodd Jonathan Davies, y cyn-faswr dawnus o Drimsaran, feirniadu Nigel yn gyhoeddus am ei ddefnydd o'r

Gymra'g. Y tro 'ma Jonathan, ro't ti'n rong! A dyle fe fod wedi ca'l ei sbaddu gan bwysigion S4C am weud shwd beth.

Mae'r stori honno'n fy atgoffa o ddigwyddiad mewn gêm rhwng Pont-y-pŵl a Bryste pan o'dd Clive Rowlands yn fewnwr i'r Pooler a'r gêm yn ca'l ei dyfarnu gan Dai Pritchard o Wauncaegurwen. Clive a Dai o'dd yr unig Gymry Cymra'g ar y ca', a mynnodd Dai gosbi Clive deirgwaith yn y cwarter awr agoriadol am fwydo'r bêl yn gam i'r sgrym. 'Myn yffarn i, Dai, ni'n dou o'r un ardal. Ni yw'r unig ddou sy'n siarad Cymra'g 'ma!' medde Clive. 'Os doti di'r bêl 'na miwn yn gam 'to, Clive, *fi* fydd yr unig un ar y ca' sy'n siarad Cymra'g!' o'dd ateb Pritchard.

Ta beth, erbyn hyn ma pethe'n dishgwl yn weddol addawol i'r sianel. Ma 'na waith i'w gyflawni yn ystod y blynyddo'dd nesa, a gyda thîm da wrth gefen a chwmnïau cynhyrchu blaengar ma modd mynd o nerth i nerth, wi'n ffyddiog o hynny.

Mae'n amhosib tynnu'r llen ar y bennod hon heb gyfeirio at un prif weinidog a ddinistriodd fywyde pobol yng Nghymru a thu hwnt. Ma curiad 'y nghalon yn cyflymu bob tro bydda i'n clywed enw Margaret Thatcher.

Gorwedd yn 'y ngwely o'n ni ar 8 Ebrill 2013. Diodde'n dawel ar ôl ildio i haint yr arennau a'r tro hwn yn gorffod gwrando ar gyngor y doctor lleol. Wel, o'n i rhy dost i anghytuno! Yn y tŷ yn gwmni i fi o'dd Sioni'r ci a'r set radio ac am un o'r gloch y prynhawn fe glywes i'r newyddion am farwoleth Maggie Thatcher. Droeon yn y gorffennol fe ddwedodd criw ohonon ni yn bydden ni dathlu'r achlysur â pheint neu ddou yn y Kings yng Nghapel Hendre ond pendroni fues i am rai orie, yn pwyso a mesur a chofio 'nôl dros ei theyrnasiad fel prif weinidog. Yn y wasg, yn dilyn y cyhoeddiad swyddogol, ro'dd hi'n ddiddorol darllen amrywiaeth barn am ei chyfraniad, a'r rheiny'n amrywio'n fawr o'r erthyglau dilornus yn y *Guardian* a'r *Independent* i sawl llith canmoladwy yn y *Daily Telegraph* a'r *Times*.

Ar lawr Tŷ'r Cyffredin ddeuddydd yn ddiweddarach lleisiodd yr actores a'r gwleidydd Glenda Jackson yr hyn o'dd nifer fawr ohonon ni'n teimlo amdani. Mewn agoriad o'dd yn atgoffa dyn o olygfa agoriadol *Macbeth*, cyfeiriodd Aelod Seneddol Hampstead a Kilburn at y difrod cymdeithasol, ysbrydol ac economaidd a grewyd o dan oruchwyliaeth Thatcher. Defnyddiwyd y geiriau 'barus', 'hunanbwysig' a 'hunanol' i ddisgrifio gwraig o'dd â'r gallu i droi llygredd a drygioni yn rhinweddau. Shwd atgofion sy 'da fi ohoni ac o'r cyfnod? Gadewch i fi feddwl . . . Wel, fe weda i wrthoch chi:

'Ni'n O.K. Smo ni'n becso'r dam am neb arall' medde hi . . . chwalu cymunedau . . . galw Nelson Mandela yn derfysgwr . . . cefnogaeth lawn i'r gyfundrefn apartheid yn Ne Affrica . . . yn gefen i Pinochet a sicrhau nad o'dd rhaid iddo ddychwelyd i Chile i wynebu troseddau yn erbyn dynoliaeth . . . mynnu ca'l ei ffordd adeg Rhyfel Ynysoedd y Malvinas (Y Falklands) – gwario biliynau er mwyn diogelu ffordd o fyw llond dwrn o drigolion gan gofio fod yr ynysoedd, yn y bedwaredd ganrif ar bymtheg, wedi ca'l eu hawlio'n anghyfreithlon gan Brydeinwyr. Shwd fydde'r gwleidyddion yn teimlo petai Ynys Môn, Ynys Skye neu Ynys Wyth yn perthyn i bobol Ariannin? . . . Y dioddefaint adeg streic y glowyr . . . polisïau a arweiniodd at ddinistr y diwydiannau cynhyrchu ym Mhrydain . . . treulio'i tri mis ola yng ngwesty'r Ritz a hynny'n rhad ac am ddim ar gost perchnogion y *Telegraph*. Meddai'r Cadeirydd, Aidan Barclay, "Ro'dd hi'n anrhydedd cael gofalu amdani." A henoed Prydain yn talu'n ddrud am gartrefi gofal a hon yn ei lordian hi yn y Ritz!'

I'm All Right Jack o'dd athroniaeth syml ond dinistriol Thatcheriaeth – pobol yn anghofio am eraill ac yn bwrw mla'n â'u bywyde heb feddwl dim am gynorthwyo cyd-ddyn. Newidiwyd ar agweddau'n sylfaenol, ac er bod Margaret Thatcher yn farw bellach, mae'i hathroniaeth yn dal i danseilio cymunedau'r wlad.

Lefes i ddim pan glywes i bod wedi marw ond rhowch hi fel hyn, ar brynhawn yr wythfed, ro'n i'n diodde fymryn yn dawelach. Hi o'dd yn benna cyfrifol am ddifetha bywyde teuluoedd glowyr Cymru adeg streic 1984. Dyma wraig o'dd yn benderfynol o droi'r cloc sosialaidd 'nôl mor bell fel na fydde modd ei symud mla'n eto; ro'dd hi am goncro'r glowyr, a'r gweddill yn crynu yn eu sgitshe. Ro'dd ffrindie wedi colli tai a cholli eiddo yn sgil polisïau Thatcheraidd. Ro'n ni yng Nghymru yn dystion i ddiwydiannau'n dadfeilio o fla'n ein llygaid pan gaewyd y pyllau glo. Ro'dd pob pwll glo yn ne Cymru ar streic, a'r glowyr a'u teuluoedd yn gadarn eu cefnogaeth i'r ymdrech i achub swyddi, pyllau glo a ffordd o fyw. Fe dda'th ymdrech fawr y gwragedd â newid agwedd yn y cymunedau glo wrth i ferched ddod at ei gilydd i gynnal eu teuluoedd trwy gasglu arian a pharatoi parseli bwyd wythnosol, ac i weithredu'n gyhoeddus am y tro cyntaf. Nid dim ond y dynion o'dd yn diodde.

Wna i byth fadde i Thatcher. Ma Cwmni Mega yn gobeithio perfformio drama newydd gan Steffan Morgan ar Streic y Glowyr 1984 yn Eisteddfod Genedlaethol Shir Gâr yn Llanelli. Yn y gorffennol bu'n frwydr galed i ddylanwadu ar Gyngor y Celfyddydau i gefnogi cynyrchiade Cwmni Mega, ond yn ddiweddar ma'n dipyn mwy addawol a rhywrai o fewn y Cyngor yn sylweddoli fod drama am y streic hanesyddol hon yn debygol o dderbyn cefnogaeth sylweddol gan gynulleidfaoedd yng Nghymru. Fe gawson ni arian datblygu o gronfa'r Cyngor Celfyddydau ar gyfer ymchwilio i'r posibliadau.

Ac ma 'na ddegawd wedi mynd heibio ers y rhyfel i achub pobol Irac o afael Saddam Hussein. Fel wedodd Lyn Ebenezer yn ei golofn ddeifiol 'Drwy lygad barcud' yn *Y Cymro* ym mis Awst 2013, 'Mae mwy o ladd yn yr Irac ôl-Saddam nag a fu pan o'dd yr hen unben wrth y llyw.' Ond ma Ann Clwyd yn dal i ganmol Tony Blair am ei benderfyniad i fynd i ryfel. Ac yn naturiol do'dd e Tony ddim yn hapus â chanlyniad y bleidlais yn 1999 chwaith. Pan gwestiynwyd y prif weinidog am bwerau'r cynulliad gan Dafydd Wigley ma'n debyg iddo weud yn breifat, 'We give him an assembly in Wales, and he still complains . . . It would be good once in a while to get a bit of gratitude.'

Smo fi erio'd wedi bod yn ffan o'r Olympics. Nid Mabolgampau Olympaidd Llundain o'n nhw ond Mabolgampau Seb Coe! Fe ddylse'r jamborî fod wedi mynd i Ffrainc gan fod y *stadia* a'r cyfleusterau angenrheidiol 'da nhw'n barod. A phwy fydd yn talu am lwyfannu'r sioe gampau hon? Wel ni, wrth gwrs, a hynny am y cwarter canrif nesa. Tan ryw wyth mlynedd yn ôl ro'dd system wych 'da nhw yng Nghymru o ran darparu cyfarpar a chyfleusterau chwaraeon i ardaloedd o Fôn i Fynwy. Wi'n cofio ymweld â thre Tywyn ger Aberdyfi a rhyfeddu at y gwaith o'dd y Cyngor Chwaraeon wedi'i neud ar gyfer plant a phobol ifanc – darn o dir cyfleus wedi'i weddnewid i'w ddefnyddio ar gyfer ystod eang o gampau. Fydd yna ddim arian ar ga'l mwyach ar gyfer prosiectau tebyg, ac yn ddiweddar ro'n i'n darllen yn y *Western Mail* fod Canolfan Tennis Genedlaethol Cymru ar fin cau. A Seb Coe, Guto Harri ac Arthur Emyr yn dal i bregethu am yr holl fanteision a dda'th yn sgil yr Olympics?

> Britishness is a mask. Beneath it there is only one nation, England.
>
> R. S. Thomas. 'Undod', Darlith Goffa J. R. Jones,
> 9 Rhagfyr 1985

Falle, jyst falle, 'mod i wedi meddalu yn ystod y pum mlynedd diwetha. Ac ma 'na resyme am hynny. Ro'dd ffilmo *Pentalar* yn drobwynt; am y tro cynta ers hydoedd ro'n i'n ysu am ga'l cyrradd y set ben bore. Ro'dd gwaith yn bleser ac am hynny wi am ddiolch i Fiction Factory, y cynhyrchydd Ed Thomas a'r sgriptiwr Sion Eirian, yr actorion a'r criw technegol am eu proffesiynoldeb a'u cyfeillgarwch. 'Nes i fwynhau'r profiad o gydweithio â thalente fel Ryland Teifi, Mali Harris, Lisa Marged a'r diawl bach Rich Harrington. Wi ddim ar yr un blaned â rhai cynhyrchwyr, ma'n amlwg, a rhaid derbyn y ffaith na fydd 'yn rhif ffôn i byth yng nghrombil eu ffonau symudol nhw, 'sdim ots beth wna i.

Da'th chwa o awyr iach i 'ngyrfa i yn 2009 pan benderfynes i newid asiant ac ymuno â chriw Emptage Hallett, lle ma'r staff, Claire, Gemma ac Alexa, wedi sicrhau gwaith cyson i fi dros y blynyddo'dd diwetha. Wrth ail-fyw'r dyddie a fu, wi'n teimlo rhyw falchder arbennig 'mod i wedi cydweithio â phobol ddawnus ac yn eu plith, Beryl Williams, Christine Pritchard, Gillan Eisa, Beth Robert, Sue Roderick, Dewi Pws, John Ogwen, Daf Emyr, Bob Pugh, Erica Eirian, Gaynor Morgan Rees, Bryn Fôn, Rich Harrington ac eraill.

Cofiwch, oni bai am *Pentalar* a *Burton: Y Gyfrinach,* prin yw'r cyfleoedd diweddar i fi acto yn y Gymra'g, ar lwyfan, ar deledu nac ar y sgrin fawr. Ond da'th cyfle i gyfrannu drwy gyfrwng y Saesneg ar gyfresi *Indian Doctor,* gydag Eirlys, Erica a'r criw ac wrth gwrs, fy hen ffrind, dyn camera Ray Orton, ac ar *Stella* yng nghwmni Ruth Jones, Dave Peet a phawb, heb anghofio Deedie Davies a'r asyn John Boi wrth gwrs! Yn y Gymru gyfoes, mae'n amlwg os nad y'ch chi'n gyfeillgar â'r *élite* Cymra'g, yn fab neu'n ferch i weinidog, ma'n rhaid i chi ymladd eich cornel tymed bach yn galetach, a chan fod y Theatr Genedlaethol yn perfformio Shakespeare yn y Gymra'g, wel, rhowch hi fel hyn – wi jyst yn falch 'mod i'n ymwneud â phethe eraill.

Wrth ramantu am y gorffennol yn y bennod ola 'ma wi'n ymfalchïo yn y nifer fawr o gynyrchiade fues i'n gysylltiedig â nhw, yn enwedig portreadau o gymeriadau hanesyddol, pobol go iawn, er enghraifft David Davies Llandinam, Iolo Morganwg, Joseph Jenkins a Lewis Lewis, Ivor brawd Richard Burton; cymeriad yr 'Old Stager' yng nghynhyrchiad Green Bay sef *Gêm y Ganrif*, ffilm o'dd yn cofio buddugoliaeth Cymru yn erbyn yr hen elyn Seland Newydd yn 1905, a *Cwpan Caerdydd*, yr hanes am fuddugoliaeth hanesyddol Caerdydd yn Rownd Derfynol Cwpan Lloegr yn 1927. Enillodd *Gêm y Ganrif* y brif wobr yn yr Ŵyl Ffilmiau Geltaidd ond heb ei henwebu i fod ar restr BAFTA Cymru. Pwy *yw* y bobl yma sy'n neud y penderfyniade? Ydyn nhw'n wrthrychol yn eu dewisiadau, gwedwch?

Yn dawel bach rhaid cyfadde mai'r pethe wi'n dishgwl 'nôl â'r mwya o falchder arnyn nhw yw sioeau Nadolig Cwmni Mega, yn bantomeimiau ac yn sioeau hanesyddol. Fe lwyddon ni i weithio fel tîm, a wi'n diolch yn gyson am y nifer o sgrifenwyr a chyfansoddwyr talentog o safon Hywel Gwynfryn, Caryl Parry Jones, Arwel John, Huw Garmon, Emyr Huws Jones, Dafydd Emyr a Gwyneth Glyn fu'n creu'r sgriptie a'r gerddoriaeth o'dd yn fêl ar fysedd plant a phobol ifanc Cymru. Fe lwyddodd Cwmni Mega i roi cyfle i actorion, dawnswyr, cerddorion a chriw technegol i feithrin a datblygu'u doniau. Ma'r cwmni bellach ar seiliau cadarn diolch i gyfraniad hollbwysig Helen Wyn sy'n gofalu am yr ochor fusnes. Mawr yw 'niolch i Ron Jones a Chwmni Tinopolis am gymorth parod yn eu pencadlys yn Llanelli hefyd. Bu'r cwmni'n hynod gefnogol ac wi'n hynod ddyledus iddyn nhw am gadw'r ffydd pan o'dd pob dim arall yn cwmpo'n bishys o 'nghwmpas i. Rhaid cyfeirio'n ogystal at un o hoelion wyth y panto, sef Erfyl Ogwen Parry. Y gŵr hwn, heb unrhyw amheuaeth, ynghyd â Dewi Pws, yw'r gore wi wedi'i weld erio'd yn trafod pobol ifanc. Ry'n ni wedi gweithio 'da'n gilydd ers pymtheg mlynedd a wi ishws wedi archebu Erfyl ar gyfer neud yr araith yn fy angladd i. 'Na beth chi'n galw trefen.

Dros y blynyddo'dd ma Cwmni Mega wedi cydweithio'n hapus â rheolwyr a staff sinemâu, neuadde pentre a theatrau ledled Cymru. Erbyn hyn ma'r sioeau'n seiliedig ar straeon o hanes Cymru gydag elfennau o banto iddyn nhw. Cafwyd rhai perfformiadau bythgofiadwy – 800 o blant yn y Rhyl ar eu traed ar ddiwedd y sioe yn canu 'Hen Wlad Fy Nhadau' a'u dwylo dros eu calonne. Fe lwyddon ni i lanw pob un sedd yng Nghanolfan y Mileniwm rai blynydde'n ôl ond ro'dd y croeso gan y staff yn brin. Ro'dd hi'n amhosib siarad neu gysylltu ag unrhyw un mewn awdurdod. Tase Bill Kenright o'r West End yn galw draw am sgwrs yno fe fydde'r uwch swyddogion yn sgrialu dros ei gilydd am y cynta yn eu siwts swanc i gwrdd ag e mewn whincad! Do'dd yr ysgolion eu hunain ddim wedi mwynhau'r profiad o fynd yno chwaith. I fi, y lle i berfformo yn y de-ddwyrain yw Neuadd Goffa'r Barri, lle ma'r croeso'n ddiffuant a thwymgalon.

Mae'r blynyddo'dd diwetha wedi bod yn rhai reit hapus i fi. Erbyn hyn ma Alff Garnant yn byw yng Nghapel Hendre, ddim yn bell o'r M4, ac yn dal i aros i'r ffôn symudol ganu gan obeithio fod rhywun, rywle, am wasanaeth actor sy'n closio at ei saith deg oed bellach. Ma'r diwrnod yn dechre ben bore â wâc hir yng nghwmni Sioni'r ci sy'n gyfle i fi hel meddylie a chrwydro 'nôl dros y blynydde gan fwrw golwg dros ddigwyddiade'r gorffennol. Wi'n dal i ddifaru'n tor-priodas ni, fi a Betty, ond wi'n dal i ddiolch 'mod i'n dad i ddou o blant sy wedi llwyddo yn eu gyrfaoedd ac sy'n hapus, ac yn ddiolchgar i Betty a fu'n benna cyfrifol am eu llwyddiant nhw. Os 'nes i greu pethe da yn yr hen fyd 'ma, yna Llŷr a Catrin o'dd y pethe hynny!

Yn ystod y blynydde diwetha, yn sgil afiechyd a marwolaeth fy ffrind agos Dai 'Manora', fe dda'th nifer ohonon ni o'dd yn ffrindie agos adeg plentyndod 'nôl at ein gilydd, ac erbyn hyn ry'n ni'n cyfarfod yn rheolaidd – John Pugh, Jeff Thomas, Owen Jones,

Philip Hicks, Dai Beynon, Garth Morgan, Eifion Price, Bev, Dewi Edwards, John 'Bach' Thomas a finne. Ma'r rhod yn dal i droi yn y bywyd 'ma a diolch byth am hynny.

Ac ar y daith foreol honno gyda Sioni; wi'n amal yn canu caneuon Cymra'g ar hyd y llwybrau diarffordd ble wi'n byw – yn ogystal ag ambell un gan Jerry Lee, y meistr, wrth gwrs – ac ma'n nhw'n glasuron, wedi'u cyfansoddi gan Ems Bach (Emyr Huws Jones), Dewi Pws, Geraint Jarman, Meic Stevens, Caryl, Bryn Fôn, Cleif Harpwood ac eraill. Tasech chi'n 'y nghlywed i'n canu mas ar hewl, wi'n siŵr y byddech chi'n meddwl nad o'n i'n hanner call.

Ac yna, bob hyn a hyn, wi'n wherthin yn dawel ar hiwmor yr ardal, straeon fel yr un glywes i gynta ddegawde 'nôl yng Nghlwb yr Aman. Stori yw hi am amser sy wedi mynd erbyn hyn, am gyfnod mwy diniwed, ond ma hi'n werth ei chlywed.

'Nôl yn y pumdege, Eic Davies o'dd cyflwynydd *Maes Chwarae* ar y radio, ac ar raglen ganol Ionawr penderfynwyd dishgwl mla'n i Bencampwriaeth y Pum Gwlad drwy wahodd y dyfarnwr o Bontardawe, Tom Howells, i'r stiwdio yn Abertawe i roi ei farn am dîmau'r pedair gwlad arall. Ar y ffordd drwy Clydach, Ynystawe, Ynysforgan, Treforys a Glandŵr bu Tom yn cwestiynu Eic ynglŷn â nifer o'r enwau Cymra'g.

'Reit 'te, Eic, wi'n g'bod ma Lloeger yw England, ond beth yw Sgotland?'

'Yr Alban, Tom . . . yr Alban,' medde Eic, 'a Ffrainc yw France.'

'Yr Alban . . . Ffrainc,' adroddodd Tom gan ail-weud y geirie'n ofalus. 'Ond beth yw Ireland?'

'Iwerddon,' atebodd Eic gan ddechre gofidio'n dawel am y sgwrs o'dd i ddod.

Awr yn ddiweddarach, yn fyw ar yr awyr, gofynnodd Eic i Tom, 'A beth am y gwledydd ry'n ni am whare yn eu herbyn nhw, Tom? Shwd ma'n nhw'n shapo?'

'Lloeger, fel arfer yn drefnus, Eic . . . Ry'n ni'n rhy gryf i Ff . . . Ff . . . Ffrainc . . . a byddwn ni'n ffefrynne yn erbyn yr . . . yr . . . yr . . . Sgotland! Ond wi'n ofni'r *Iddewon*, Eic.' A'r *Iddewon* fuon nhw am weddill y rhaglen! Ie, wi'n dal i wherthin am honna.

Bellach y presennol a'r dyfodol sy'n bwysig. Ac er 'mod i wedi rhamantu am rinweddau'r oes a fu, rhaid i fi fel sawl un arall sylweddoli fod y gorffennol ar ben, wedi went. Yn y Gymru gyfoes ma 'na agweddau positif yn ca'l eu meithrin tuag at yr iaith a chanran uchel yn sylweddoli manteision dwyieithrwydd o'r diwedd. Ma mwy nac un iaith yn agor drysau ac ma hynny wedi dod i'r amlwg yng Nghymru yn ystod y blynyddo'dd diweddar ym myd addysg, y cyfryngau a byd busnes.

Erbyn hyn alla i weud bod 'da fi dri hoff le yn y byd sef 'y ngharafán ger Cilmeri, Rhos-y-berth gyda ffrindie triw ac yng nghwmni Siân a David Llewelyn yn eu cartre yn Saint-Victor yn Ffrainc. Bachan lwcus ydw i 'chwel.

Wi wedi cyflwyno'r gyfrol hon i'r plant a'r wyrese, a wi'n gorffod gweud fod y dyfodol yn nwylo pobol ifanc ein cenedl. Wi'n teimlo'n hyderus eu bod nhw'n ddigon medrus a chydwybodol i lywio Cymru tuag at yfory gobeithiol yn yr un modd ag y gwnaeth ein cyndeidiau. Ma'r balchder yn dal yno, ma'r penderfyniad yn dal yno ac ma'r weledigaeth yn dal yno. Ma gen i hyder ynddyn nhw, ac yn bwysicach na hynny, ma ganddyn nhw hyder ynddyn nhw eu hunen. Mla'n â ni, bois, 'sdim amser i wasto!